Wilfried Erdmann   Ostseeblicke

Wilfried Erdmann

OSTSEE BLICKE

Ein Segelsommer mit »Kathena 7«

Delius Klasing Verlag

Von Wilfried Erdmann erschienen folgende Titel:
Der blaue Traum, Köln, 1980
Gegenwind im Paradies, Köln, 1980
Tausend Tage Robinson, Köln, 1983
Die magische Route, Bielefeld, 1993
Mein Schicksal heißt »Kathena«, Hamburg, 1986
Der blaue Traum, Berlin, 1987
Segeln mit Wilfried Erdmann, Köln, 1988
Mein grenzenloses Seestück, Köln, 1991
Segeln auf See, Bielefeld, 1992
Ein unmöglicher Törn, Bielefeld, 1991

Die Deutsche Bibliothek – CIP-Einheitsaufnahme

Erdmann, Wilfried:
Ostsee-Blicke: ein Segelsommer mit „Kathena 7" /
Wilfried Erdmann. – Bielefeld: Delius Klasing, 1994
ISBN 3-7688-0855-6

ISBN 3-7688-0855-6
© Copyright 1994 Delius Klasing & Co., Bielefeld
Alle Rechte vorbehalten
Fotos: W. Erdmann
außer Seite 59: Fischer-Museum, Nida
Vorsatzkarte: Kym Erdmann
Umschlaggestaltung: Ekkehard Schonart
Druck: Clausen & Bosse, Leck
Printed in Germany 1994

Alle Rechte vorbehalten! Ohne ausdrückliche Erlaubnis des Verlages darf das Werk, auch nicht Teile daraus, weder reproduziert, übertragen noch kopiert werden, wie z. B. manuell oder mit Hilfe elektronischer und mechanischer Systeme inklusive Fotokopien, Bandaufzeichnung und Datenspeicherung.

Inhaltsverzeichnis

1	Von – nach	9
2	Abgesegelt	11
3	Die russische Reise	15
4	Der Preishammer	16
5	Zuhause	18
6	Yachtzentrum Greifswald	22
7	Rödby Havn	27
8	Darßer Ort: Oberherrlich	29
9	Bornholm	33
10	Ostwärts	36
11	Klaipeda	43
12	Kurische Nehrung	57
13	Weiter	63
14	Widersprüchlich: Liepaja	67
15	Baltischer Bojenbrei	72
16	Haapsalu	76
17	Tochter der Ostsee	82
18	Suur Pellinki	87
19	Punktbelastung	91
20	Sankt Petersburg	95
21	Die Bucht	102
22	Tervetuloa – willkommen	113
23	Vor Anker	115
24	Die Åland-Inseln	119

25	Mariehamn	122
26	Ich greife den Wind	130
27	Norra-Kvarken-Passage	135
28	Ein Fuß in der Wildnis Lapplands	138
29	Kemi Marina	142
30	Haparanda	145
31	Norra Bottenviken	148
32	Kevlarmenschen	157
33	Kein schlechtes Leben	160
34	Der vierte Regentag	173
35	Höga Kusten	179
36	Logbuch-Blicke	183
37	Stockholms felsiger Vorgarten	187
38	Soviken: Stille und Langeweile	195
39	Der Götakanal	197
40	Ich mache die Fahrt	211
41	Lilla Edet & Göteborg	214
42	Bohuslän, der karge Westen	227
43	Raumschots übers Skagerrak	237
44	Skagen	243
45	Eine Windsprache	245
46	Dänische Südsee	248
47	Die Schlei	254
48	Anhang	257

1 Von – nach

Vom 7. Mai bis 27. September 1993 umsegelten wir mit KATHENA 7 die Ostsee. Mit einbezogen natürlich die sogenannte neue Ostsee. Also die jahrzehntelang verschlossenen Reviere des Ostens. Das ist die Geschichte.

Im Logbuch stehen am Schluß der Fahrt: 3317 Seemeilen, 144 Häfen und Buchten, neun Anrainerländer. Und: Der Norden ist schön, auch wenn ich den Süden berücksichtige. Dies schreibe ich als Weltumsegler, der dreimal jahrelang mit eigenen Booten die Südsee bereiste. Der Magie des Nordens erlegen zu sein, fällt uns nach einem Sommer, der ein wirklicher Sommer war, leicht. In der Tat hatten wir monatelang die Sonne auf unserer Seite.

Dies will ich noch erzählen: Es war die seltsamste Langfahrt, die ich je gemacht habe. Nie zuvor habe ich mich sorgfältig auf einen Törn vorbereitet, um dann in ein Segelrevier zu reisen, das weder geplant noch gewünscht war. Diesmal jedoch war es so.

Das kam folgendermaßen: Eigentlich beabsichtigten wir durchs „Innere" Rußlands – von St. Petersburg an der Ostsee über Moskau ins Schwarze Meer – zu segeln. Als Reisemittel schwebte uns ein solides Boot vor, das vor allem auch innerhalb der Kanäle und Flüsse optimal segelte.

Am Ende hatten wir alles zusammen: ein Boot, versehen mit zahlreichen Extras wie Kurzkiel, Mastlegevorrichtung, stärkere Maschine, Seekarten, Geschenke und gefriergetrocknete Nahrung; was jedoch fehlte, war die unbedingt erforderliche behördliche Genehmigung. Ich sagte, das darf nicht sein! Leider war es so und damit die Russische Reise in St. Petersburg beendet.

Nur einen Augenblick verloren wir unsere Leichtigkeit, dann verwandelte sich dieses Mißgeschick, dieses Unglück, das jeder von uns beiden zunächst beklagte, in einen Törn, der uns schon vor Jahren gelockt hatte: die totale Ostsee. Schließlich leben wir seit zwölf Jahren an diesem Meer. Gemeinsam einigten wir uns darauf, den Bottnischen Meerbusen bis hinauf nach Haparanda zu besegeln, dann die Åland-Inseln, das schwedische Glanzstück Götakanal, die schwedischen Schären Ost wie West, Larvik und wieder einmal Dänemark.

Was uns glücklich machte, waren die Aussichten: grenzenloses Segeln in einer Natur, die nie mittelmäßig ist. Zudem, meine ich, bringt eine spontan geänderte Route ein Mehr an Neugierde, Anregungen und Staunen hervor. Grundsätzlich: Man muß sich vehement abstrampeln, bleibt daher beweglicher, es rostet nichts ein, und spaßiger ist es allemal.

Wir – das sind Astrid, meine Frau, und ich. Seit 14 Jahren haben wir gemeinsam keine längere Fahrt unternommen. Wir lernten uns 1966 in Gibraltar kennen – am Beginn meiner ersten Weltumseglung. Kurze Zeit, nachdem ich die Erde als erster Deutscher allein umrundet hatte, heirateten wir. Als Hochzeitsreise gab's das Abenteuer einer zweiten Weltumseglung. Mit einem relativ kleinen Boot, der KATHENA 2, umrundeten wir auf der Passatroute 1969/72 die Erde. Das Buch darüber, mein erstes eigenständiges, hieß „Tausend Tage Robinson" und war in vielerlei Hinsicht ein eher zurückhaltender Bericht. Von Widerspruch und Gefühlen steht im Gegensatz zum vorliegenden so gut wie nichts darin. Einige Jahre danach folgte der dreieinhalb Jahre lange Südseetörn „en famille" – also mit Sohn Kym. Das war für Astrid der letzte längere Törn, bevor wir zu diesem in Missunde an der Schlei aufbrachen.

Wir – das ist auch unser Segelboot. KATHENA 7. Eine sportliche und bezahlbare Slup von 8,90 Meter Länge mit hervorragenden Segeleigenschaften, durchweg einfach ausgerüstet, damit wir unterwegs ohne Schwierigkeiten und fremde Hilfe reisen konnten. Die Ansicht gab uns recht.

Ich benutze die Ostseemeilen auch als Denkanstöße. Ich segle also nicht nur zwischen Eilanden und Küsten, trimme Segel, reiße an Schoten, ich segle auch in meinen Gedanken umher. Ich werfe sie hinaus – ins Logtagebuch –, oder sie bleiben stehen als Kopfnotiz; denn beim Segeln mit einem Boot ohne Kartentisch kann man sich nicht immer Notizen machen.

Viele Segler hierzulande scheuen, auch wenn sie es nicht einräumen wollen, die Begegnung mit Skandinaviern und Balten und überhaupt mit der Ostsee – dem schönsten Segelrevier vor unserer Haustür. Statt dessen zieht es sie nach Süden. Selbst der anspruchsvolle Segler wird im Norden überwältigt sein von der abwechslungsreichen Natur: Schären, Wald, Sumpf, Fels, Strand, Wasserfülle.

Ich hoffe, meine Aufzeichnungen können vielleicht einige mehr ermutigen, wenigstens einmal Skandinavien und überhaupt die neue Ostsee zu besegeln. Für diejenigen, die das „Meer" einen Segelsommer lang befahren wollen, stehen Informationen in den einzelnen Kapiteln und gebündelt im Anhang – mit Karten, Skizzen, Hinweisen und Tips.

2 Abgesegelt

Endlich aus der Buddel der Schlei heraus. „Willkommen", sagt die Ostsee. Jetzt können die Segel stehen und knallen – und sie tun es auch: 3648 Kilogramm Boot ziehen auf Am-Wind-Kurs durch die kurzen Ostseewellen. Der Bug klatscht dabei hart in die gegenlaufende See. Wasser schwappt in Luv an Deck und rinnt langsam übers Süll ins Cockpit. Der Wind weht Gischt in unsere Augen.

Noch hocken wir auf den Sitzbänken. Astrid steuert das Schiff, ich verharre am Niedergang und schaue rundum. Im Rhythmus der Wellen schlägt der lose Spinnakerbaum auf dem Vordeck gegen eine Relingstütze. Eigentlich müßte er festgezurrt werden, aber ich kann mich nicht aufraffen. Abfahrtstage sind gräßlich.

Laut denke ich: „Muß es gleich gegenan sein und naß werden?" Irgendwo unter Deck poltern Töpfe gegeneinander; die Werkzeugkiste kentert, ihr Inhalt verteilt sich über den Kajütboden; Kleidung und Ausrüstung rutschen durch den Raum. Noch sind wir auf solches Wetter nicht eingerichtet. Während der letzten Tage kam zuviel Zeug an Bord, das nicht sorgfältig verstaut ist. Nirgends war mehr richtig Platz. Überhaupt: Das neue Boot ist noch nicht ganz fertiggestellt; wäre es so, käme ich wohl niemals los. „Man muß sich ein Boot erst ersegeln, bevor man es endgültig einrichtet": eine der Weisheiten von Astrid. Aber wenn man nicht einmal seine Gummistiefel findet und gleich nasse Füße hat, denkt man anders.

Meine Aufmerksamkeit gilt dem Segelverhalten. Das harte Einsetzen des flachen Bugs erschreckt uns nämlich jedesmal. Vierkant und ruckartig wie eine stumpfe Schere durchschneidet der Rumpf die Wellen. So ein Boot hatten wir noch nie. Sicher: Die Ostseewellen sind hier kurz und steil, und die Wassertiefe beträgt nur 18 Meter.

Ich blicke um mich, um zu sehen, wo wir uns befinden. Zu peilen ist achteraus nur die Hochhaussilhouette von Damp. Im Norden sollte sich die dänische Insel Ärö befinden. Aber davon ist nichts zu erahnen. Im Süden liegt die Kieler Förde. Der Himmel ist grau, die Sicht schlecht.

Die See sieht leer und verlassen aus. Andere Segelboote sind nicht auszumachen. Wo bleiben sie heute am Samstag, dem 8. Mai? Es herrscht ein böiger, ungemütlicher Wind – aber eben kein Sturm, auch für kleine Boote nicht.

Astrid hat ihr Seegesicht aufgesetzt: sprachlos, starr, unverbindlich, konzentriert, zu keinen Späßen bereit. Daran haben vierzehn Jahre, die wir nicht miteinander auf See waren, nichts geändert. Sie mag die See nicht, genauer: ihre Bewegungen. Sie machen sie krank. Aber sie steuert gerne, und ist da ein Boot in der Nähe, gegen das man Regatta segeln kann, um so besser. Oder wie heute: Womöglich erreichen wir unser Ziel Rödby auf einem Bug, dann ist sie von der Pinne nicht wegzuprügeln. Auf keinen Fall möchte sie durch unkonzentriertes Steuern den Tag auf dem

Meer, Himmel und Genuasegel – die Fahrt beginnt mit Schönwetter. Von der Schlei aus umrunden wir die Ostsee in ihrer gesamten Ausdehnung.

Wasser verlängern. Ich brauche jemanden wie sie, der das Leben im Schlafsack liebt, sich über Kleinigkeiten freut, das Boot sauberhält und vor allem die Dinge pflegt und instandhält. Für sie hat alles seinen Wert, auch die billigste Taschenlampe. Da stört die Seekrankheit nicht.

Südlich von Langeland, das im Grau des Tages nur schemenhaft zu erkennen ist, verliert sich ein wenig unsere Sprachlosigkeit. An Bord beginnt das alte Wehmuts- und Sehnsuchtsspiel. Immer wenn man gerade abgesegelt ist, findet man sein Zuhause besonders schön. Gleich werden die Kirschbäume blühen, von den Erdbeeren werden wir nichts haben, und Freunde, Bekannte und Nachbarn sind gar nicht so bürgerlich. Abschiedsbekundungen am Steg in Missunde mit Werkzeugen, Büchern, etlichen Flaschen Rum und Dollarnoten „für die Russen" verdeutlichten es.

Das letzte Abschiedszeichen bekamen wir von unserem Sohn, der am Ende der Mole auf den Steinen stand. Was sagte er noch? „Auch wenn man sich gegenseitig oft ärgert, mag man sich doch und will sich wiedersehen." Neun Monate werden wir uns nicht sehen.

Am späten Nachmittag stehen wir südlich der Küste Lollands. Das Land ist hügelig. Blühende Rapsfelder, dunkle Waldflächen und Getreidefelder lösen einander ab. Unter Land wirft der steife Nordnordost kaum noch Seegang auf. Wir kommen jetzt ganz schnell voran – mit 7 Knoten. Eine Weile später sichten wir die Ansteuerungstonne Rödby und den Bojenweg. Als wir uns den Molenköpfen nähern, werfe ich den Motor an, berge Fock und Großsegel, die einstweilen nur festgelascht werden. Im weiten Bogen, um den Fährschiffen nicht in die Quere zu kommen, fährt Astrid zügig in das Hafenbecken der Fischer. An der östlichen Mole, hinter einem stillgelegten Hafenschlepper, sehen wir einen windgeschützten Liegeplatz. Die Fender werden rausgehängt, vier Festmacher klargemacht. Ich drossle die Maschine, und als ich meine, das Boot habe genügend Schwung, nehme ich den Gang raus. Langsam, mit ihrer Restfahrt, legt sich K7 an einen riesigen Autoreifen, der als Fender am Kai hängt. Damit das Schwarz des Gummis nicht auf unserem Rumpf scheuert, machen wir ein Fenderbrett klar – nicht ahnend, daß dieses Brett unseren ganzen Sommertörn begleiten wird. Gemeinsam kochen wir uns ein Essen: Tomaten, Zwiebeln und Spaghetti. Zwischendurch übertrage ich lose Zettelnotizen von unterwegs ins Logbuch: *11.35 Uhr Bindereff 1 Groß; 11.50 Uhr Bindereff Fock, Bindereff 2. – Reffs in Fock und Groß ausgeschüttet; Reff in Fock, zweites Reff in Groß; Reff in Fock ausgebunden, zweites Reff in Groß ausgebunden ... Ich atme schwer nach jeder Aktion. Ziemlich happig für den ersten Seetag und 48 Seemeilen.* Dies nur zum Thema Reffen. Und da ich ein Logtagebuch führe, ergänze ich: *Rödby Havn ist keine Marina, auch sonst kein schöner Hafen, aber er ist wind- und seegeschützt – und es ist Dänemark. Ich bin gerne in Dänemark.*

3 Die Russische Reise

Jede Reise-Idee lockt mich. Diese entstand in der Redaktion der YACHT. Sie wollte ihren Lesern Rußland näherbringen, anhand der unvergleichlichen Route von der Ostsee (St. Petersburg) via Moskau und Wolga ins Schwarze Meer. Dieser innerrussische Wasserweg besteht aus Flüssen, Kanälen, natürlichen Seen und Stauseen, ist 4500 Kilometer lang, hat 36 Schleusen und ist strömungsarm, also seglerisch gut umsetzbar. Das Tückische jedoch, auch wenn die gesamte Strecke innerhalb Rußlands Grenzen liegt, ist die Genehmigung dafür. Hätte ich es selbst versucht, hätte mir Bürokratenkram ohne Ende bevorgestanden. Daher war ich hellauf begeistert von dem Angebot: „Du besorgst dir ein Segelboot und erledigst die Logistik, wir beschaffen dir die notwendigen Reisedokumente." Eine klare Abmachung. Wir stritten nicht lange um Details, auch wenn der Einsatz höchst unterschiedlich war: bei dem einen 100, bei dem anderen 100 000 Mark. Das war am 27. September 1992.

„Na klar mache ich Rußland." Die ganze Geschichte war faszinierend. Ich hatte das Gefühl, ein Juwel in der Hand zu halten. Die Route Ostsee – Schwarzes Meer trägt zudem die Bürde von über 70 Jahren Sozialismus. Sie bedeutet ein riesiges Kanal- und Schleusensystem, überwiegend gebaut von Verbannten. Sie bedeutet aber auch ein ordentliches Stück Taiga, isolierte, unberührte Gebiete, Menschen, die nie Fremde gesehen haben. Und sie bedeutet die Wolga, den längsten Fluß Europas, und dieser ehrfurchtgebietende Fluß trägt mehr als Schlepper, Leichter und Frachtschiffe mit Material und Menschen, er trägt ebenso Träume, Abenteuer, Sehnsüchte und Schicksale. Er verkörpert Mütterchen Rußland.

Teile dieser Route gehören auch zu den vielen Wasserstraßen, die sich die aufrichtigen, geschäftstüchtigen, aber gefürchteten Wikinger als Handelswege von der Ostsee in den Orient erschlossen. Da die Flüsse breit und ohne starke Strömung dahinflossen, war es möglich, sie überwiegend zu besegeln. Und da es damals Kanäle noch nicht gab, mußten sich die Wikingerschiffe mit ihrem verhältnismäßig niedrigen Gewicht gut handhaben lassen, wenn es galt, sie auf dem Trockenen zu transportieren. Deshalb waren kurze Wegstrecken über Land nur ein geringes Hindernis.

4 Der Preishammer

Bootskauf. Zwei Tage zogen wir durch die Hamburger Messehallen, um das „richtige" Schiff zu finden. Uns schwebte ein kleines, aber seetüchtiges Boot vor, dazu mit wenig Tiefgang (Schwert?), mit Klappmast und – ganz wichtig wegen der vielen Kanal- und Flußkilometer – gut motorisiert. Vergeblich durchkämmten wir die moderne Flotte der Etaps, Beneteaus, Feelings,

Dehlers und so weiter. Entweder waren die Schiffchen zu teuer, zu weich in der Bauart, die Kajüten total verbaut, motorenmäßig ungeeignet oder ganz simpel zu häßlich und die Verkäufer zu aufdringlich. Ja, dies besonders. Es war ein zäher Verkaufsherbst '92. Meistens gab es eine Plastiktüte mit Unterlagen und eine Tasse Kaffee dazu, anscheinend das Zweitwichtigste auf einer Bootsmesse. Nach der 15. Tasse stießen wir endlich auf den „Preishammer" dieser Messe. Ein überdimensionaler Hammer aus grünem Styropor auf dem Bug zeigte es an: eine Hanse 291, 8,90 Meter lang, vom Yachtzentrum Greifswald für den konkurrenzlosen Preis von 44 444 Mark angeboten.

Erwartungsgemäß spartanisch war die Ausstattung. Zum Standardpaket gehörten weder Schotwinschen noch Reling. Schränke, Tisch, Genua und Anker waren nur gegen Aufpreis erhältlich. Gezeichnet hatte das Schiff Carl Beyer aus Schweden, und es wurde dort bereits seit sechs Jahren unter der Bezeichnung Aphrodite 29 verkauft. Daß sechs Jahre alte Linien nicht zwangsläufig veraltet sein müssen, bewies uns ein Blick auf den im Handauflegeverfahren hergestellten Glasfiberrumpf – sofern dies während der Messezeit überhaupt möglich war. Das Boot war ständig umlagert von Interessenten und, mehr noch, von Neugierigen. Kurzum: Es kam unserem Stil, klarer und einfacher Auslegung an und unter Deck, sehr nahe. Und da stand ein Verkäufer, der sein Objekt nicht nur schönredete (das war es ohnehin), sondern sich eher destruktiv, teils provozierend und trotzdem irgendwie glaubwürdig verhielt. Dabei war der ungereimte Körperbau des Verkäufers und Werftbesitzers Michael Schmidt ständig in Bewegung. Und er ist eigentlich kein Freund von Weltumseglern. Dennoch wurde nicht lange gefeilscht. Nach seinem: „Und jetzt der Erdmann-Bonus!?" hatten wir innerhalb von zwanzig Minuten das Schiff für die Russische Reise gekauft. „Meine Jungs in Greifswald werden sich freuen, für euch ein Schiff zu bauen." Dabei drückte er, an der Küste unter dem Namen Schmiddel bekannt, uns einen mehrseitigen fotokopierten Testbericht der YACHT in die Hand.

Das Wesentliche war unterstrichen: „1,74 Meter lichte Höhe

unter Deck ... Wer ein Boot zum Wohnen sucht, der ist mit diesem Entwurf sicher nicht gut bedient ... Der Rumpf ist harmonisch und formschön ... Bei glattem Wasser eine Höhe von 38 Grad und bei 3 Beaufort 6 Knoten ... Ein Boot für Segler, die Spaß an guten Segeleigenschaften haben." Soweit der YACHT-Tester Michael Naujok. Tiefgang – 1,50 Meter – und Masthöhe – 13,50 Meter – waren nicht ganz das, was wir wollten. „Aber das läßt sich mit einem Flügelkiel auf einen Meter reduzieren", sagte Schmiddel. „Und den Mast kürzen wir um einen Meter." Ein Mann der Tat.

Als „Bonbon" gab es die Bordtoilette gratis. Wir fühlten uns wie auf dem Hamburger Fischmarkt, wo der Bananenverkäufer die Früchte unten abreißt, um sie oben als Zugabe draufzupacken. Aber mir gefiel die Kombination: einfaches Boot, Aufschwung Ost, Preis, Schmiddel.

5   Zuhause

Wir leben in einem winzigen Haus nahe der Missunder Enge an der Schlei. Und die Schlei, ein langgestreckter Fjord, öffnet sich gegen die Unendlichkeit. Und Rußland ist für uns unendlich weit. Seine Kultur, Geschichte, Sprache – eine ferne Welt. Aber sofort nach dem Schiffskauf war sie unser Thema. Um in Stimmung zu kommen, schafften wir als erstes eine russische Nationalflagge an. Weiß-blau-rot längsgestreift hing sie am Kamin. Gegenüber wurde mit Stecknadeln die Karte des europäischen Rußland an die Wand geheftet. Landkarten faszinieren mich, sie geben mir das Gefühl, fast schon unterwegs zu sein. Auf dem Tisch stapelten sich Reiseführer und Stadtpläne von Moskau, St. Petersburg, Jaroslaw und Wolgograd, ehemals Stalingrad, das ja auch auf unserem Kurs lag. Und wir lasen dickleibige Romane von Tolstoi, Tschechow, Aitmatow; stöberten in Reiseberichten von Scherzer, Krone-Schmalz und Peter Ustinow.

Ein Glück für uns, daß das Fernsehprogramm in diesem Winter nichts Überragendes bot. Überall in der Wohnung lagen Wörterbücher und Sprachführer herum, klebten Zettel mit russischen Vokabeln; doch das kyrillische Alphabet bereitete uns mehr Probleme als angenommen. Trotzdem hieß es schon morgens beim Frühstück: „Eto tschai karascho." Der Tee ist gut. Oder: „Poschal'sta kleb." Bitte Brot. Gegenseitig fragten wir uns ab. Ganz oben auf der Vokabelliste standen die rund zwei Dutzend typischen Begriffe wie: danke, bitte, verboten, heute, morgen, ich, du, machen, essen, trinken und so weiter. Dazu die Zahlen. Nun war ich endlich mal der sprachbegabten Astrid voraus. Und zwar deshalb, weil ich 1992 sechs Wochen im sibirischen Igarka gewesen war, einer kleinen Hafenstadt am Jenissej.

Während der Abenteurer Arved Fuchs in Deutschland mit Vorträgen Geld für die Fortsetzung seiner Nordpolumrundung verdiente, paßte ich auf sein im Eis liegendes Schiff DAGMAR AAEN auf. Meine Aufgabe: Den in einer dicken Eisdecke eingefrorenen Kutter auf Eispressung zu beobachten, drei Dieselöfen am Brennen zu halten, wenn bei minus 50 Grad die Polarstürme tobten, und den Kontakt mit Hafenbehörden und Bewohnern des Ortes zu pflegen. Mir schien es reizvoll, endlich mal an Bord zu sein, ohne an Kurse, Segelstellung, Abdrift und Luftdruck zu denken, weder an Schoten reißen noch Ausguck gehen zu müssen. Und der Gedanke, diese Erfahrungen später in die Rußlandreise mit einfließen zu lassen, war auch dabei. Letztlich sollte es auch noch Urlaub sein. Alles kam jedoch ganz anders, denn ich hatte die russische Gastfreundschaft nicht berücksichtigt. In der zweiten Hälfte meines Aufenthalts hatte ich kaum einen freien Tag, ständig wurde ich eingeladen. Das brachte zwar allerhand Kenntnisse der Sprache, Menschen, Landschaft und Sibiriens überhaupt, war aber mühsam und anstrengend. Stockende Gespräche wurden mit Essen und Trinken überbrückt.

Geschichten über Sibirien beginnen meist mit Straflagern, mit Verbannung. Slava, der einzige Englischsprechende in Igarka, nahm mich „an die Hand". „Die Verbannung ist Vergangenheit", versicherte er, „die Straflager sind Museen. Die Überlebenden, das ist Igarka. Jedenfalls ein ordentlicher Teil seiner 16 000 Bewohner. Igarka war zu Stalins Zeiten umzingelt von Straflagern." Und wer war kein Verbrecher bei Stalin? „Der Bau der Bahnlinie, die allerdings nie fertig wurde, hat 60 Tote pro Kilometer gekostet." Übriggeblieben sind die Häuser der Aufseher, einige Straßen, Baracken und natürlich der unvollendete Bahndamm.

1000 Kilometer entfernt von der Mündung des Jenissej in die Karasee liegt Igarka als wichtigster sibirischer Hafen. Ein Hafen, der wegen Eis nur gut drei Monate in Betrieb ist. Ein seltsamer Hafen in Eis und Einöde, wie es keinen zweiten auf dieser Erde gibt. 1928 wurde er „mit bloßen Händen" dem nordsibirischen Urwald entrissen. „Erst mal den Plan erfüllen," sagte Slava, „und dann passierte lange nichts." – „Der Sibiriake ist ein harter Menschentyp, ein Abenteurer im guten Sinne. Härter als der Russe." Die Schwerfälligkeit des europäischen Russen hat der Sibiriake nicht, jedoch den gleichen Durst. Und immer nur Wodka. „Das war und ist unser Mallorca, Kanada, das Meer ... Mehr hatten und haben wir nicht. Ein paar ‚sto gramm', und die Gedanken sind frei." Nun, ich muß ergänzen, Bier, Wein, Fruchtsaft als Abwechslung gab es so gut wie nie. Die russische Getränkewirtschaft war offenbar mit der Herstellung von Wodka ausgelastet. Slava: „Die Freiheit, die eure Zivilisationsmüden einst jenseits der Ozeane suchten, liegt demnächst jenseits des Ural." Da hatte er schon einige mit Pfefferschoten gewürzte Wodkas intus. „Die Schönheit und die totale Unberührtheit der Natur kann nirgends größer sein als in Sibirien."

Während unserer Vorbereitungsmonate führten wir die morgendliche Vokabelliste weiter, dabei erzählte ich Astrid immer wieder von den Russen in Igarka. Von minus 54 Grad und dem Eisnebel vor den Augen, hervorgerufen durch die Atemfeuchtigkeit, die sich zwischen den Wimpern spannt und gespenstisch schön anfühlt. Von dem Drachen unter dem Eis im Hafen, der mächtig rumorte und den Bug der DAGMAR AAEN Zentimeter um

Zentimeter anhob, so daß ich am Ende fast im Stehen in der schrägen Vorschiffskoje schlief. Und vom Wetter: mal eiskalt leuchtend, dann wieder ein Grau, das beflügelte. Der winterliche graue Himmel war wohl deswegen so anregend, weil die reflektierende Oberfläche Schnee und Eis eine eigene Helligkeit bildete. Nicht gedacht hätte ich, daß bei minus 52 Grad Pinkeln im Freien noch möglich ist.

Es gibt derzeit kaum Möglichkeiten, nach Sibirien frei und unbekümmert zu segeln. Arved Fuchs hatte seine „Licence for Sail" für viele tausend Dollar gekauft. Zu viele, wie er selbst sagte. Mehr Sorge bereitete uns hingegen, daß uns abgeraten wurde, durch Rußland zu segeln. Mord, Raub und Behördenprobleme stünden uns bevor. Andererseits beneideten uns auch viele. Eine 18jährige Saskia schrieb aufmunternde Zeilen: „Eigentlich wollte ich als erste durch Rußland segeln." Ein deutscher Bauingenieur, der ein Stück auf der Wolga gesegelt war, schickte seinen selbstgedrehten Videofilm, der uns Einblick in die Flußlandschaft gab. Slava, mein sibirischer Freund, riet uns kategorisch ab: „Zu kriminell, das europäische Rußland." So lebten wir in einem Wechsel von Gefühlen. In der FAZ lasen wir: „Rußland ist ein großes Land, ungemütlich, einzigartig und angeschlagen. Man sollte ihm mit Vorsicht und mit Verständnis begegnen."

Um etwas Konkretes zu machen, kümmerten wir uns um den Bootsbau.

Das Boot dieser Reise ist ein absolut sportlicher Riß. Solide, schnörkellos. Es wirkt nicht luxuriös, aufdringlich oder penetrant wichtigtuerisch. Trotz des Serienbaus nahm ich mir vor, eine „Erdmann-Kiste" daraus zu machen. So konzipierte ich mit Hilfe der Bootspläne einige notwendige Extras. Zum Beispiel Haltegriffe an und unter Deck; mehr Winschen, um die Segel schnell und sicher zu bedienen; keinerlei Umlenkungen der Fallen vom Mast ins Cockpit. Grundsätzlich wollte ich mir das Segeln einfach machen, aber doch nicht zu bequem. Weiter: Der Mast wurde um einen halben Meter gekürzt, damit Astrid und ich ihn legen konnten, ohne daß er bei Seegang, den es auch binnen gibt, verrutschte. Zusätzlich zeichnete ich bewegliche Backstagen und

21

Unterwanten ein. Auch wählte ich einen stärkeren Dieselmotor. Eine der sogenannten Kleinigkeiten, die das Bordleben enorm erleichterte: Ich schmiß den gelieferten Spirituskocher hinaus und ersetzte ihn durch einen Petroleumdruckkocher. Petroleum gibt es überall.

Um all den Kram für eine richtige Fahrt an Bord unterbringen zu können, ließ ich mir über den Kojen und der Toilette Schränke mit Ablagen einbauen. Das war viel Mühe. Wie hoch, wie tief sollten sie sein, damit die Kanten nicht beim Sitzen oder Liegen störten. Andererseits sollten auch die großformatigen Seehandbücher Platz im Regal finden. Und so weiter und so fort. Stundenlang konnte ich an solchen Zentimeterarbeiten tüfteln. Genauer: an der Kojenbreite (71 Zentimeter), an Länge und Höhe der Sitze.

Schließlich fuhren wir gemeinsam über die mecklenburgischen Landstraßen nach Greifswald.

6   Yachtzentrum Greifswald

Bootsbau Greifswald. Die „Jungs" freuten sich in der Tat, als wir im Januar 93 aufkreuzten. „Dein Boot habe ich gebaut", sagte nicht nur Werftmeister Bent, ein Schwede, der eigentlich Däne ist, sondern auch Günther, Marco, Thorsten und andere. Glänzend lag der weiße Bau mit breiten grünen Zierstreifen auf Rumpf und Kajüte in der hellen Halle. Das Unterwasserschiff war ein Volllaminat, der Rest entstand in Sandwichbauweise: außen 4 Millimeter Laminat im Handauflegeverfahren, dann ein Schaumkern von 10 Millimetern und innen 3 Millimeter Laminat. Insgesamt wurde unser Rumpf, ohne daß ich es wollte, mit einer zusätzlichen Faserlage verstärkt. „Das gibt ihm 25 Prozent mehr Festigkeit", sagte Bent. „Da kannst du auch mal gegen den Kai fahren." Nun, gegen einen Kai wollte ich nicht fahren, aber vielleicht gegen einen Baum. Ich dachte dabei an die Fahrt durch die russische Taiga.

Als erstes riß ich beim Werftbesuch die große Baunummer 13 vom weißen Bug und schimpfte: „Offenbar wurde euch im Honecker-Staat nicht nur der Glaube genommen, sondern schlimmer – der Aberglaube." Merkwürdig, ich hatte doch laut Vertrag Baunummer 15 bestellt. Bent klärte mich auf: „Wir hatten einige Abbestellungen und haben dein Boot vorgezogen, weil du es ja bereits im März abholen willst."

Die genaue Nummer wollte er mir nicht mitteilen. Von den Arbeitern, die den Rumpf laminierten, erfuhr ich, daß es die Nummer fünf wäre. Zu Bent sagte ich: „Ich glaube, ihr habt gar nicht so viele feste Bestellungen, wie ihr erzählt." Er hatte auch, wie in der Bootsbranche üblich, gleich eine aparte Erklärung zur Hand: „Als ich noch in Schweden für die Maxi-Werft tätig war, haben wir einfach glatt hundert Nummern übersprungen, um unseren Erfolg besser zu publizieren." Dabei strahlte er mich an, drehte in seinem weißen Büro den ledernen Drehstuhl mal rechts, mal links. Vor ihm sein moderner Schreibtisch mit Glasplatte, unter der Zeitungsausschnitte über seine Regattaerfolge in Schweden steckten. An der Wand hing unübersehbar ein Foto, wo er mit dem Tenniscrack Mats Wilander auf seinem Boot segelte.

Auf der Titelseite der Ostsee-Zeitung stand die Schlagzeile: „Tennis-As Boris Becker wird eine Mercedes-Vertretung in Stralsund übernehmen." Stralsund liegt gleich neben Greifswald. Nun, auch wir kamen in die Zeitung, obwohl sich unsere 45 000 Mark gegen Beckers 20 Millionen, die er investieren wollte, um am Aufschwung Ost mitzuwirken, eher nichtig ausnahmen. Aber Hauptsache, es geschah etwas gegen die Arbeitslosenquote von 16 Prozent in dieser Region.

Früher waren hier beim VEB Bootsbau Greifswald 150 Leute beschäftigt. Gespräche über ihre geliebte, aber krepierte DDR ergaben, daß das damalige Wirtschaftssystem ihnen das Lügen im Betrieb sowie Improvisieren und uneffektives Arbeiten mangels Material aufzwang. Heute sind gerade 20 Leute hier tätig. Ihr Stundenlohn beträgt 12 Mark. Die Fluktuation ist hoch. Der

Ostinvestor nutzt die reichliche Auswahl auf dem Arbeitsmarkt, und das nimmt man ihm übel. Daß die Belegschaft aus schmuddeligen Werksgebäuden in eine neue Halle aus Kalksandstein, mit heißen Duschen und Kaffeemaschine, umgezogen ist, wird dabei nicht erwähnt. Der Werftkomplex firmiert jetzt unter dem Namen „Yachtzentrum Greifswald" und ist mit gepflasterten Wegen und neu gepflanzten Bäumen ein Arbeitsidyll. Allerdings: Drumherum sieht es aus wie früher. Das Ganze wirkt wie ein weißgetünchtes Idyll innerhalb einer Müllhalde.

22. März 93: Bootstaufe mit Bier „von hier" (exzellent), mit heißen Würstchen „von hier" (ein Reinfall) und Astrid, die eine Flasche Sekt auf der Bugspitze zertrümmerte (zwei Schläge): „Ich taufe dich auf den Namen KATHENA 7." KATHENA heißen alle meine Boote, und „7" steht für Glück. Sie gilt seit altersher als heilige Zahl, und ich wollte sie schon lange verwenden. Zufällig ist es auch mein siebtes Boot.

Der Probeschlag auf der Ryck ergab ein jollenartiges Verhalten, und das war mir recht, schließlich wollten wir KATHENA 7, die wir fortan K7 nennen, in engen Gewässern segeln. Der Tiefgang betrug wie vereinbart ein Meter, dank der Flügelkielkonstruktion aus Blei. Das Schiff machte einen guten Eindruck. Offensichtlich hatten die Bootsbauer sich viel Mühe gegeben. Zum Beispiel waren die Beschläge an Deck nicht nur äußerlich gut dimensioniert, sondern durchweg mit Aluplatten unter Deck verstärkt montiert, ebenso Relingstützen, Bug- und Heckkorb. Der Innenausbau war schnörkellos und sauber verarbeitet, aber leider – die Ökos werden die Nase rümpfen – aus matt lackiertem Teakholz. Das war Standard, und noch mehr Extras konnten wir uns nicht leisten.

Grundsätzlich schwimme ich nicht mit dem Ökostrom wie andere bekannte Segler. Nicht nur der Verbrauch von Tropenhölzern gefährdet unser Ökosystem, mehr noch gilt dies für das Abholzen der Wälder in Kanada, Sibirien und Skandinavien. Wer wirklich etwas tun will für die Umwelt, für die Natur, der sollte gar nichts tun – nicht reisen, nichts bauen und am besten nicht arbeiten.

Stapellauf mit der Werftcrew im Yachtzentrum Greifswald. –
Auch bei diesem Bau blieb ich meiner Linie treu: einfach und praktikabel. Zum Beispiel werden die Fallen und Reffleinen direkt am Mast bedient.

Von der Greifswalder Ryck bis zu uns in die Schlei brauchten Astrid und ich Ende März eine ganze Woche. Die 178 Seemeilen waren von einigen Merkwürdigkeiten begleitet. Dazu gehörte ein Brückenwärter, der die berühmte Wiecker Brücke nicht öffnen konnte und wollte: „Wochenende". Und eine komplette Sperrung des Strelasunds, weil eine Gasleitung verlegt wurde. So landeten wir ungewollt im Hafen von Stahlbrode, wo uns die Fischer verblüfften. Sie „lebten" bei eisiger Kälte auf dem Kai, wo sie in einer Hütte gleichzeitig ihren Fang räucherten und Fisch und Getränke verkauften. Als sie erfuhren, daß K7 beim ehemaligen VEB Greifswald gebaut worden war, reagierten sie gerührt und neugierig. „So ein schönes Schiff! Bei uns gebaut!" Sie konnten es kaum fassen.

Harte Nordwinde hielten uns dann in Stralsund fest, dazu Minusgrade und Schnee. Wir froren uns durch den Tag. Der Hafenmeister kassierte für die Toilettenbenutzung extra, und im Kolonialwarenladen am Hafen aßen wir eine klassische DDR-Bockwurst: dick und fett.

In Dänemark waren wir das erste Gästeboot der Saison. Dafür gab es Pölser und Pommes frites für uns beide gratis. Und zum Schluß der Überführungsfahrt eine Überraschung: 49 Seemeilen in sieben Stunden bei Wind um 6 bis 7 Beaufort. Das ergab einen Schnitt von 7 Knoten, bei immer sicheren Steuereigenschaften. Segeln konnte also unsere Neuanschaffung. Auch am Wind? Das wollten wir nicht ausprobieren. Zu kalt! Saukalt!

Am 1. April abends machten wir am Missunder Fährhaus fest, durchgefroren und müde, aber glücklich, das brandneue Boot trotz Flaute oder fast Sturmstärke ohne jegliche Probleme überführt zu haben. Hannes, der Missunder Fährmann, schickte uns noch richtig in den April: „Verdammte Bundesmarine", schimpfte er am Steg, „sind die doch heute bei ihren U-Boot-Übungen mit dem Sehrohr am Fährseil hängengeblieben ..." Die Schlei ist dort nur 6 Meter tief.

7 Rödby Havn

Sonntag, 9. Mai. Der Morgen nach unserer Ankunft ist ausgesprochen ruhig. Kein Mensch am Kai, kein Fischer, der am Hafen werkelt. Nur ein Mädchen kommt vorbei und verkauft uns Milch, Brötchen und Kopenhagener. Wir frühstücken auf dem Kajütboden, denn der Tisch ist erst im Kopf konzipiert. Was soll's, wir sind unterwegs, und das ist wichtig. Auch wenn wir heute nicht weiterkommen. Im Rigg singt ein steifer Ost, also genau dort her, wohin wir wollen. Und für morgen sagt der NDR-Wetterbericht weiterhin Ost um 6 bis 7 voraus. Also bleiben wir, liegt unser Schiff doch windgeschützt längsseits am Pier. Der Himmel ist hoch und blau, die Sonne scheint – wie häufig bei Ostwetterlagen. Das Hafenbecken ist ziemlich leer, nur ein paar abgetakelte Schiffchen liegen achteraus: Fischerboote, die nur noch als Fender für Yachten gebraucht werden.

Irgendwann schlendert eine Gruppe Berliner vorbei. Man hört es am Dialekt. Sie kommen zurück, bleiben zögernd stehen und bewundern uns: „Nach Rußland?" Sie selbst haben für Juli ein Schiff gechartert und schauen sich schon mal die Häfen an, die sie eventuell ansteuern wollen.

Rödby Havn ist ein reger Fährhafen, der Dänemark mit Fehmarn verbindet, der Ort selbst eine künstliche Ansammlung von Wohnhäusern und kleinen Geschäften wie Bäckerei, Videoverleih, Tankstelle, Imbißbuden. Rechts und links führen befestigte Wirtschaftswege vom Hafen weg. Nur ihre Spurbahnen sind mit Kieselsteinen geschottert. Am Feldrand Kälberkraut, Disteln, Kornblumen. Über solche Wege gelangen wir an einen breiten Strand; nicht so sauber und organisiert wie der bei Damp 2000 in Schleswig-Holstein. Hier liegt schon mal ein Stück Treibholz herum, dazu Seetang und abgerissene Netzbojen. Dafür ist es einsam, jedenfalls läßt sich weit und breit niemand sehen. Trotz des auflandigen Windes finden wir in den stellenweise grasbewachsenen Dünen Schutz.

Über die Hauptstraße wandern wir ins 5 Kilometer entfernte Städtchen Rödby. Die schöne, hügelige Landschaft riecht nach

Landwirtschaft, ihre weiten Felder und Wiesen sind vom Buschwerk der Knicks umrandet. Auf den Fluren Raps, Roggen, Weizen. Vereinzelte Gehöfte, umgeben von Viehgattern mit der Graphik unregelmäßiger Geometrie. Die schwarzbunten Kühe liegen wegen der Kühle auf der höchsten Erhebung in einem satten Grün.

Die Stadt bietet das übliche: Geschäfte, Kirche und Kro (Gasthaus). Im Kro-Garten trinken wir ein Store Fadöl, ein großes gezapftes Bier für 29 Kronen (6 Mark) und essen ein halbes Staff-Kylling (Huhn) für 32 Kronen. Bepackt mit Bratpfanne, Waschschüssel, Küchenmesser und Schraubenzieher aus dem Haushaltswarengeschäft machen wir uns auf den Rückweg.

Wolken ziehen am Himmel. Montag, Dienstag, Mittwoch. Es weht weiter stark bis stürmisch aus Ost. Wir erwohnen uns das Boot. Die Kajüte wird mit einer Europakarte verschönert, ans Schott in der Toilette kommt ein Südseepalmenbild, die Schränke werden unterteilt, damit bei Seegang nicht alles durch die Gegend fliegt, und dann ist der Tisch dran. Eine Platte Sperrholz wird gekauft, 95 x 58 Zentimeter, geschliffen, weiß gemalt und mit Teakleisten rundum abgesetzt. Das geht schnell von der Hand. Mehr Gedanken mache ich mir um die Tragekonstruktion. Denn mitten im Salon auf Füßen soll er nicht stehen, das würde in einem so kleinen Boot unheimlich stören. Also wird ein Aluminiumrohr zwischen Decke und Boden eingepaßt, an dem der Tisch mit Hilfe einer Klemm-Schrauben-Verbindung auf und nieder rutschen kann: ganz einfach, wenn man es ausgetüftelt hat. So kann ich den Tisch beim Segeln über die Steuerbordkoje schieben und gleichzeitig als Kartentisch verwenden.

Ein Boot ohne Kartentisch ist für mich kein Boot für die See. Bent Elgaard sagte auf der Werft zu mir: „Einem Deutschen kann man schlecht ein Boot ohne Kartentisch verkaufen." Gut so! Ich ergänze auf dem neuen Tisch gleich mein Logtagebuch, das ich auch bei diesem – oder gerade bei diesem – Törn in den Osten sorgfältig führen möchte. Das heißt, ich klebe auch Rechnungen, Fotos und witzige Bemerkungen aus Prospekten hinein. Häufig sind meinen Logbüchern Mottos berühmter Leute vorangestellt, ein Zitat von Josef Conrad, zum Beispiel. Diesmal ist es jedoch die dämlichste Frage des letzten Winters: „Führen Sie Logbuch, um es kommerziell auszuwerten?" Jeder Autor will Geld verdienen, oder er ist ein pathologischer Typ.

Heute wird nicht viel aus der Arbeit im Logbuch. Mein Blick wandert zu oft durch die gemütliche Kajüte und ins Cockpit. Vier Wochen habe ich am Steg beim Missunder Fährhaus an diesem Boot gehobelt, geschraubt, gesägt. Die Kojen bekamen höhere Schlingerbretter, zusätzliche Haltegriffe wurden montiert, mehrere Klampen aufgeschraubt und die gesamte Kochecke mit Fächern und Ablagen sauber ausgebaut.

Astrid liest sich derweil Wissen an: Die baltischen Staaten, das Seehandbuch der Ostsee, Reisebuch Krim und so weiter.

8 Darßer Ort: Oberherrlich

Als der Ost endlich normale Stärke annimmt, fliehen wir förmlich aus Rödby. Morgens um sechs stehen bereits Groß und die grün-weiß gestreifte Genua. Mit dichtgeholten Schoten nehmen wir Kurs auf Darßer Ort, das in Mecklenburg liegt. Das Log zeigt 6 Knoten, folglich rechnen wir mit gut fünf Segelstunden. Der Himmel ist strahlend blau. Es geht mir bestens. Astrid sowieso – nicht.

Doch es kommt anders. Die Molenköpfe von Rödby Havn sind achteraus noch nicht verschwunden, da schlägt der Wind urplötzlich auf Ost zurück und nimmt zu. Wir drehen ab, nehmen Kurs auf Warnemünde, das wir auf Steuerbordbug genau anliegen können.

Dort erwarten uns am Nachmittag nicht nur angenehmste Temperaturen, sondern im Klubhaus, am Steg und im Bauwagen, wo der Hafenmeister lebt, auch herzliche Wärme. Bei einem Blick in die Klubgaststätte höre ich jemanden freudig „Wilfried!" schreien. Es ist Jürgen Hiort, mein Cuxhavener Freund. Er begrüßte mich als allererster Segler auf der Elbe, als ich 1968 von meiner Einhand-Weltumseglung zurückkam. Als man damals Zweifel an meiner Weltreise hegte, glaubte er mir uneingeschränkt, und wichtiger: Er setzte sich für mich ein. Seitdem sind wir befreundet. Also, er freut sich wirklich mächtig, kann uns nun endlich seine Freundin Adele vorstellen. Ich staune: „Was Haareschneiden alles bewirken kann." Jürgen liebt Marotten. Fuhr er doch jahrelang zum Haareschneiden ins feudale Hotel Neptun nach Warnemünde, weil dort Adele Friseuse war.

Gangloffs aus Rostock besuchen uns. Gisela und Ralf, beide kurzhaarig, dynamisch, hatten in ferner Zeit ein Magazin gegründet: den SEGLER. Und wie das im Um- und Aufschwung Ost so geht, stehen sie inzwischen nur noch im Impressum. Hauptsächlich arbeiten sie in ihren angestammten Berufen. Sie hat eine Rechtsanwaltskanzlei aufgemacht, er arbeitet als Detektiv. Bei einer Flasche Rotkäppchensekt erzählen sie davon voller Optimismus. Auch sie bewundern in der Kajüte unserer K7 die handwerklichen Arbeiten der Bootsbauer.

Es folgt ein ruhiger Tag – köstlich, glatte See. Wir segeln recht dicht an der Küste entlang nach Darßer Ort. Ein glücklicher Tag. Astrid steuert den Kurs und bestaunt die hügelige, bewaldete Landschaft an Steuerbord, die einsamen Sandstrände. Ich spiele mit den brandneuen Segeln. Fock, Genua, Spinnaker. Die Tücher fühlen sich so rein an. Noch achte ich mächtig darauf, daß sie beim Bergen nicht in die See rutschen.

Darßer Ort. Astrid ruft bei der Ankunft entzückt: „Oberherrlich!" Wir liegen am Weststeg, haben gegenüber sandige Hügel, im Hintergrund leise rauschende Wälder. Dieser Landzipfel steht unter Naturschutz, am liebsten hätte man die Segler hier ganz ausgesperrt: „Sie bringen Unruhe in die einzigartige Tier- und Vogelwelt." Während wir dort liegen, sind aber die einzigen Unruhestifter die Fischer mit ihren Booten und die Crew des Seenotrettungskreuzers. Innerhalb einer Stunde fahren sie mit ihren Autos wohl ein Dutzend mal hin und her. Und zwischendurch

Optimistisch: Astrid und ich. Nachdem wir unseren geplanten Törn quer durch Rußland nicht realisieren konnten, erkunden wir das Revier vor unserer Haustür – die Ostsee.

werden ausgiebig neue Außenborder und andere Motoren ausprobiert.

Um Segler etwas auszugrenzen, hätte man auf Service wie Wasserleitung und perfekte Steganlage verzichten sollen. Die Amerikaner halten es so in ihren Schutzgebieten. Dort gibt es nur Mülltonne und Plumpsklo. Folglich benutzt der Segler den Hafen wirklich nur als Schutzhafen. Ich erinnere mich an meinen Besuch mit der Jolle auf Darßer Ort. 1990 war noch nichts vorhanden. Die Volksmarine hatte den Hafen erst Tage zuvor der Öffentlichkeit zugänglich gemacht, selbst der Steg war eine windschiefe, marode Konstruktion, an der man kaum festmachen konnte. Damals begleitete mich der Gedanke: „Der Sozialismus könnte tatsächlich auch etwas Gutes gehabt haben – zumindest sind Landschaftsidylle übriggeblieben – und sei es nur unfreiwillig."

Wir starten nach Bornholm. Leichter Nordwind und Dünung. Schlagende Segel und kaum Fahrt im Boot. Und eine Astrid, die sich wie eine Anfängerin gibt: „Wenn es heute nacht windstill ist, wollen wir da etwa treiben?" Ich gebe nach, das heißt: Ich starte den Diesel. Folge: Kursänderung nach Hiddensee, genauer nach Vitte. Und notiere: *Flaute ist auch Natur!*

„Willkommen", sagt der Hafenmeister und kassiert 14 Mark für die Nacht, Strom macht drei Mark extra. Bei der Frage nach der Anzahl der Crew gebrauchte er den seltsamen Ausdruck Besatzungsstärke. Er schwärmt von seinem Hiddensee und möchte dies auch bestätigt wissen. Außer dem vergrößerten Hafen und der inzwischen gekachelten Toilette hat sich in Vitte und drumherum kaum etwas verändert seit meinem Jollenbesuch. Im Hafenrestaurant steht noch immer Bockwurst, Bratfisch, Rohkostsalat und Kartoffelsalat zuoberst auf der Speisenkarte.

Astrid bestellt sich einen Fisch, ich nehme eine Bockwurst, die fast so lang ist wie der Hafen breit, und alles für zehn Mark. Segler in Achselhemd und Coweshose führen an den Tischen ringsum lebhafte Gespräche. Es werden „knallharte Manöver" gefahren, übers Meer wird „gebrettert" und ein Wortkrieg mit Berufsseeleuten ausgefochten. Ein Dampferkapitän, dessen Hobby es offensichtlich ist, Segelboote aus dem engen Fahrwasser zu drängen, verteidigt sich: „Müßt ihr mit euren Joghurtbechern denn immer an den engsten Stellen der Fahrrinne sein, wenn ich unterwegs bin?" Ein Segler brüstet sich damit, daß er gerade dann am liebsten segelt, wenn Ausflugsschiffe und Wassertaxis unterwegs sind. Auch handfeste Tips werden vermittelt: „Als Selbständiger mußt du die Hälfte deines Einkommens vor dem Finanzamt wegdrücken, sonst verdienst' nix."

Gerne wären wir länger auf Hiddensee geblieben, wären die unbefestigten Deichwege abgewandert, hätten vielleicht noch einen Moment verweilt am Kap, wo mancher DDR-Segler vor Jahren seinen Träumen nachhing oder verzweifelt seinen Unmut herausbrüllte. Oder, wie auch passiert, schwimmend oder mit kleinem Boot ins gegenüberliegende Dänemark flüchtete. Dann hätten wir auch an jene gedacht, die dabei erwischt wurden und für ein Jahr und mehr ins Zuchthaus Bauzen mußten.

Ja, gern. Aber der Osten ist unsere Aufgabe.

9 Bornholm

Den Blick über Stunden aufmerksam auf den Verklicker genagelt, erkämpfen wir uns Bornholm. Nach 21 Stunden und 84 Seemeilen ist es Neksö an der Südostküste, das wir ansteuern – gleichzeitig der größte Fischereihafen der Insel. Gegenüber vom Hafenkontor machen wir im alten Hafenbecken fest. Müde, ja regelrecht schlapp von der Nachtfahrt, packen wir gemeinsam die Segel ein, schießen Taue auf und ordnen die Kajüte. Irgendwie ist die Ostsee seit der Öffnung des Ostens lebhafter geworden: Fährschiffe, Handelsschiffe, Fischereiboote, Marinefahrzeuge, Yachten kreuzen unseren Kurs.

In Neksö wird im Mai von Gastliegern noch kein Hafengeld verlangt. Astrid setzt die so gesparten Mittel in „Fish and Chips" um und in Telefongespräche wegen unserer Visa, die wir leider immer noch nicht haben. „Zu 99 Prozent in Helsinki", wird ihr versprochen.

Um uns herum erstaunlich viele deutsche Charterer, von denen einige die Brauereifahne statt des Vereinsstanders in die Backbordsaling hochziehen, sich dann eines von diesen Fünf-Liter-Fäßchen Bier aufschlagen und Stunden später in ihrer Joggingkleidung bunt das Deck pflastern. Ihre Schiffe sind durchweg schön, modern und sehr gut ausgerüstet, die Mannschaften jedoch durchweg schlecht geeignet, sie zu führen. Immer wenn so ein Boot einläuft – zu erkennen an dem Mann mit dem Pekhaken auf dem Kajütdach und einer Reihe Crewmitglieder mit Fendern an der Reling –, verharren die Leute auf den anderen Booten und am Kai. Ein kleines Schauspiel beginnt: Entweder werden Fender verloren oder plattgedrückt, die Maschine wird vor und zurück malträtiert, Festmacher werden vertüddelt oder kommen gar in die Schraube, oder der Bug stößt vierkant gegen den Steg. Und immer ist der Pekhaken dabei, er wird in alles, was sich gegen ihn stellt, gerammt. Das ist manchmal aufregender und abwechslungsreicher als Museen, Rundkirchen, Schlösser und Ruinen zu besichtigen, die es auf Bornholm gibt. In der Regel sind die Charterschiffe für meine Begriffe überbelegt. Aber die Leute sind wahnsinnig aktiv, alles wird gleich ausgekundschaftet, Ausflüge werden organisiert, und in der Frühe sind sie fast immer zeitig „en route", um ihren Mietpreis abzusegeln.

Und sie sind sauber. Frisch geduscht stechen sie in See. Wir liegen mit unserem Boot vis-à-vis den Waschräumen, und es ist schon amüsant zu beobachten, wie sich viele Segler und Seglerinnen vor dem Auslaufen duschen, cremen, fönen, mit Deo und Haarfestiger hantieren und wie die Frauen mit einem Lockenstab ihre Haare wellen.

Ein Zuviel an Duschen und Aktivität kann ich bei uns nicht feststellen. Es kostet uns schon Überwindung, mit gemieteten Fahrrädern zum 12 Kilometer entfernten Kap Dueodde zu fahren. Auf Radwegen geht es durch eine weitläufige Dünenlandschaft mit herrlichen kilometerlangen Sandstränden. Schon wieder Sand und Dünen? So sind eben die Küstenstriche auf unserem Kurs. Der Nichtkenner wird überrascht sein, wie großzügig die Ostsee damit versorgt ist. Hier in Dueodde und mehr noch am Balkastrand ist der Sand so fein, daß er für Eieruhren und Stundengläser verwendet wird. Früher wurde er gar in Mengen exportiert.

Am Kap ein Surfer, der wie ein Delphin über die Wellen springt. Und sonst nichts außer Wind, der Sand in unsere Augen weht. Heftig gegen den Nordost strampelnd, arbeiten wir uns zurück nach Neksö.

An Bord setze ich mich entspannt in die Sonne und informiere mich: „Bornholm, diese herrliche Insel inmitten der Ostsee, vereint den ganzen Reichtum der dänischen Landschaft: zerklüftete Felsküsten, Sandstrände, malerische Fischerdörfchen, Wälder und Felder. Dazu eine überwältigende Pflanzenwelt. In keinem Teil der Ostsee scheint die Sonne so häufig." In allen Reiseführern, Zeitschriften und Prospekten, die die grüne Insel vorstellen, steht ziemlich dasselbe. Und weiter: „Der lange Sommer und milde Herbst lassen hier Pflanzen in einer Weise wachsen, wie es sonst nur im Süden möglich ist. Im rauhen, felsigen Norden der Insel strahlen die Felsen soviel Wärme ab, die sie von der Sonne aufgenommen haben, daß dort Trauben, Pfirsiche und Feigen gedeihen." Zuletzt: „Fast keine Industrie ist vorhanden – der ideale Ort für Erholung und Entspannung." Die Bedeutung des Tourismus für Bornholms Wirtschaft ist immens.

Trotzdem blüht der Tourismus „sanft". Das spürt und sieht man überall. Und das ist schön. Die Stille, die über der Insel liegt, wirkt zeitlos, beruhigend. Meer und Landschaft haben offenbar die Mentalität der Bornholmer geprägt. Sie sind freundlich, zurückhaltend, haben es selten eilig und sprechen relativ leise. Der einzige Ort, wo wir laute Gespräche vernehmen, ist die Hafenkneipe.

In Neksö gehen die Fischer wie überall ihrer Tätigkeit nach. Sie sortieren Fische, bunkern Eis, flicken Netze, pönen ihren Kahn oder schrubben ganz schlicht ihr Deck.

Das „Gold" der Insel sind der geräucherte Hering und der Seelachs, der „rögede Bornholmer". In den Sommermonaten werden die frischgefangenen Fische in große Räucherkammern gebracht und mit dem Holz der Holunderbäume, das ihnen einen speziellen Geschmack gibt, geräuchert. Die Dänen sind ganz wild danach. Und wir haben den Eindruck, jeder Tourist, der den Hafen besucht, auch. Sie stopfen sich ununterbrochen Fisch in den Mund, Astrid eingeschlossen.

114 Fischerboote sind in Neksö registriert. Hinzu kommen noch viele polnische, lettische und russische, die hier ihren Fang anlanden. Diese Kutter machen häufig in der Nähe der KATHENA 7 fest, um Wasser zu bunkern. Sie sehen furchtbar aus. „Auf diese Schiffe mag man keinen Fuß setzen, man hat Angst, er würde an Deck festkleben wegen des Drecks", schreibt die „Bornholms Tidende" sinngemäß. Wir studieren sie wegen des Wetterberichts. Zwar scheint immer noch die Sonne, aber der starke Ost paßt uns überhaupt nicht.

10   Ostwärts

Im ganzen Hafen gibt es keinen Segler, der nach Osten will. Schon deshalb möchten wir rasch weiter, sind richtiggehend wild, ins Baltikum zu kommen, nach Litauen, Lettland, Estland. Es ist gar nicht lange her, da vermutete ich das Baltikum noch auf dem Balkan, denn mein geographisches Interesse richtete sich ausschließlich westwärts. Für Astrid, die in Düsseldorf zur Schule ging, fand östlich der Elbe sowieso nichts statt. Vielen Westdeutschen war vor dem Mauerfall selbst die Hansestadt Rostock kein Begriff. Erwähnte ich in Vorträgen zum Thema Freiheit auf dem Meer diese Stadt mit dem Hinweis: „Wer in Rostock unerlaubt ein Boot zu Wasser bringt, muß mit Gefängnis rechnen", so konnte fast kein Zuschauer die Hansestadt plazieren.

Wir verlassen Neksö bei frischem Ostwind. „Ganz schönes

Wetter", sagt der Bootsnachbar, als er unsere Leinen loswirft. Wir sehen das natürlich anders. Astrid wirft hinüber: „Wer nach Rügen will, für den schon, aber nicht für uns. Wir segeln Richtung Litauen." Sein Tip: „Also, wenn Sie nicht aufkreuzen wollen, segeln Sie doch einfach nach Polen", ist nicht unsere Sache. Kolberg, Rügenwalde – nein. Dann schon eher Danziger Bucht, aber die ist noch weit.

Die Wettervorhersage verspricht eine Winddrehung auf Nord. Also segeln wir den ersten Schlag auf Backbordbug. Schon bald liegt das Städtchen Svaneke querab, leicht zu erkennen an den fünf markanten Schornsteinen seiner großen Fischräucherei. Svaneke, das sich terrassenförmig an einen Felshang schmiegt, ist die schönste Stadt des ohnehin schönen Bornholm.

„Tjean?" fragt Astrid, bevor wir die Wende fahren. Tjean ist ein Hafen an der Küste Bornholms, den wir ohne Mühe im Nu erreichen könnten.

„Nein, am liebsten gleich Klaipeda."

„Blödsinn!"

„Der Wind wird drehen, ganz sicher. Schließlich weht es bereits seit vielen Tagen aus Ost."

„Und wenn nicht?"

„Hm, das heißt dann 200 Seemeilen gegenan."

„Wirklich? Bis Litauen sind es eher 220."

Die Wende klappt problemlos wie die folgenden. Wir fügen uns dem Diktat des Windes und kreuzen auf – bei strahlend blauem Himmel und weißen Schaumkronen. Konzentriert und befangen steuert Astrid das Boot. Noch.

Ich notiere: *Wind um Ost, 5 bis 6. Speed 6 Knoten, Wendewinkel 100 Grad inklusive Abdrift. Ein Boot mit guten Segeleigenschaften.* Bei diesem Wort muß ich schmunzeln. Ein Boot mit guten Segeleigenschaften, das sagten sie alle. Der Werftchef in Greifswald und auch die YACHT-Tester, als ich mit der K7 in Damp war, um unser Boot wiegen zu lassen. Keiner der Redakteure verschwendete auch nur ein Wort an das Risiko Rußland, an die Strapazen der Route, an die persönliche Gefahr. Die Tester sind eben von ihrer Arbeit so stark vereinnahmt, daß sie bei Menschen zunächst an Ergonomie auf Yachten denken. Kurzum: Der Flügelkiel beflügelt die Abdrift der KATHENA 7 nicht.

Das Wiegen in Damp hatte 700 Kilo Übergewicht ergeben: Ausrüstung, Ersatzteile, Zubehör, Proviant, Kleidung. Von dem Damp-Besuch erhoffte ich mir auch einige praktische Tips zu meinem 7/8-Rigg. Peter Schweer, der Trimmfachmann der Segelszene, war nämlich ebenfalls dort. Aber er ließ sich nur zu einem: „Lieber Wilfried, das kannst du doch alles selbst", herab. Und natürlich zu einem gemeinsamen Foto.

Nie zuvor habe ich ein Boot mit 7/8-getakeltem Rigg und gepfeilter Saling gesegelt. Folglich nehme ich mir jetzt auf See Peter Schweers Fibel „Das optimal getrimmte Rigg" zur Hand. „Mit einem 7/8-Rigg hat man mehr Trimmöglichkeiten" heißt es da. Klar, ist bekannt. „Zudem kann man den Mast mehr biegen und variieren." Das habe ich bereits im Hafen ausprobiert. „Der große Nachteil des 7/8-Riggs ist wohl, daß man auf die Stagspannung

Für einen Kartentisch fehlt auf der K7 leider der Platz. Folglich findet Logbuchschreiben und Arbeiten mit der Seekarte im Hocken vor der Koje statt.

unbedingt achten muß." Überhaupt noch nicht drum gekümmert. Mit einem Bleistift unterstreiche ich den Absatz für Am-Wind-Kurs bei stärkerem Wind, also in unserer derzeitigen Situation. „Eine Profiltiefen-Verringerung des Großsegels wird durch eine hohe Achterstagspannung und weit gefierte Unterwanten erreicht. Hierdurch erhält der Mast seine maximale Biegekurve. Eine hohe Achterstagspannung sorgt gleichzeitig für ein strammes Vorstag, so daß auch das Vorsegel automatisch getrimmt wird." Unser Achterstag ist schnell mit Hilfe der Talje stramm durchgesetzt. Doch bei dieser Schräglage und gischtigen See habe ich wenig Lust, mit Schraubenzieher und Wasserpumpenzange die Unterwanten zu lösen, damit mehr Druck auf die Oberwanten kommt, womit gleichzeitig mehr Vorstagspannung erreicht würde. Und doch nehme ich mein Werkzeug und löse die Spannung. Das funktioniert ganz gut.

Ich habe einen Tag vor der Abfahrt in Missunde Backstagen montiert, die setzen den ganzen Trimm noch effektiver um. Im Nu ist mit Hilfe der Talje das Vorstag steif.

„Der Nachteil der Backstagen soll nicht verschwiegen werden", schreibt Schweer, „sie sind äußerst familienfeindlich oder doch zumindest bedienungsunfreundlich für eine kleine, toursegelnde Crew." Sorry, Peter Schweer. Wir haben einige Backstagenboote über Jahre ohne Probleme gesegelt. Nie war mir das Hantieren mit den Drähten und Taljen unangenehm oder – schlimmer –, habe ich das rechtzeitige Lösen beim Überstaggehen vergessen. Backstagen geben mir, und deshalb sind sie auch an Bord der K7 montiert, sehr viel mehr Sicherheit. Da kann es ruhig rumsen, ohne daß ich mir Sorgen wegen des Riggs mache. Und das ist die Mühe allemal wert.

Mit der Theorie in Büchern ist das so eine Sache, zumal wenn man sich erst bei ruppiger See bemüht, sie anzuwenden. Kurzentschlossen löse ich die im Anhang aufgestellten Trimmtabellen für 7/8-Riggs aus Schweers Büchlein und klebe sie ans Schott. Klar zum Ablesen.

Abends teilen wir die Wachen ein. Ich gehe bis Mitternacht, Astrid folgt mit rund drei Stunden, je nachdem wie sie sich fühlt, und ich übernehme dann den Rest. Um fünf Uhr ist es sowieso taghell.

Die Nacht ist fast wolkenlos. Die Sicht gut. Ich hocke im Schutz der Sprayhood. Es ist kalt. Ringsum ziehen Fischer nah und fern, einzeln und in Gruppen, ihre unorthodoxen Kurven. Manchmal zähle ich 14 Boote zur gleichen Zeit. Es handelt sich meist um schlecht beleuchtete polnische Fischer.

Gleich in der ersten Nacht, Astrid geht gerade Wache, kommt das Boot fast ruckartig zum Stehen. Ein Blick über die Seite genügt: Mit dem Ruderblatt haben wir ein Treibnetz erwischt. Um es abzuschütteln, gehen wir in den Wind. Der Schrecken ist groß, haben wir doch ein Boot mit freistehendem Ruder. Durch ein paar Bewegungen stellen wir schnell fest, daß das Ruder keinen Schaden genommen hat. Bent, der Werftmeister in Greifswald, hat offenbar meine Worte zur Kenntnis genommen: Ruder, Kielbefestigung, Rigg und Dichtigkeit – damit möchte ich keine Sorgen haben.

Doch mit der Dichtigkeit hapert es. Unser wichtigstes „Werkzeug" ist derzeit tatsächlich der Schwamm. Immer wieder schwappt Wasser unter den Bodenbrettern, unterm Motor und in der Achterpiek. K7 ist ein modernes Boot und hat als solches keine eigentliche Bilge, in die man einen Lenzschlauch legen könnte.

Immer noch Hochdruckwetter. Nach wie vor Ost um 5, zeitweise 6. Und nach wie vor ein verdammt ungemütlicher Kreuzkurs. Alle drei bis vier Stunden fahren wir eine Wende, je nachdem, wie es mit dem leicht schralenden Wind und den Fischern gerade hinkommt. Alles bewegt sich. Nie herrscht Stille in diesen Tagen. Die Wellen schlagen laut gegen den Rumpf. Das Auf und Ab des Bugs wiederholt sich elfmal in der Minute! Und jedesmal knarren die Sperrholzschotten wie alte Bäume, die zu fallen beginnen. Irgendwo in den Backskisten poltern Dosen gegeneinander. An Deck jammert der Autopilot (unsere elektrische Selbststeueranlage). Unregelmäßig piepsen die Satellitendurchgänge des GPS. Und irgendwann hält es unsere Spindtür nicht mehr in ihren Scharnieren. Sie fliegt mir bei einer besonders ruppigen See gegen den Kopf. Ich bin nicht böse, habe Verständnis für einen Schlachter, der erst einige Wochen auf der Werft tätig war und sich beim Bohren der Schraubenlöcher geirrt hat.

Ein richtiger Segelrhythmus will sich nicht einstellen. Es gibt einfach zu wenig Ruhe. Dieser stramme Wind und die polnischen Fischkutter halten uns in Bewegung. Gleich dutzendfach müssen wir morgens kilometerlangen Netzen ausweichen, die bis an die Wasseroberfläche reichen. Kein Fisch darf entrinnen!

Ja, alles bewegt sich. Nur Astrid ist wenig mobil. Sie liegt, außer während ihrer Wachen, platt in der Hundekoje. Das Logbuch meldet: *A. ist seekrank. Hat ihr Seegesicht aufgesetzt. Bedeutet: Laß mich in Ruhe. Gelegentlich kommt aus der Koje: „Ich spüre mein Mittelteil überhaupt nicht." Es geht ihr wirklich miserabel. Medikamente gegen die Seekrankheit verschmäht sie – aus Angst vor zu großer Müdigkeit.* Diejenigen, die uns kennen, wissen, daß meine liebe Frau auch früher wochenlang auf See die

KATHENA 7, ein 8,90 Meter langes Boot vom Typ Hanse 291 mit besten Segeleigenschaften. Der Sandwichbau segelt relativ steif und trocken.

Übelkeit plagte. 14 Jahre Landleben haben daran nichts geändert. Nach einer Abfahrt reichen ihr zwei Stunden bei leicht bewegter See zur Seekrankheit. Speziell bei raumen und Am-Wind-Kursen, wie derzeit nach Klaipeda, geht es ihr schlecht. Es schüttelt sie, wenn ich mir in der Pantry frischen Kaffee aufbrühe und der Duft in die Hundekoje zieht, oder wenn sie sieht, wie ich in ein Schinkenbrot beiße. Essen? Schon beim Gedanken daran graust es sie.

Nun ist Seekrankheit keine Krankheit, sondern ein vorübergehender Zustand nur bei Seegang. So versuche ich Astrid immer wieder zu trösten. Sind wir im Hafen oder kurz davor, finden Diskussionen, Arbeit, Essen und Trinken (dies vor allem) wieder bei ihr statt. Das Paradoxe: auch unmittelbar nach tagelangem Schmachten.

Wie ich so am Niedergang stehe und in einen Apfel beiße, schaue ich mir Astrid an. Eingemummelt in der Hundekoje, schläft sie fest. Das Licht, das durch das Luk fällt, läßt sie zerbrechlich erscheinen. Sie liebt die See, das einfache Leben mit dem Boot, aber den Seegang nicht. Warum sie trotzdem wieder dabei ist? Die Neugierde und das Erlebnis neuer Kulturen, Landschaften und Menschen, vor allem aber das sportliche Bordleben reizt sie. Das sind die Gründe, weshalb ich sie mag: inzwischen 49 Jahre alt, dichtes, glattes Haar, überwiegend blond, große, graublaue Augen, schlank, ein Meter siebzig groß und immer für Neues empfänglich. Und sie denkt ökonomisch.

Ich bin kein ökonomischer Mensch. Wäre ich es, würde ich an Land einem Beruf nachgehen – meine Arbeit für eine gewisse Summe verkaufen. Als Segler und Seemann sind meine Pflichten höher angesiedelt. Ich riskiere das Äußerste, manchmal sogar mein Leben, ohne unterwegs an Bezahlung zu denken. So bin ich gesegelt, gesegelt, gesegelt. Ich: Jahrgang 1940, ein Meter einundsiebzig, 68 Kilogramm, volles Haar und schlechte Augen.

In der dritten Nacht haben wir endlich alle polnischen Fischer abgeschüttelt. Nur einige Frachter, das Meer und wir. Und Sturm. Schade, so kurz vor Klaipeda. Eine klebrige Finsternis macht sich breit. Die Sterne sind verschwunden. Ängstlich flattert das Topplicht. Die Kurve des Barometers fällt unermüdlich weiter. Gegen

Mitternacht muß ich die Fock bergen und das zweite Reff ins Groß binden. Mit dichtgeholter Schot geht's bei 3 bis 4 Knoten langsam gegenan. Der Bug hebt sich regelmäßig dem Himmel entgegen. Trotzdem: gute, ja fast angenehme Bewegungen. Wenig Wasser spritzt an Deck. Hohe Abdrift. Zögerndes Vorankommen auf dem direkten Kurs. Als ich am Morgen müde und zerschlagen den Kopf in der Koje drehe und nach dem Wetter schaue, rast der graue Himmel am Fenster vorbei. Das GPS zeigt noch 35 Seemeilen bis zur roten Ansteuerungstonne Klaipeda an.

11 Klaipeda

Das erste, was wir von der Stadt sehen, ist ein Wald von Kränen. Kein Hochhaus, keine Kirche, kein Leuchtturm dringt durchs Stadtbild, nur diese Vielzahl Kräne. Klaipeda ist Litauens einzige Hafenstadt. Beidseitig der Einfahrt säumen Kiefernwälder, Dünen und breite Sandstrände die Ufer und, wie an den Küsten Mecklenburgs, hohe Wachtürme. Wegen der Ansteuerung blättere ich noch einmal im Ostsee-Handbuch: „Bei stürmischen westlichen Winden steht vor der Einfahrt Brandung, das Einlaufen ist dann nicht zu empfehlen." Auf der Nordseite der kanalartigen Einfahrt deuten unübersehbar einige Wracks auf diese Schwierigkeit. Astrid nimmt das Fernglas: „Da spielen Kinder drauf, und überall stehen Angler."

Wir aber haben Ostwind und daher kein Problem mit der auflandigen Brandung. Ein moderner Kreuzertrimaran schießt auf uns zu. Am Heck flattert die litauische Flagge, an Bord sind ein Mädchen und zwei Jungen. Sie segeln eine Zeitlang neben uns und deuten mit den Armen an, wo die Hafenbehörde zu finden ist. Vorbei an einem langen Kai erreichen wir das beschriebene Hafenbecken zum Einklarieren. Längsseits an einem rostigen

Schlepper und bewacht von einem Marinesoldaten harren wir der Dinge.

Es ist Sonntag nachmittag. Wir liegen nach den Anstrengungen des tagelangen Kreuzens auf den Cockpitbänken in der warmen Sonne, zwischen uns eine Aluminiumkanne mit frisch aufgebrühtem Kaffee. Eine Zeit im Nichts. Noch sind wir nicht da, aber auch nicht mehr auf See. Noch gibt's keine Probleme, keine Fragen, kein Organisieren. Wir sind einfach wir. Der Kopf ist klar, die Hände sind schwielig, die Augen müde. Wir waren nur drei Tage auf See. Uns ist, als hätten wir einen Ozean überquert.

Nach zwei Stunden schwingen sich Zoll- und Immigrationsbeamte über die Reling. Gestiefelt stürzen sie sich in unsere kleine Kajüte. Crewliste in zweifacher Ausführung, Pässe und Zigaretten liegen bereit. Es ist heiß. Astrid reicht eine Dose Bier, eine Dose Cola. Mit der Verständigung hapert es, uns fehlen nämlich die Visa, aber für 65 Mark pro Person dürfen wir sie sofort kaufen. Ohne Quittung – das ist klar. Die Leute wollen ja auch leben. Für die Summe arbeitet man hier zwei Monate, stellt der Beamte fest. Und wir zahlen sie so aus der Tasche.

Prima, wir sind einklariert. Das Visum gilt auch für die anderen beiden baltischen Länder. Zum Klaipeda-Yachtclub mit Gastliegeplätzen sind es nur wenige Kabellängen, er liegt gleich gegenüber von Hafen und Stadt in einem Stichbecken herrlich am Wald. Nun ja, nach einer strapaziösen Ankunft und bci Sonnenschein wirkt alles positiv.

Klubwart Sauku nimmt unsere Leinen an, zeigt uns die Duschräume, setzt die deutsche Flagge am Vereinsmast und notiert in seinem Kassenbuch den Erhalt von 50 Mark an Liegegebühren – für eine Woche. Auch hier zahlen wir einfach so. Ziehen einen Schein aus der Hosentasche. Der ältere, spindeldürre und leise sprechende Herr lebt an manchen Tagen in einer winzigen Holzhütte auf dem Hafengelände. Spartanisch mit Bett, Schrank, Tisch, Kassenbuch und an der Wand die litauische Flagge in Gelb, Grün, Rot. Was mag er, was mögen die Segler um uns herum denken? K7 ist zwar ein kleines Boot, auch im Verhältnis zu denen hier im Klub, aber die exzellenten Segel, das farbige, gut dimensionierte Tauwerk, die soliden Beschläge an Deck beeindrucken.

Um die Fremdheit zu überbrücken, probieren wir an Sauku und zwei Litauern vom Nachbarboot unsere Russischkenntnisse aus. Ergebnis: Zum Umtrunk an Bord reicht's. Sobald jedoch die Informationen über Stadt, Hafen, Preise ausgetauscht sind, entstehen Löcher in den Gesprächen. Zudem sind wir müde, und die Bootsnachbarn haben andere Sorgen, als uns zu unterhalten. Sie wurden vorgestern mit ihrer 9 Meter langen Yacht beim Schnapsschmuggel von Polen kommend erwischt. Außerdem stellen wir fest, daß die meisten, wenn schon nicht litauisch, eher englisch sprechen wollen als russisch.

Um 21 Uhr liegen wir in den Kojen. „Wie hieß das früher hier?" Klaipeda ist das alte Memel. Es wurde 1252 als Memelburg gegründet, und seine Blütezeit als Handelsort begann 1525, als es preußisch wurde. Der Fluß durch Klaipeda heißt Dane. „Kursio nerjia" nennt man heute die Kurische Nehrung. Auf der Nehrung liegt Nidda, ehemals Nidden, der schönste Ort der Region. „Jetzt weißt du Bescheid."

Nach einer traumlosen Nacht steigen wir beide auf die Autofähre, die uns übers Haff in das Dane-Flüßchen bringt – direkt ins Stadtzentrum. Auf dem rechten Ufer liegt die Neustadt, auf dem linken die Altstadt. Unsicher – wohin? – tapsen wir in die Neustadt. Erste Feststellungen: Rechtsverkehr, Löcher in den Straßen, Verkehrszeichen wie bei uns. Und: an allen Ecken winzige Verkaufsstände für Zigaretten, Bier, Bananen, Süßigkeiten. Der Start in eine neue „Karriere".

Klaipeda beeindruckt durch seine Menschen. Sie strömen an diesem Maitag kreuz und quer durch die Hafenstadt. Unübersehbar die vielen schönen und sauber, teils knapp (oben wie unten) gekleideten Mädchen und Frauen. Blond, sehr blaß, mit glänzenden Augen, strahlen sie eine Unbeschwertheit aus, als gäbe es keine Probleme. Befreit zu sein nach 45 Jahren Kommunismus, das scheint die Leute zu beflügeln. Dabei ist die Last der Vergangenheit überall gegenwärtig: Verfall, Schmutz, Geldentwertung, Arbeitslosigkeit. Die Wirtschaft Litauens liegt am Boden.

Beispielsweise bewegt sich kaum einer der 82 Hafenkräne während unserer Liegezeit. Was sich wirtschaftlich bewegt, sind Touristen. Ganze Busladungen werden durch die sehenswerte Altstadt geführt und lassen natürlich Devisen an den Ständen rund um den Theaterplatz, für Fotos, Gemälde, Bernsteinschmuck. Meist sind es ältere Deutsche. „Genau wie bei den Yacht-Besuchern", sagt Sauku, „alte Deutsche."

Ein eigentliches Ziel haben wir nicht. Also auf zum Hauptpostamt. „Zu schreiben haben wir immer was." In der Liepu gatve (Lindenstraße), umgeben von beeindruckenden Kaufmannshäusern, finden wir den neugotischen Backsteinbau von 1890. Innen ist es kühl, duster und leer. Mit einer Handvoll Postkarten verholen wir uns gleich neben der Post in ein „Kava". Zur Tasse Mokka (für umgerechnet zwei Pfennige) gibt es noch ein Glas Wasser und freundliche Worte, die wir nicht verstehen.

Wir staunen und begucken zunächst unser frisch eingetauschtes Geld, das wir bündelweise in der Tasche haben. Die Balten sind vor einigen Wochen aus der Rubelzone ausgetreten und haben eigene Währungen. Für eine Mark bekommen wir hier 325

Schülerinnen in Klaipeda. Bei Cola oder
Kaffee erledigen sie ihre Schulaufgaben im
Straßencafé gleich neben der Post.

Talones in relativ kleinen Noten. Die Überraschung: In den Geschäften und auf dem Markt gibt es ausreichend Nahrungsmittel. Na, jedenfalls das Wesentliche, zum Beispiel bestes Brot (wie es früher bei uns schmeckte: innen feucht und außen krustig). Auch gute Milch und Milchprodukte, Nudeln, Gemüse, Früchte, Bier. Was fehlt also? Geld. Der Fährmann verdient rund 20 Mark im Monat. Und die Bauersfrau, die in der Stadt Gurken verkauft, noch weniger. Wer der Wirtschaft Impulse geben will, sollte Devisen einführen – und ausgeben. Mit unserer Idee, Dollarnoten als Geschenke mitzubringen, liegen wir richtig. KATHENA 7, vollgestopft mit Ausrüstung und Ersatzteilen, ist eh' zu klein, als daß wir viele Sachgeschenke darin stauen könnten.

Etwas flußaufwärts liegt eine Dreimastbark, die sich als Restaurantschiff entpuppt. An Deck Café und Bar, unten im Rumpf gibt es was zu essen. Nicht gerade reichhaltig, die Speisenkarte: kotletas, kepsnys, karbonadas. Hinter den drei Ks verbergen sich Frikadellen, Braten und Koteletts. Dazu werden Kartoffeln und Gurkensalat angeboten. Und immer Brot. Der Preis? Ungerecht. Weniger als mein übliches Trinkgeld im Missunder Fährhaus. Am litauischen Bier müssen die Brauer noch arbeiten, sagt Astrid.

Sehenswürdigkeiten. Die Altstadt mit ihrem gitterförmigen Straßennetz steht unter Denkmalschutz. Die sauberen Gassen säumen viele restaurierte Handwerkerhäuschen. Fachwerk zum Teil. Windschief zum Teil. Und einige kaum breiter als Eingangstür und Fenster. Benutzt werden sie als Büros, Kunsthandwerkläden oder Bistros mit hübschen Innenhöfen. Zwischen Kantstein und Kopfsteinpflaster wandern wir zum Theaterplatz, stehen auf dem leeren Platz und schauen auf den Balkon des Theaters: Von hier oben hat Adolf Hitler 1939 seine verhängnisvolle „Anschlußrede" gehalten. Vor dem Theater steht der Simon-Dach-Brunnen, benannt nach dem 1605 in Memel geborenen Dichter, der den Text des Volksliedes „Ännchen von Tharau" schrieb. Diese Mädchenstatue ziert auch den Brunnen.

Mitten durch Klaipeda verläuft der Taikos prospektas, ein kilometerlanger breiter Boulevard, flankiert von Bäumen, Cafés und kleinen Geschäften. Aus Neugierde wandern wir den auch noch ab. Das bedeutet Schauen – und Kaufen. Am Ende schleppen wir gefüllte Taschen zur Autofähre und zurück an Bord, auch wenn es Astrid hier und da zu muffig roch.

Wieder fällt mir auf, daß wir ein schönes und gut ausgerüstetes Boot segeln. In Missunde am Steg sagte ein Typ noch herablassend: „Sie segeln ja wieder ein ziemlich abgemagertes Boot. Keine Rollfock, die Fallen nicht umgelenkt, kein Sprechfunk, und den Wind fühlen Sie mit dem Finger?" Der sollte sich mal hier am Steg die 30 litauischen Schiffchen anschauen. Die Winschen, Segel, Beschläge, Elektrik.

In einer Buchhandlung hat Astrid die „Deutschen Nachrichten" gekauft. Auf der Titelseite heißt es gleich: „Weiterbildung für Erwachsene – deutsche Volkshochschulen bieten Zusammenarbeit." Die dürfen hier nicht fehlen. In der Zeitung des deutschlitauischen Kulturverbandes lese ich, daß „das Segelboot LIETUVA am 5. April des vergangenen Jahres aus Klaipeda zur großen Kolumbusregatta verabschiedet wurde und inzwischen rings um die Welt gefahren ist. Die LIETUVA wird schon im Mai in der Hafenstadt zurückerwartet." Es ist natürlich das erste litauische Segelboot, das um die Erde segelte. Ein paar Schiffe weiter liegt es, ein in Polen gebautes Kunststoffboot mit gefälligen Linien. Die 15 Meter lange Slup wurde von dem Amerikaner Dick Carter gezeichnet. Seine Risse wurden häufig in Polen in Lizenz gebaut.

Unter Kurzmeldungen lese ich: „Die Spielzeuge des Betriebes Akmena in Kretinga haben den Weg zum Westmarkt gefunden. Geschäftsleute aus Deutschland und England interessieren sich besonders für hölzerne Spielzeuge: Flugzeuge, Autos, Eisenbahnen." Weiter: „In Litauen wurde die erste private Fernsehkompanie ‚Baltjos TV' gegründet. Sie wird Berichte und Vergnügungssendungen zeigen." Und schließlich: „Die deutsche Touristenfirma ORS begann die Flüge Palanga-Hamburg-Palanga. Sie sind für die Deutschen bestimmt. Die Litauer dürfen nur dann fliegen, wenn es freie Plätze im Flugzeug gibt und sie mit Devisen bezahlen können."

Wieder fällt mir auf, daß wir ein schönes, sportliches und gut ausgerüstetes Boot segeln. Hier ziehen 55 Quadratmeter Spinnaker.

Der schönste Teil Litauens: die Kurische Nehrung mit ihren 50 Meter hohen Sanddünen und dem geschützten Hafen Nida. – Die Wirtschaft des Landes liegt am Boden. Kaum einer der Hafenkräne Klaipedas bewegt sich. – Bernsteinschmuck für die noch wenigen Touristen.

In der Fußgängerzone und auf dem Markt gibt es in Liepaja alles zu kaufen. – Astrid setzt unter die estnische Gastlandflagge die gelbe zum Einklarieren. – Rechts: „Nur Schrott und alte Schiffe haben die Russen hinterlassen", sagen die Balten angesichts der ehemaligen Marinestützpunkte.

Das Hauptthema der monatlich erscheinenden Vier-Blatt-Zeitung ist die 1992 gegründete Deutsche Schule von Klaipeda. „Die neue Sprache ist Deutsch", so die fette Überschrift. „Die Schüler sprechen bei der Einschulung kein Deutsch. Sie sollen die verlorengegangene Sprache wiedererlernen. Dabei ist aber immer zu beachten, daß die Umwelt der Kinder litauisch geprägt ist und es auch bleiben wird. Die Erstsprache muß daher erhalten und weiterentwickelt werden, denn das soziale und ethnische Zugehörigkeitsgefühl zu ihrer litauischen Heimat dürfen die Schüler nicht verlieren."

12 Kurische Nehrung

Morgens. Motorgeräusche bringen mich an Deck. Eine alte, schwere, hölzerne Slup, circa 9 Meter lang, wird an unserem Steg im Klaipeda-Yachtclub vertäut. Auf dem Aufbau steht JOGA MAWI. Während die Drei-Männer-Crew mit den Leinen hantiert, stellt sie fest, daß sie noch nicht einklariert hat. „Das müssen Sie", sage ich, „dort drüben im Hafen. So sind die Regeln hier." Salopp gebe ich ihnen mit Blick auf die Saling noch einen vor den Bug: „Die Flagge der Kreuzerabteilung haben Sie gesetzt, aber die gelbe – wo ist die?"

„Die gelbe?"

„Die setzt man, wenn man einklariert werden möchte. Sie signalisiert den Behörden: Ich bitte um Einreiseerlaubnis."

„Wieder was dazugelernt", sagt der Skipper.

„Tja, wer immer nur in Skandinavien segelt, den braucht das nicht zu kümmern."

Ich werde sogleich erkannt, das ist mir diesmal unangenehm. Tatsache ist nämlich, daß ich mich um die Yachtgebräuche anderer eigentlich nie kümmere. Warum dann diesmal? Wegen der net-

Schlechte Botschaft aus der Botschaft:
Astrid telefoniert regelmäßig wegen der fehlenden russischen Reisedokumente.

ten Litauer? Wahrscheinlich. Wahrscheinlich auch, um der jungen Republik Respekt zu zollen.

Das Zusammentreffen mit den drei Männern von der JOGA MAWI wird zum Erlebnis. Astrid und ich ahnen nicht, daß sie für uns die nettesten deutschen Segler des gesamten Sommertörns werden sollen. Wilhelm, der Skipper und Eigner, ist selbstverständlich gebürtiger Ostpreuße. Er spricht noch ein wenig den Dialekt: „Du kannst kein Bäcker nicht sein", weil ich nicht rechtzeitig aus der Koje komme. Seine Figur ist untersetzt, kräftig. Als Rentner unternimmt er noch richtig wilde Törns: mal eben, ohne der Familie Bescheid zu geben, von Neustadt aus rund Bornholm. Allein. Meist segelt er jedoch mit Freunden. Diesmal sind Otto und Norbert für vier Wochen dabei, beide sportlich und mittleren Alters. Einen Satz von Wilhelm habe ich mir im Logbuch notiert: *Ich habe das Gefühl, je älter ich werde, um so mehr habe ich das Bedürfnis, am und auf dem Wasser zu sein.*

Sie schlagen uns vor, die Kurische Nehrung zu besuchen. Gut. Gemeinsam machen wir diesen Ausflug in die Vergangenheit. Nach Nida – natürlich. Zu fünft geht's per Landbus über den litauischen Teil der Kurischen Nehrung – die andere Hälfte gehört zur Enklave Königsberg. 50 Kilometer sind es bis zu dem Dorf. 50 einsame Kilometer schlängelt sich die schmale Straße durch Kiefernwälder und Sanddünen, vorbei an Fischerkaten mit blühenden Gemüsegärten und steinigen Stränden mit Stellnetzen davor. Ein landschaftliches Idyll, das sich erhalten hat, weil es 1976 zum Naturpark „Neringa" erklärt wurde. Ein Polizeiposten erhebt auf freier Strecke eine Einfahrtgebühr: zehn Talones pro Person. Als wir in Nida aus dem Bus steigen und den herrlichen, geschützten und fast leeren Hafen sehen, ärgern wir uns mächtig, nicht mit K7 hierher gesegelt zu sein. Ein Fischer erklärt uns: Es gibt ein ausgetonntes Fahrwasser von Klaipeda bis Nida. Wassertiefe 2 Meter.

Der Ausblick vom Hafen auf eines der schönsten Dörfer der Region, auf Dünen und leere Strände, das wäre ein Erlebnis gewesen. Die geschwungene Küste, pinienartige Kiefern, die Lockerheit der Bewohner, alles macht einen erstaunlich südländischen

Beklemmend und elementarisch, die Wanderdünen der Kurischen Nehrung. Zwei alte Fotos, die wir in dem winzigen Museum in Nida erwerben, verdeutlichen die Gewalt des Sandes.

Eindruck. Man sagt auch – wohl zu Recht – die Litauer seien die Südländer des Nordens. Vor dem einzigen Lokal werden wir sogleich in fließendem Ostpreußendeutsch angesprochen – unbekümmert, unterhaltsam, neugierig, aber in keiner Weise aufdringlich. Man will uns nichts verkaufen, Astrid hat den Eindruck: „Die wollen nur reden." Für die Unterhaltung sind Wilhelm und Astrid zuständig. In unserer Gruppe hat jeder seine Aufgabe: Norbert für Geschenke, Otto für Informationen aus dem Reiseführer und ich für Bilder.

Durch das „Tal des Schweigens" (Name aus Ottos Reiseführer), einen reizvollen Trampelpfad, wandern wir zu den gut 50 Meter hohen Sanddünen im Süden von Nida. Wer die Dünen von Sylt kennt, muß sich deren Höhe und Ausdehnung verzehnfacht vorstellen. Man glaubt, in der Wüste zu sein, so schön, fein, warm und geschwungen liegen die Dünen da. In den Senken ist der Eindruck dieses Naturphänomens elementarisch: weglos, nur Sand, blauer Himmel, still ... Nach dem Picknick in einer Sandmulde staksen wir durch Kiefernschonungen zum Leuchtturm Nida. Demonstrativ fasse ich den rot-weiß geringelten Turm an, denn nach altem Seemannsbrauch, wie Wilhelm sagt, kommt man dann wieder. Und das will ich. Das Kurische Haff zu besegeln, wäre auch etwas für eine Jolle oder einen Katamaran, beides kann man in Nida mieten, ebenso kleine Kajütkreuzer.

Nida bietet zuviel für einen Tagesbesuch. Da sind zunächst die Menschen, das Dorf, die Dünen und die feinen Sandstrände – auf der Haffseite wie auf der Seite der Ostsee. Dann ein altes Fischerhaus als Museum, kurisch blau angemalt, originalgetreu samt Einrichtung erhalten. Wie alle Alt-Niddener Holzhäuser steht auch dieses unter Denkmalschutz. Die zwei Dollar Eintritt sind gut angelegt: Gummistiefel, Ölzeug, Netze, ein alter Herd, insgesamt vier winzige Räume sind zu besichtigen. Im Garten liegt noch ein schwarz geteerter Kurenkahn – einer der ehemals 70 hier beheimateten Fischerkähne. Das Ruderblatt ist großflächig.

Von der blonden Frau, die das Museum betreut, kaufe ich Fotos der Wanderdünen, die ein Dorf zerstörten. Der feine Sand machte den Bewohnern der Nehrung schwer zu schaffen. Nach jahrhundertelangen Rodungen wurde er mobil und begrub sieben Dörfer unter sich. Erst 1882 begann man mit gezielter Wiederaufforstung. Der stete Wechsel der Nehrung setzte sich dennoch fort. Es brechen Dünenpartien wie Lawinen ab, 1980 teilten schwere Ostseestürme die Nehrung vorübergehend in zwei Teile.

Ein Waldfriedhof mit traditionellen Holzkreuzen ist unser nächstes Ziel. Alte Kreuze und Grabtafeln verleiten zum Lesen: Hier ruhen, die am 13. November 1930 in den Sturmfluten den Tod gefunden haben. Oder: Wilhelm Purwin, geboren 1812, gestorben 1919. Ich fotografiere das Grabkreuz des 107jährigen. Wer möchte nicht gern so alt werden?

Die wunderschön gelegene Backsteinkirche gleich daneben ist leider geschlossen. Zu einer Rast hocken wir uns unter eine dieser pinienähnlichen Kiefern. Otto liest wieder vor: „Gelb, Grün, Rot sind die Farben der litauischen Flagge. Die gelbe Farbe gilt als Symbol für die Früchte des menschlichen Strebens, die grüne steht für das Leben, die rote für das Blut, das die Märtyrer des Landes beim Kampf um die Unabhängigkeit hingaben."

Danach wartet das ehemalige Sommerhaus von Thomas Mann auf unseren Besuch. Hier schrieb er am ersten Roman der Tetralogie „Joseph und seine Brüder". Heute ist das braun gestrichene Holzhaus mit weißen Fensterläden Museum, ein beliebtes Ziel aller Touristen. Tomas Mano, so nennen die Litauer den großen Schriftsteller, lebte in den Sommermonaten von 1930 bis 1933 mit seiner Familie hier. Der Ausblick von seiner Veranda durch die Baumreihe auf das tiefblaue Haff wirkt bei blauem Himmel mediterran. Wie klar und sauber das Wasser ist über sandig-braunem Grund! Die eigenartige, atemberaubende Schönheit der Nehrung lockte neben Thomas Mann auch berühmte Maler an: Max Pechstein oder Karl Schmidt-Rottluff. Verständlich: Die kurische Nehrung bei Nida mit ihrer Dünenlandschaft war einst eine der begehrtesten deutschen Sommerfrischen.

Obwohl ich kein Mann-Fan bin – Hemingway, Fallada, Böll stehen mir schon wegen ihrer Lebensumstände näher –, durchstreifen wir trotzdem gegen ein geringes Entgelt seine Wohn- und Arbeitsräume, die einiges an Briefen, Büchern, Manuskripten und

Fotos zu bieten haben, und werfen einen Blick in den Weinkeller, der sich neben dem Holzhaus unter der Erde befindet. Astrid, die sich gern ein Bild macht, meint spontan: „Ohne Alkoholika ist wohl kaum ein Schriftsteller tätig."

Zurück im Ortszentrum, trinken wir durstig einige Flaschen frische litauische Milch, gekauft im Einkaufsmarkt Gilija. Norbert versorgt die um uns spielenden Kinder mit Süßigkeiten aus seinem Rucksack. Wilhelm studiert die Immobilienpreise. Ein Makler präsentiert tolle Angebote, einstweilen aber nur für Litauer. Der Ortskern mit Blumen, Bänken und Versorgungszentrum ist neu gestaltet, kommunistisch grau und gräßlich, ohne Dachformen. Nur drum herum durften die memelländischen Holzhäuschen stehen bleiben. Hier, fast im Zentrum der Bernsteingewinnung, präsentieren zwei fliegende Händler auf Klapptischen Bernstein als Schmuck und Andenken. Astrid greift zu einem Armreifen. Was mich an einigen Klumpen Bernstein fasziniert, sind die Einschlüsse – Pflanzenteile oder ganze Insekten. Für 20 US-Dollar bekommt Astrid ein nachträgliches Geburtstagsgeschenk.

Einer der bisher schönsten Tage dieser Reise geht zu Ende. Im Cockpit der JOGA MAWI bei einer Flasche Whisky sitzend betrübt uns nur, daß wir eigentlich niemanden so richtig gesprochen haben. Außer mit Floskeln – wie, wohin, was und etwas Touristenschnack – kam kein Gespräch in Gang. Die Barriere der Sprache ist groß. Wovon leben die Menschen? Von Fischfang war nicht viel zu sehen. Von Ferienwohnungen, Zimmervermietung?

Zuletzt haben wir doch noch einen echten Fischer gesprochen: Hans aus Juodkrante, dem ehemaligen Schwarzort. Sein Haus liegt direkt am Wasser, sein Boot im kleinen Hafen. Bewundernswert, wie er nach jahrzehntelangem Deutsch-Sprachverbot Dialekt und Wortschatz bewahrt hat. Er arbeitete in seiner Jugend bei einer deutschen Familie. Jetzt, mit 70, geht er nur noch zum Vergnügen fischen. Er lädt uns ein, und ich denke an die Hand am Leuchtturm, ans Wiederkommen.

13 Weiter

Im ersten Licht des neuen Tages brechen wir auf. K7 mit Nordkurs, JOGA MAWI Südwest. Wilhelm und seine Mannen wollen über Polen, Bornholm und Rügen zurück, Astrid und ich erst mal 53 Seemeilen entlang der Küste bis zum Fischerei- und Marinehafen Liepaja.

Wir stellen das Radio an. Die Neun-Uhr-Nachrichten vom Deutschlandfunk wirken auf uns träge: Bonn, Asyl, Arbeitslose, Geld, Wetter. Es interessiert uns nicht. Sind wir schon so lange unterwegs? Darauf folgt Musik, „Regarde les Riches" von Patricia Kaas. „Astrid, bitte ein wenig lauter." Der Diesel surrt, spuckt regelmäßig sein Kühlwasser achteraus. Bei 2100 Umdrehungen pro Minute steht das Log auf glatten 6 Knoten.

Wir sehen an Backbord: Weite (die Sicht ist bestens), Flaute, lange Dünung, gelegentlich Felder mit Katzenpfötchen. Eine Möwe schwimmt auf dem tiefblauen Wasser.

Wir sehen an Steuerbord: breite Sandstrände, hohe Dünengürtel, Kiefernwälder, wenige und winzige Ansiedlungen, noch breitere Sandstrände, die sehr sauber scheinen. Astrids Ansicht zu diesem Küstenstück: „Da passen ja alle Sandstrände Dänemarks rein." Leider bieten hier keinerlei Ankerbuchten Schutz. Doch der Barometerstand bleibt hoch. Über allem spannt sich ein stahlblauer Himmel. Ich notiere, was wir nicht sehen: Schiffe. Wind. Anzeichen für Wind.

Gemeinsam sitzen wir im Cockpit und bereden noch mal den morgendlichen Zwischenfall. 4 Meilen nach Verlassen des Hafens schockte uns ein graues Boot, das die K7 mit voller Fahrt verfolgte, einholte und stoppte: der litauische Zoll. Paßkontrolle – obschon wir ordnungsgemäß ausklariert hatten, mit Stempeln in den Pässen. Unsere Sorge: Wir haben zuviel Geld angegeben. 2000 Dollar steht in den Einreisepapieren. Ein schlimmer Fehler, der übel ausgehen kann. Was, wenn uns die baltische Mafia an dieser einsamen Küste überfiele? 2000 Dollar sind für die wirtschaftlich so schlecht gestellten Balten ein Vermögen. Aber nicht nur wegen des Geldes sorgen wir uns.

Astrid denkt zurück: „In Klaipeda gibt es organisierte Kriminalität. Auch Sauku sprach davon. Erinnerst du dich an den überlangen schwarzen Cadillac und die finsteren Typen, die ausstiegen?" – „Na klar erinnere ich mich. Man hörte, es ging um Erpressung, Raub, Glückspiel, Schutzgeld und Drogen." – „Oder an das völlig zerstörte Auto, das mitten in der Stadt durch eine Bombe hochgegangen war?" Die Explosion hatte zwei Tote gefordert und war dem Vernehmen nach ein Racheakt zweier rivalisierender Gangs gewesen.

Um die Furcht abzuschütteln – das Zollboot hat uns ohne Beanstandungen entlassen –, machen wir uns ans Segelsetzen. Astrid holt die Säcke aus der Backskiste. Ich schlage die Fock ab und ersetze sie durch mein Lieblingssegel, die Genua. Im Osten kräuselt sich das Wasser. Wind? Also hoch die Lappen. Mit Hilfe der in Bauchhöhe montierten Winschen am Mast setzt Astrid die Lieks durch. Auf allen Tüchern steht in den unteren Ecken ein großes blaues N, ebenso auf den blau-weißen Säcken, von denen wir vier Stück an Bord haben, je einen für Großsegel, Fock, Genua und Spinnaker. Brandneues Tuch von einem brandneuen Segelmacher. Für uns. Nach den norddeutschen Beilken, Reckmann, Co-Segel nun mal was Bayerisches. Dachten wir.

Mit Hilfe von Schweers „Spannungstabelle", wie Astrid stets sagt, kriegen wir die Segel auch optimal zum Stehen und Ziehen, als gegen Mittag ein feiner Genuawind von Land spürbar wird. Druck kommt auf die Pinne. Der Wind glättet die Falten der Genua, und plötzlich gleitet K7 leicht über die dunkle See. Schmale Schaumstreifen bleiben im Kielwasser zurück. Astrid reicht die Fahrt nicht: „Steht der Mast richtig?" Ich löse nochmals die Achterstagspannung. Ziehe Unter- und Oberwanten dichter an. Verändere den Holepunkt der Genuaschoten. Zerre an der Großschot. Na, irgendwann ist sie zufrieden. Die eingenähten Wollfäden im Segel stehen waagerecht.

Aus dem Logbuch: *28. Mai. Ost 2–3, 5,2 Knoten, 1012 Millibar, platte See, grün-weiß gestreifte Genua paßt zur Landschaft an Steuerbord: Gelb (Sand), grün (Wald), grüngelb (Getreidefelder).*

In dem Augenblick, als die Wellenbrecher von Liepaja in Sicht kommen, dreht der Wind auf Nord. Wir fahren noch zwei Kreuzschläge, dann ist wieder der Motor dran. Mit flatterndem Groß geht es gegenan.

Liepaja, ein bis vor kurzem streng bewachter Kriegshafen mit Festung, zu dem wir weder im Seehandbuch noch in der deutschen Seekarte Informationen finden, scheint durch kilometerlange Wellenbrecher geschützt. In Wirklichkeit sind es Anlagen mit Wachtürmen, kreuzweise montierten Antennenträgern und drei Einfahrten. Wir nehmen die südlichste, das ist zwar die schmalste, aber immer noch 8 Meter tief. Innerhalb der Mauern folgen wir der rostigen, farblosen Betonnung bis zur eigentlichen

Segelwechsel: Wenn der vorherrschende Wind von vorn kommt, wird auch ein Ostseetörn zur Strapaze.

Hafeneinfahrt. Bei einem Seezeichen hat Astrid den Eindruck, es sei der Turm eines gesunkenen U-Bootes.

Unbekümmert segeln wir in den Libaukanal, der den Ort erst zum Hafen macht, fotografieren Schiffe, Wachtürme, Antennenanlagen. Welch ein Wandel für die Fischer, Soldaten und Obrigkeiten, die uns dabei beobachten. Ein Typ winkt uns zu. Zwischen einem stillgelegten Fischfang- und Verarbeitungsschiff und der lettischen Kriegsmarine gehen wir an einen Kai am Südufer.

Wir haben auf unseren vielen Reisen einige Einklarierungen erlebt, aber noch keine wie diese. Hier küßt der Immigrationsbeamte Astrid galant die Hand, freut sich mächtig über unseren Besuch in Lettland und überschüttet uns in fließendem Deutsch mit Willkommensäußerungen. Unsere Visa sind Nebensache. Auch der Zollbeamte stempelt nur und sammelt unsere Crewlisten ein. Soviel Nettigkeit – beide präsentieren sich ohne Knobelbecher – muß bedacht werden. Dafür fallen eben unsere Spenden an die Deutsche Gesellschaft zur Rettung Schiffbrüchiger oder ähnliches in diesem Jahr aus. Stolz weisen die Letten darauf hin, daß ihnen am nächsten Tag das vierte Kriegsschiff von den Russen übergeben wird: ein Kleiner Kreuzer. Die Übernahme findet vor der Straßenbrücke statt, fast im Stadtzentrum.

Unübersehbar dümpeln schräg gegenüber von unserem Liegeplatz noch 30 bis 40 Kriegsschiffe unter russischer Flagge; rostig und ölig qualmen sie vor sich hin. Daß Liepaja der größte Kriegshafen der Sowjetunion war, haben wir nicht geahnt.

Nach einer Stunde der Anspannung, in der wir Anteil an der Wiedergeburt des Landes nehmen, tauschen uns die beiden Beamten noch Geld ein. Neues Land, neue Währung! Für zehn Dollar gibt es 1500 Latt, wieder eine ganze Handvoll buntbedruckter Scheine.

Langsam gehen wir in der Abendsonne über holprige Straßen – bis zum ersten Laden. Mit Milch in Flaschen und einem Pack Dosenbier für den Abend kehren wir an Bord zurück. Worüber wir reden? „Der Immigrationsbeamte hatte wirklich Charme."

„Richtig modisch, im feinen Anzug mit Krawatte und polierten Halbschuhen."

„Hast du gesehen, wie er bei dem Wort Russen den Mund verzog und abwinkte?"

„Immerhin, der Anteil der Russen beträgt über 40 Prozent."

„Zusammen mit den Weißrussen und Ukrainern."

Ja, die Geschichte dieses Landes: Unabhängigkeit, Einverleibung, Unabhängigkeit, Einverleibung und so weiter. Seit knapp zwei Jahren wieder Unabhängigkeit. Aber was heißt das schon bei der augenscheinlichen Präsenz so vieler eigentlich heimatlos gewordener Russen?

Diese totale Hingabe der Balten an ihre neuen Lebensumstände vermisse ich zum Beispiel bei den Bewohnern Mecklenburgs. Alle vier Letten, mit denen wir bisher zu tun hatten – die beiden Beamten, der Hafenangestellte, die Verkäuferin –, sie alle strahlten, auch von innen heraus. Die Freiheit hat sie gefunden. Es sind Gesichter, die hoffnungslos verliebt sind in ihre Unabhängigkeit.

Nach der zweiten Dose Bier strecken wir uns auf den Cockpitbänken aus: Wir haben Glück. Die einzige Freiheit, so es sie wirklich gibt, ist das Reisen mit einem Segelboot! Keine Schranken, keine Registrierung, keine Steuer, du segelst einfach los. Noch.

14 Widersprüchlich: Liepaja

„Ein Reisebericht muß flott daherkommen. Wie eine sportliche Veranstaltung", sagt Astrid, die ehemalige Sportlehrerin, nach dem Lesen meiner ersten 13 Kapitel (o Schreck, da ist sie wieder, die 13). „Ich erwarte mehr Spannung, Ironie, insgesamt mehr Lockerheit." Nur: Wo soll ich den lockeren Stoff hernehmen? Kein Besäufnis mit Einheimischen. Keine Gehässigkeiten. Kein Schwarzmarkt, auf dem wir betrogen werden. Nichts. „Jetzt kommt doch Liepaja. Schreib', daß uns das Lotsenboot beinahe im Hafen versenkt hätte." Aber das war nun ganz und gar nicht locker. Dieses Boot schmiß mit voller Fahrt im Hafenkanal so viel Schwell auf, daß das Rigg von K7 gegen die hohe Kaimauer knallte. Fender verrutschten, die Backbordseite färbte sich häßlich schwarz, öliges Hafenwasser schwappte übers Heck ins Cockpit. Das ist das einzig Spaßige daran: Ich kam ins Rutschen, schlug lang hin und versaute mir meine helle Landgangskleidung. Von den zwei Tagen Aufenthalt in Liepaja blieben uns daraufhin nur noch anderthalb.

Spaß? Träume? Freizeitvergnügen? Der Kommunismus hat mehr Leid als gute Erinnerungen hinterlassen. Die Last der Vergangenheit ist allgegenwärtig. Ein Blick auf die Namensschilder der Straßen verdeutlicht es. Man hat die kyrillische Schrift überall mit Farbe überpinselt, nur noch die lettischen Bezeichnungen sind zu sehen.

Bleibt die Standardfrage: Wie hieß das früher hier? Liebau. Eine schöne Stadt: gewesen. Eine Stadt der Kirchen: gibt es zu bestaunen, wenn auch in beschädigtem Zustand. Eine reiche Stadt: war es mal. Mit Marinehafen seit 1860, mit Fischerei, Werften und Handwerk. Anfang dieses Jahrhunderts gab es sogar Passagierlinienverkehr mit New York. Bereits 1889 besaß Liepaja als erste Stadt im Russischen Reich eine elektrisch betriebene Straßenbahn. Wir haben das Gefühl, Gleise und Wagen stammen teilweise noch aus dieser Zeit.

Der Jurmalas-Park, ein riesiger Stadtpark (47 Hektar) mit alten Bäumen in über hundert verschiedenen Arten, stammt ganz sicher aus der Liebau-Zeit. Er zieht sich 3 Kilometer am Ostseestrand entlang. Im Parkgebiet befinden sich Sportstadion, Tennisplätze, Freiluft-Konzertanlage und ein wuchtiges Kettenkarussell, das wir benutzen, um von oben einen Blick auf den Park zu erhaschen. An seiner Rückseite liegt zur Stadt hin die Villengegend mit imposanten Holz- und Steinhäusern zwischen baumbestandenen Straßen wie Jurmalas iela oder Ulika iela. Bedauerlicherweise sind die meisten Häuser in einem jämmerlichen Zustand. Die Bewohner haben offensichtlich Sand und Sonne der Ostsee genossen, aber vergessen, einen Hammer oder einen Pinsel in die Hand zu nehmen.

Um nicht mißverstanden zu werden: Liepaja ist zwar nicht schön, aber bei weitem nicht häßlich. Es ist so widersprüchlich wie alle alten Städte des Ostens – und ein bißchen arg verkommen. Wer Stralsund kennt, kann sich ein Bild machen. Trotzdem hat Liepaja einiges zu bieten. Zum Beispiel: Die besten Rock- und Popgruppen Lettlands kommen von hier. Zahlreiche Open-Air-Konzerte finden im Stadion am Meer statt.

Hinter einem flachen Dünengürtel liegt der Stadtstrand, an dem wir entlanggesegelt sind. Kilometerweit laufen Astrid und ich ihn ab. Feinsandig. Sauber. Traumhaft. Einsam. Im Hintergrund leben 118 000 Städter. Wo sind sie an diesem Sonntag?

Als Westeuropäer reizt uns selbstverständlich die Fußgängerzone. Tirgonu iela ist eine Straße mit modernen Straßenlampen, ein grotesker Kontrast zu den alten, farblosen, schrumpligen Holzhäusern. In der Buchhandlung, irgendwie zieht es uns da immer hinein, erstehen wir einen guten Stadtplan. Bücher mit Informationen über Stadt und Land sind nur auf lettisch vorhanden. Gleich neben der Buchhandlung bestellen wir in einem dusteren Lokal Tee und testen den Kuchen. Der und das Essen sehen blaß aus. Einige westlich gestylte Schaufenster bieten Glitzer und Glamour: Lackstiefel, Kaffeemaschinen, Mixgeräte, Fotokameras aus Japan, Badeinseln mit einer Palme drauf, Stereo-Anlagen. „Davon darf man gar nicht träumen", sagt unsere Milchverkäuferin, mit der wir darüber reden. „Ich kann mir nichts kaufen, wenn ich am Leben bleiben will."

Fürs körperliche Wohlbefinden ist der Markt da. Wir haben Mühe, unser gewechseltes Geld auszugeben. Gurken, Fleisch, Tomaten, Zwiebeln, Beeren, alles kostet nur Pfennige. Ebenso importierte Lebensmittel: Hartweizennudeln aus Italien 30 Latt (60 Pfennige), Äpfel und Orangen aus Südafrika (das Kilo 20 Latt), Kekse aus Dänemark, Dosenbier aus Holland, England und selbst aus den fernen USA (nur 50 Latt). Astrid kauft von einer alten Frau einen Strauß Blumen für 20 Latt.

Im Hafen bekommen wir Gesellschaft. Ein Berliner Yachtsegler, Betonung auf Yacht, manövriert mit Männercrew lautstark in die Lücke hinter uns. Es entsteht der Eindruck, als ob er das Kommando über die Kriegsschiffe hier hätte. Warum nur immer Männercrews? Nach Besichtigung der sanitären Anlage gegenüber dem Kai sagt einer: „Da benutze ich besser mein Klo!"

Vor uns hat ein lettischer Segler, Eigenbau, 7,5 Meter, Holz, Holzmast, Baumwollsegel, festgemacht. „Mit so einem Boot bin ich mal allein um die Welt gesegelt", erzähle ich. Daraufhin ist der junge Typ völlig hingerissen: Karibik, Panama, Südsee, Südafrika, da würde er am liebsten auch hin. Wir schenken Janis ein Buch, essen und trinken gemeinsam und unternehmen auch sonst noch einiges. Seine Heimat ist Salacgriva im Rigaischen Meerbusen. Das kommt alles stoßweise, in knappem Englisch. Er will nach Polen segeln, Schweden und Finnland sind zu teuer. Und außerdem kommt man dort nur auf Einladung hinein. Janis reist

Das populärste Getränk rund um das Baltische Meer ist
zweifellos der Kaffee. Im Baltikum wird er häufig südländisch
serviert – als Mocca mit einem Glas Wasser dazu.

mit zehn US-Dollar in der Bordkasse. Sein Teufelskreis: kein Geld, keine Einladung.

„Und wie ist es mit Ölzeug?"

„Ich habe einen Regenmantel und Gummistiefel."

„Und Arbeit? Hast du Arbeit?"

„Nein. Im Sommer lebe ich an Bord." Er lächelt.

„Was ist mit Essen?"

„Reis, Zwiebeln, Fisch. Es gibt genug Fisch in der Ostsee. Ich habe eine Angel und ein Netz." Er reicht uns einen Fisch, der aussieht wie eine ausgeblichene Schuhsohle. „Habe ich in der Sonne getrocknet. Hält sich sehr lange."

Beide betrachten wir den Fisch und trinken einen Schluck Bier aus der Dose.

„Neulich habe ich ein Stück Trockenfisch vom letzten Jahr an Bord gefunden", erzählt Janis. „War noch wunderbar. Hab' ich zu einer Fischsuppe verarbeitet. Sie war köstlich."

„Glaubst du, daß die Unabhängigkeit Lettlands Bestand haben wird? Daß euch in Zukunft das Schicksal der Vergangenheit erspart bleibt?"

„I am frightened – ich habe Angst." Er lächelt nicht.

Es folgen nicht nur Geschichten, sondern handfeste Informationen über Häfen in Lettland, die Janis uns schmackhaft macht. Ich hole das Logbuch heraus und notiere: *Pavilosta: ein Dorf am Fluß, wunderschön und alt. Ansteuerung kein Problem. 2,5 Meter Wassertiefe. An einem der Fischerboote festmachen. Alles sehr eng im Hafenbecken.*

Engure: ein Fischerhafen. Einfahrt nur 1,5 Meter tief.

Roja: wunderschön, mit einfacher, tiefer Einfahrt.

Salacgriva: Fischer, Stadt, sicher, alles sehr weitläufig, sanitäre Einrichtungen, Sauna.

Und Riga. „You have to go there – ihr müßt da hin", sagt Janis, als wir sofort abwinken. Geplant ist eigentlich direkt Estland. Wir sehnen uns nach Inseln und Buchten. Immer nur Häfen – nein, das wollen wir nicht.

15 Baltischer Bojenbrei

Astrid zerknirscht: „Entweder starker Gegenwind oder Flaute, das ist unser Los." Dabei schlägt sie mit der flachen Hand auf die Luke. Nur kurz, denn sie muß sich mit beiden Händen an den beiden Haltegriffen des Niedergangs festklammern, so stark ist die windlose Südwestdünung. Ich nehme das Fernglas und beobachte die Einfahrt in den Hafen Pavilosta. Die Vorstellung, dort in Brandungsseen zu kommen, schreckt ab. Es ist leichter weiterzusegeln – pardon: zu motoren – als dieses Risiko einzugehen. Wir haben zwar Informationen, aber keine ordentliche Seekarte von der Flußmündung.

31. Mai. Nieselregen, der erste auf diesem Sommertörn. Kalt, schlechte Sicht. Im Rigg schlägt und klappert alles. Nix läuft. Ich hocke mich auf den Kajütboden, lese das Börsenblatt (Fachblatt für den Buchhandel). Für die Autorin Katrien Feynaeve ist Lesen, Reisen, Schreiben das Größte. Das macht sie mir sympathisch. Ich werde mal was von ihr kaufen. Unterhaltsam, gerade richtig für die Wettersituation da draußen liest sich die Rubrik „Titelschutz": Zu zweit gegen die Sahara ... Wie herrlich, ein Schweizer zu sein ... Blaues Blut ist nicht alles ... Apropos blaues Blut: Astrid (Mädchenname von Heister) könnte ruhig freundlicher sein. Der triste Wettertag verschlechtert sich. Mit schlechter Sicht kommt Wind. Raum. Neuer Kurs Kuressaare.

Auf der Koje die ausgebreitete deutsche Seekarte Nr. 143. Gebückt, mit den Knien auf dem Boden, hänge ich darüber und setze mit Dreieck und Bleistift den Kurs durch die Irbenstraße nach Saaremaa ab. 33,80 Mark hat diese Karte gekostet. Und sie ist, wo ich sie brauche, blau und leer. Ohne eine einzige Tiefenangabe oder Warnung vor Sandbänken, Steinen, Bojen. Auch das Ostseehandbuch bietet keine navigatorische Hilfe. Meistens steht da nur: „Hafen für ausländische Schiffe gesperrt. Kein Quellenmaterial zur Verfügung." Oder: „Die Durchfahrten sind für die allgemeine Schiffahrt gesperrt." Dafür zahlt man nun 64,50 Mark. Der Herausgeber, das Amt für Seeschiffahrt und Hydrographie, ist eine Behörde.

Ausriß aus der russischen Seekarte Nr. 23011 vom westestnischen Archipel. Ein Teil der Seezeichen ist selbst auf der Originalkarte für die Zwecke der Kriegsmarine nicht vollständig eingetragen.

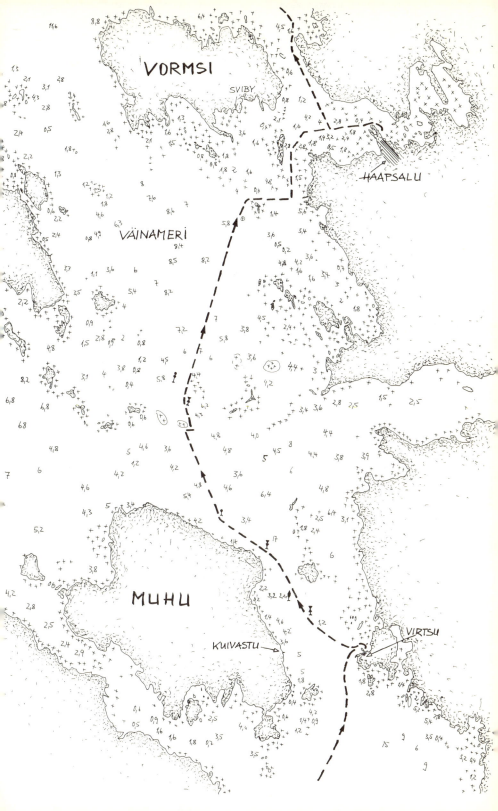

Mit 7 Knoten jagt unser kleines Boot durch die Nacht in die Irbenstraße, die westliche Einfahrt in den Rigaischen Meerbusen. Diese Enge mit Strömung, Flachstellen, beleuchteten und unbeleuchteten Bojen wird im Norden von der Insel Saaremaa begrenzt. Dunkel. Nieselregen. Miserable Sicht. Ich habe Furcht vor den Bojen. Bloß nicht mit hoher Fahrt eine dieser schweren Metallbojen rammen! Konzentriert starre ich in die Finsternis. Wir segeln ein unversichertes Boot. Und überhaupt! Binde eine Reffreihe ins Groß und berge die Fock. Immer noch 6 Knoten und eine schäumende Bugwelle. Dafür jetzt freie Sicht voraus. Der Südwest verursacht innerhalb kurzer Zeit eine hohe, steile See. Achtern klatschen die Wellen gegen den breiten Spiegel und schieben K7 voran. Es fällt schwer, den Kurs zu halten.

Zögerliche Morgendämmerung. Blaugraue Wolken fliegen über uns dahin. Unermüdlich schiebt sich K7 durch die kurzen, steilen Busen-Seen. Die rot-weiße Ansteuerungstonne von Kuressaare liegt tatsächlich dort, wo Janis, der Segler in Liepaja, sie uns eingezeichnet hat. Vorbei an Bojen, die wir nicht einordnen können, erreichen wir wie blind die Richtmarken des Hafens. Weniger als 3 Meter Wassertiefe haben wir zu keinem Zeitpunkt. Genau um zwölf Uhr mittags machen wir im Handels- und Sportboothafen Kuressaare fest. In der Saling flattert heftig die estnische Flagge: blau, schwarz, weiß. Noch recht ordentlich, der Wind da draußen.

Kuressaare liegt im Süden der größten estnischen Insel Saaremaa. Sie ist flach und zur Hälfte mit großen Wäldern bedeckt. Zur Zeit des Kommunismus durfte die Insel nur von den Einheimischen und einer Handvoll Zivilisten mit Passierscheinen besucht werden. Das Leben der ländlichen Stadt ist gemächlich. Kriminalität scheint nicht vorhanden – ein Vorteil der jahrzehntelangen Isolation. In der Mitte des Ortes bestaunen wir uralte Gemäuer, Kirchen, Häuser und die restaurierte Bischofsburg, die alle unter Denkmalschutz stehen.

Wir verlassen Kuressaare früh um sieben und sind gegen 18 Uhr in Virtsu. Dazwischen Segeln, Motoren, Segeln. Und Bojen, die auch mit Hilfe der russischen Seekarte 23011, die wir an Bord haben, nicht alle einzuordnen sind. Zu diesen Unstimmigkeiten kommt es, weil die russische Marine Seezeichen ausgelegt hat, die nicht in den Karten verzeichnet sind. Schlimmer: In der Straße von Muhu verfehlen wir eine kugelrunde Tonne, die einer Mine ähnelt und nur eine Handbreit aus dem Wasser ragt, um die berühmte Haaresbreite. Reaktionsschnell, wie Astrid ist, springt sie zur Pinne und reißt das Ding nach Steuerbord.

Unterwegs gerät uns zu allem Übel auch noch ein altes Stück Fischernetz in den Propeller. Was ist zu tun? Unter Segeln nach Virtsu könnte problematisch werden. Der Wind ist nämlich wechselhaft in Stärke und Richtung, zudem wäre eine Nachtansteuerung riskant. Mit einer Pütz hole ich Seewasser an Deck, Astrid derweil das Thermometer aus der Kajüte: zwölf Grad Celsius. Da friert es mich schon beim Überbordgucken. Brrr. Über die am Heck montierte Badeleiter senke ich mich ab. Nicht nackt, nein! Um die Kälte nicht direkt zu spüren, behalte ich Hose und Hemd an. Mit dem blanken Messer in der Hand und mit Taucherbrille halte ich die Luft an. Denke: Muß das sein? Schieße unter dem Drängen von Astrid – „nun mach schon" – schwungvoll auf den zweiflügeligen Propeller zu. Er ist total mit Netz umwickelt. Sieht aus, wie von Christo verpackt. Ohne System säble ich drauflos. Nach dem vierten Tauchgang habe ich's endlich geschafft. Es ist weiß Gott kein Vergnügen, durch nicht markierte Fischfangnetze zu kurven und immer auf schwimmendes Treibgut zu achten.

Von Virtsu aus verkehren die Fähren nach Muhu und weiter nach Saaremaa, den beiden Inseln des westestnischen Archipels. Gleich hinter dem Fähranleger liegt KATHENA 7 an einem Schwimmsteg. Allein. Gut. Sicher.

Mit Ganzkörperwäsche am Niedergang beginnt der neue Tag. Minuten später sitzen wir im Coffeeshop des Fährterminals. Blick aufs Boot, auf die flache, steinige Bucht, die hinter Bäumen versteckten Dächer des Dorfes. Unser Frühstück: vier Tassen dampfender Kaffee, sieben große Stücke Rhabarberkuchen, der auch wirklich nach frischem Rhabarber schmeckt. Wegen der Sprachschwierigkeiten halte ich der Bedienung an der Kasse einige Scheine hin, sie zieht sich einen heraus: Kümme krooni – zehn Kronen. Für eine deutsche Mark bekommen wir in der Wechselstube acht estnische Kronen. Wieder auf der Straße, machen wir uns auf zu einer Ortsbesichtigung. „Bloß nicht dauernd Landschafts- und Ortsbeschreibungen, dies ist doch kein Reiseführer", sagt Astrid.

Also kurz und in dieser Form: eine Mole. Ein Laden. Weit verstreute Ansiedlungen. Kleine, aber gepflegte Häuser, immer von Obst- und Gemüsegärten umgeben. Alles still. Schöne, leicht hügelige Landschaft. Viel Wald. Kleine Felder. Ein Leuchtturm. Und Wildkräuter. Astrid pflückt am Wegesrand im Nu einen Strauß von rund 20 verschiedenen Blumen. In Virtsus Umgebung fühlt man sich wie in Kuressaare der Welt entrückt. Wie lange noch?

16   Haapsalu

Sturmböen. Am-Wind-Kurs. Zuviel Seegang. Gleißendes Gegenlicht. Wieder kein vollkommener Segeltag. Das einzig Beständige am Ostseewetter ist seine Unbeständigkeit. Meine Frau ist tief enttäuscht und flucht übers Wetter. „Astrid, du bist nicht nur zum Blumenpflücken an Bord."

Die Wetterchose findet im zerrissenen Fahrwasser zwischen Festland und Inseln statt. Gänzlich unvorbereitet trifft sie uns. Nicht nur wegen der kyrillischen Schrift verschafft mir die russische Seekarte zu wenig Klarheit. Astrid klebt an der Pinne, versucht, optimal zu steuern, auf keinen Fall möchte sie hier noch kreuzen.

Dabei hat alles so gut angefangen. Unter der Genua und dem Groß segeln wir von Virtsu nach Haapsalu, entlang sandiger Abbruchkanten und flacher, steiniger Inseln ohne Ankerbuchten. Am Ufer keine Straße, kilometerweit kein Haus – nur Waldeinsamkeit. Auf dem Wasser kein anderes Schiff. Menschenleer dieser Archipel. Das gesamte Estland ist dünn besiedelt: 1,6 Millionen wohnen auf 45 000 Quadratkilometern. Wir beide aber geraten in Streit. Wieso, beschreibt am besten Astrids Brief.

Lieber Kym. Jetzt, hier in Haapsalu, will ich Dir endlich den gewünschten langen Brief schreiben – und nicht immer nur anrufen. Ein hektischer Tag liegt hinter uns. Angefangen hat es damit, daß ich das Wetter total falsch eingeschätzt habe. Als eine dunkle Wolke die Sonne verdeckte, war es schon zu spät. Sofort kam Gischt über, Wasser strömte bei 40 Grad Lage überall hin, und ich war dafür nicht angezogen: Gummistiefel und Ölzeug lagen fein säuberlich im Vorschiff verstaut. Im Cockpit balancierend zerrte ich die Kleidung über. Folge: innen und außen naß. Kein gutes Gefühl, denn 20 der 35 Seemeilen waren stürmisch.

Inzwischen ist das Boot aufgeklart, wir haben geduscht. Ich sitze auf der Veranda des „Jahtclubi", neben mir ein Bier. Der Klub bietet einen weiten Ausblick auf Boote, Flaggen, Hafen, Wald und Landzungen. Durch die rasenden Wolken sieht die Wasserfläche aus wie changierende Seide, türkis und blau.

Also: Lieber lege ich künftig beim Segeln meine Kleidung nach und nach ab, als daß mir das noch mal passiert. Damit haben der Ärger und die Unsicherheit eingesetzt. Und dann die Qual mit den Bojen. Sie stimmten mit der Position in unserer russischen Seekarte nicht überein. Deswegen war auch das GPS, als es kritisch wurde, keine Hilfe. Weiße See und zeitweilig grelles Gegenlicht waren stark hinderlich. Wilfried wurde ärgerlich, als ich seine Kursänderungen so gar nicht nachvollziehen konnte. Aber ich steuerte wie üblich. Und weil es naß war, blieb mir auch der Blick auf die Karte verwehrt. Rechts und links von uns war es entweder flach, oder die Tiefenangaben fehlten. Und es ging Schlag auf Schlag. Wir konnten unseren Am-Wind-Kurs nicht mehr halten. Wilfried sah eine Möglichkeit, über ein Flach dirckt Haapsalu anzusteuern. Ich wehrte mich, steckte ihn wohl mit meiner Nervosität an. Er setzte sich einfach durch, fierte die Schoten, und wir flogen förmlich eine Stunde lang übers Wasser. 10 und 11 Knoten zeigte das Log. Das war wie Surfen. Eigentlich wunderbar. Nur, ich konnte es nicht genießen. Dabei lag das Bötchen

Lieber Segler!

Es gab eine Zeit, wo sich Deine Seefahrer-Vorfahren auf allen Ufern der Ostsee wie zu Hause fühlten. Die Schiffe der Wikinger und der Hansekaufleute segelten in Meerengen von Hiiumaa und Saaremaa (Dagö und Ösel). Das Meer und die Menschen haben sich verändert. Noch vor einigen Jahrhunderten hätte die anliegende Karte von Johannis van Keulen gut gepaßt. Damals waren Schiffe aus Holz und Männer aus Eisen...

Die Ostküste der Ostsee, die ein halbes Jahrhundert lang hinter Schloß und Riegel war, wartet wieder auf Dich. Für Estland sind hoffnungsvolle Zeiten gekommen. Wir sind wieder auf dem Weg der Entwicklung und Dein Besuch leistet seinen winzigen Beitrag dazu. In der vorliegenden Druckschrift werden 16 Häfen des westestnischen Archipels, die sich im kommenden Sommer für die Hineinfahrt von Kleinschiffen eignen, geschildert. Auf den angeführten Karten ist das die Häfen umgebende Meer mit Einlauffahrwassern abgebildet worden. Es ist auch Kartenmaterial über das Binnenmeer des Archipels – Väinameri und dessen wichtigsten Meerengen Harikurk, Vürekurk und Soela hinzugefügt worden.

Als Grundlage für diese Kartenauszüge haben die Ende der 80-er Jahre gedruckten Meereskarten der Sowjetunion gedient, die doch relativ gut die Situation in 1992 wiederspiegeln. Estland verfügt noch über keine modernen staatlichen Meereskarten, deshalb auch die englischsprachige Bemerkung "Navigieren auf eigene Verantwortung" auf den Karten. Alle Navigationstermine auf Karten sind auf estnisch. Sei vorsichtig – die Lichter der Leuchttürme brauchen in diesem Sommer noch nicht in Ordnung zu sein! Sei darauf vorbereitet, daß nicht jeder Hafen über alle Dienstleistungen verfügt, an die Du dich gewöhnt hast. Aber morgen sind wir besser als heute! Wir sind dankbar, wenn Du vom Dargebotenen einen Nutzen hast, und doppeldankbar, wenn Du uns mit Deinen Beobachtungen hilfst. Unsere Anschrift findest Du auf dem Hinterdeckel.

Der westestnische Archipel wartet auf Dich!
In Kuressaare, in 1993
Verfasser

Information aus dem Kartenheft „Häfen des westestnischen Archipels", das wir leider erst am Ende der Durchfahrt in Haapsalu erwerben konnten.

phantastisch gut im Trimm, kaum Druck auf der Pinne. Ich hatte unheimliche Angst wegen der Wassertiefe. Wir hatten ja einige Fehlschläge mit der Seekarte hinter uns.

Gut und schön. Wir kamen wieder in markiertes Fahrwasser, mit Richtmarken und so. Die See beruhigte sich. Wir meinten, das sei es jetzt gewesen, und segelten so vor uns hin ... Die Landschaft ähnelt Atollen, flach, höchstens 10 Meter hoch, nur anstelle von Steinen und Kiefern muß man sich Sand und Palmen denken. Doch plötzlich ging es wieder los. Erst mal wieder stürmischer Wind. In einem Gewässer, das „Voosi kurk" heißt, fanden wir überhaupt keine Bojen! Die Dinger sind hier gelb und schwarz und zeichnen sich in der chaotischen See nicht ab. Wilfried wollte immer noch volle Pulle segeln, ich gemächlich motoren. Das war eine ziemlich laute Diskussion. Ich brüllte wie ein Stier. Beinahe hätte er mir eine geknallt. Du weißt ja, daß seine Segelei nicht immer die meine ist. Am liebsten läßt er die Segel oben bis an den Kai.

Letztendlich wurde die Maschine gestartet, das Groß runtergeholt. Ringsum Wassertiefen um nur 2 bis 4 Meter. Das mußt Du Dir vorstellen. Dann kurze, steile Wellen, bestimmt 2 Meter. Wir drehten einen kleinen Kreis, und schon hatten wir Richtmarken und Bojen im Fernglas. Eine Stunde später war die schöne K7 vertäut. Geschützt am Steg des Yachtklubs. Vergnügt sagte Wilfried und lachte dabei: „Mal was Neues."

Heute abend findet ein Rockkonzert auf dem Klubgelände statt. Die Jungen und Mädchen der Band üben schon mächtig. Wilfried fragt sich, woher die Musiker die Instrumente, Verstärker und Boxen herkriegen – bestes japanisches Zeug. Es wird bestimmt laut. Palettenweise wird Bier antransportiert. Koff, ein finnisches, und Saku, ein lokales. Alles gestaltet sich wie bei uns: Würstchenbuden, Hamburgerstände, Zigaretten, Kuchen, Cola. Eine Flasche Saku kostet hier auf der Veranda kümme Krooni – zehn Kronen, gleich 1,30 Mark.

Dein Jahr Bundeswehr war gestern rum. Jetzt kannst Du Deine Australienreise mit Elan vorbereiten. Bekommst Du nun die 2500 Mark Abfindung? Halte Dich munter. Iß regelmäßig. Wir benei-

den Dich um den Obstgarten. Kannst gerne Früchte einfrieren. Wir hoffen, daß wir in Helsinki die Visa nun endlich bekommen. Bis dann. Herzliche Grüße, Deine Astrid.

Sturm. Es stürmt in Haapsalu, auch am folgenden Tag. Beständige 8 aus Südwest bis West. Wir nutzen die exzellente Ausstattung des „Jahtclubi", mit Snackbar, heißer Dusche, Sauna, tiefen Sesseln, Zeitungen. Zwei finnische Motorboot-Crews nutzen das Wochenende zu einem billigen Kollektivbesäufnis.

Unter den Gästen ist auch Alan Volmer, ein Este, der auf dem finnischen Whitbread-Racer BELMONT um die Welt segelte und jetzt von Tallinn aus ein Charterunternehmen betreibt. Vier ältere, aber gepflegte Segelboote vom Typ Westerly warten auf Kunden. Die Buchungen für Mai und Juni sind eher kläglich. Wer aber einmal auf dem Vordeck durch das Seegebiet gesegelt ist, das die Engländer Screaming Fifties nennen, Kreischende Fünfziger, der läßt sich nicht so leicht vom Kurs abbringen. Über Werbung für sein junges Unternehmen würde sich Alan sehr freuen. Hier also seine Anschrift: Alan Volmer, Top Sail, 1 Regati Avenue, EE 0019 Tallinn.

Vier junge Männer rammen mit ihrem Vierteltonner die K7. Im engen Klubhafen klappt die Wende ihres motorlosen Seglers nicht, und – peng – kratzt der Bug an unserem Rumpf entlang. Sie sind natürlich „sorry" und „very sorry". Nur: Mußten sie vor dem Ablegen erst mal eine Flasche leeren?

Derweil Astrid die Schramme auspoliert, schnappe ich meine Fototasche, um die Landzunge inspizieren zu gehen, vorbei an den Anlegern des Fischerei- und Handelshafens und der Marine. Überall liegt reichlich Schrott in der blühenden Landschaft. Am Kap treffe ich den einzigen Esten auf diesem Landzipfel. Von einem blauen Bauwagen aus bedient Stan die Hafentankstelle (auf einem gefährlich kippligen Schlengel) und arbeitet für die Grenzbehörde. Mit einem Fernglas beobachtet er ungewöhnliche Schiffsbewegungen und meldet sie. Dafür stehen ihm im Bauwagen Schreibtisch und Telefon zur Verfügung. 600 Kronen beträgt sein monatliches Salär. Stan ist 28 Jahre und einnehmend freundlich. Und wir können uns unterhalten – auf schwedisch. Zwei

Jahre war er in Schweden, schön fand er es dort, nur die Städte ein bißchen steril. Geradezu schockiert hat ihn der Überfluß. Sein schwedisches Mitbringsel steht auch in dem blauen Bauwagen, ein Mountainbike. „Das beste in Haapsalu."

Für den Abend lädt uns Stan in seine Wohnung ein. Gemeinsam holen wir Astrid vom Boot ab und marschieren, während Stan sein Bike schiebt, stadteinwärts, vorbei an der imposanten Bischofsburg, die vom 13. bis 16. Jahrhundert erbaut wurde. Nicht, daß wir ein Luxusappartement erwartet hätten, aber die bröckelnde Plattenbaufassade und vergammelten Treppenstufen wirken erschreckend schäbig. Angesichts der kühlen und kargen Einzimmerwohnung, die Stan allein bewohnt, befällt uns Tristesse. In einem 5 Quadratmeter großen Vorraum wird das Bike sorgfältig geparkt, darin wird aber auch auf einem einflammigen Gaskocher gekocht. In der Ecke ein winziges Waschbecken mit fließendem Wasser und eine kleine Anrichte, beladen mit Geschirr. Im eigentlichen Zimmer eine Matratze auf einem Holzgestell, ein Tisch, ein Stuhl. Vielleicht war auch noch ein Schrank vorhanden. In der Trostlosigkeit dieser eineinviertel Zimmer trin-

Stan dient ein Bauwagen mit Schreibtisch und
Telefon als Büro für seine Hafentankstelle. Nebenher meldet
er der Grenzbehörde alle Schiffsbewegungen.

ken wir die mitgebrachten Biere. Ein angenehmer Glimmer will sich nicht einstellen. Bald verabschieden wir uns.

Mittlerweile haben wir eine Druckschrift mit Plänen des westestnischen Archipels erworben. Astrid ist der Ansicht, mit diesem „Kartenmaterial" hätten wir es bei der Herfahrt zehnmal einfacher gehabt. Nun, so einfach auch wieder nicht. Die Broschüre ist gespickt mit Warnungen: „Navigieren auf eigene Verantwortung", „Seezeichen sind in ganz Estland völlig unzuverlässig", und so weiter.

Auf diese Weise erfahren wir auch, daß „für Estland hoffnungsvolle Zeiten gekommen sind." Man erhofft sich vom Segeltourismus einiges. Viele Häfen werden fleißig für die Sportschiffahrt ausgebaut. Am Standard, das heißt, an den Sanitäranlagen etc. wird gearbeitet. Aber noch sind Begegnungen mit anderen Yachten oder Touristen selten. Dabei hat die Versorgungslage gute Fortschritte gemacht. Haapsalus Einkaufsmöglichkeiten sind in Ordnung – von der Banane bis zum Adidas-Turnschuh gibt es alles. Und dazu köstliche Lokale. Es ist, wie in den anderen Ländern des Baltikums, erschreckend billig.

17   Tochter der Ostsee

Der erste Eindruck von Helsinki ist eine betörende Sauberkeit und Vollkommenheit. Wenn man vom Baltikum kommt, polnische Fischtrawler betreten hat und in Greifswald sein Schiff hat bauen lassen, dann ist man bezaubert von Helsinkis stilvollen alten Gebäuden, den grünen Alleen, den Lokalen und Kaffeestuben mit Tischen im Freien.

In solch ein Café setzen wir uns und betrachten die Straßenszene. Das Wetter ist phantastisch, und wir sind müde und entspannt zugleich, liegt doch eine Nachtfahrt über den Finnischen

Meerbusen hinter uns. Was uns spontan verwundert, ist das viele Jungvolk, das in Scharen durch die Straßen zieht. Sportfans können es nicht sein, dafür sind zu viele Kinder dabei. Wir fragen den Kellner: Ein Rockkonzert, das die Beach Boys im Olympiastadion geben, ist der Anlaß. 60 000 Besucher werden erwartet, und für alle ist es kostenfrei. Die Stadt Helsinki organisiert und finanziert diese Veranstaltung, ebenso ein Konzert der Leningrad Cowboys, das ein paar Tage später im Zentrum vor dem Weißen Dom stattfindet. Das wollen wir uns natürlich nicht entgehen lassen – nur sehen können wir die Typen auf der Bühne überhaupt nicht. Der Andrang ist so gewaltig, daß alle umliegenden Gassen verstopft sind.

Ich bin begeistert, daß eine Stadt auf diese Weise in Kultur und Unterhaltung investiert. So etwas habe ich noch nie gehört. Astrid ist skeptischer: „Wer Konzerte bekannter Gruppen hören und sehen will, der soll auch dafür bezahlen." Was die Leningrad Cowboys angeht, so haben wir noch nie von ihnen gehört, aber in ihrer Heimat Finnland und in ganz Skandinavien sind sie eine gefragte Rockband: futuristisch anzusehen in ihren Uniformen, mit ihren übermäßigen Schuhspitzen und den extravagant gestylten Elvis-Tollen von Unterarmlänge.

Von Stadt und Hafen beflügelt, hocke ich mich in die Plicht und ergänze die Notizen zur Nachtfahrt von Haapsalu über den Finnischen Meerbusen: *6. Juni. 03.00 Uhr mit Spi und Regen über den 60. Breitengrad. A. schläft währenddessen in Ölzeug, mit Ohrenklappen und Wollmütze. Ich rüttle sie wach, um ihr dieses Ereignis mitzuteilen. Völlig verdattert schaut sie mich an: „Hab' ich Wache?" – „Nein", sage ich, „der 60. Breitengrad ist überquert." – „Na und? Blödmann." Sie mokiert sich noch über all die Nässe, die ich mit in die Kajüte bringe. Als ob das wichtig wäre bei einer komplizierten Ansteuerung wie der von Helsinki. A. ist eben noch weit von ihrer Topform auf See entfernt.*

Endlich Dauerregen, wohl der erste dieser Reise. Leider gerade vor den Schären und zahlreichen Seezeichen. Im Morgengrauen beim „Tulli" (Zoll). Die Beamten interessieren sich weder für Schnaps noch für Zigaretten oder Drogen. Menschenschmug-

gel ist die Sorge der neuen Zeit. In der Tat schauen die Zöllner deswegen in Schrank, Vorschiff und Backskiste.

Fest beim „Helsingin Mootorivenekerho RY", einem Motorboot-Yachtklub unweit vom Zentrum.

Am Sonntag ist unsere Segelwelt noch locker und zuversichtlich. Am Montag stürzt einiges ein: Es herrscht vollkommene Stille an der Visa-Front. Obwohl von der russischen Botschaft in Bonn die Visa avisiert wurden, amüsiert man sich auf dem russischen Konsulat in Helsinki über unser Anliegen. Es seien weder Visa noch Mitteilungen aus Bonn oder Moskau im Computer, noch wäre es überhaupt möglich, für eine Segelbootreise durch Rußland eine Genehmigung zu beschaffen. Dies kurz und knapp. Man hat zu tun. Viele wollen nach Rußland reisen.

Wir schalten das in langjähriger Erfahrung auf Rußland-Reisen spezialisierte Büro Atlas in der City von Helsinki ein. Dort ist man überzeugt, uns dank der guten Verbindungen zum russischen Transportministerium helfen zu können. Jedoch außer Kosten und Zeitverlust (eine Woche) kommt dabei nichts heraus. Deprimiert? Nein. Niedergeschlagen schon, als wir stinknormale Besuchervisa für St. Petersburg beantragen. Wir machen in Optimismus. Es läßt sich bestimmt vor Ort einiges bewerkstelligen. Dafür kauft sich Astrid vor der Abfahrt noch schnell ein Sommerkleid – von Seppälä. Und das wird nicht einfach so in die Tüte gesteckt. Nein, die Verkäuferin kontrolliert jede Naht, ob auch alles tadellos verarbeitet ist.

Ich montiere derweil noch ein paar Beschläge, um die Luken abschließen zu können. In Rußland soll ja die Kriminalität sprunghaft steigen. Informationen über St. Petersburg bekommt man am Steg des Motorboot-Yachtklubs nicht. Ein deutsch sprechender Finne: „Ich weiß gar nicht, warum es die Deutschen alle nach Rußland zieht." Die finnischen Segler jedenfalls wollen nicht nach St. Petersburg. Verständlich, wenn man bedenkt, daß Finnland noch bis in dieses Jahrhundert unter der Herrschaft der Russen stand.

Wir schauen uns Sehenswürdigkeiten an: Dom, Kirche, Bahnhof etc. In der Woche des Wartens wäre die Reise fast zu Ende gewesen. Ein Motorboot schräg gegenüber unserem Steg explodiert und brennt lichterloh. Glücklicherweise sind wir an Bord, haben ein Messer zur Hand, kappen die Heckleine und verholen die K7 an einen anderen Steg. Zum Glück startet der Motor sofort.

Der „ländliche" Markt ist das eigentliche Herz Helsinkis, finnisches Obst und Gemüse, sauber und von hoher Qualität, wird angeboten. Hier wird nicht abgewogen, sondern – mal etwas Neues – per Liter verkauft. Es ist die Zeit der Kirschen. Ein Liter davon kostet 15 bis 20 Finnmark. Gleich daneben Stände mit: Fisch. Fisch. Fisch. Im Angebot auch Hafenrundfahrten, und die Souvenirs – Felle, Holzschnitzereien, Kunst – lassen das Herz der Touristen höher schlagen. Unterhalb der Markthalle ein Hafenbecken, das für Besucheryachten geeignet ist, nur recht laut und

In Helsinki wäre die Reise beinahe zu Ende gewesen:
Gerade als wir von einem Stadtbummel zurückkommen, explodiert ein Motorboot in unmittelbarer Nähe der K7.

wegen des Verkehrs auf dem Wasser schaukelig. Auf der anderen Seite des Marktes ein bemerkenswertes Hafenbecken mit Parkschildern. Hier kann der Bootsfahrer für begrenzte Zeit gratis „parken". Wir beobachten, daß diese Bootsplätze rege frequentiert werden.

Wir haben eine Bekannte in Finnland. Heli heißt sie und wohnt im 150 Kilometer entfernten Paimela in der Nähe von Lahti. Wir setzen uns in einen Bus und bestaunen rechts und links pure Landschaft: Fels, Wald und kleine Agrarflächen. In Lahti beherrschen die berühmten drei Sprungschanzen das Stadtbild. „Mein Gott, wie hoch", stellt Astrid verblüfft fest, die Nykänen und Co. öfter im Fernsehen bewundert.

Heli wohnt in einem kleinen Haus, natürlich aus Holz, mit Sauna und viel Land drumherum. Nicht viele Finnen wohnen in großen Häusern – wie wir sie kennen. Eine hohe, rund 15prozentige Arbeitslosigkeit läßt das Geld in den Haushalten neuerdings knapp werden. Die Wirtschaft hat augenblicklich große Schwierigkeiten. Auch viele Bootsbesitzer lassen ihr Schiff aus Kostengründen in diesem Jahr nicht zu Wasser. Das erfahren wir von Heli zwischen Hefekringeln, die gereicht werden, und einem leichten, selbstgepreßten Beerensaft. Dann geht es um die finnische Sprache. Heli ist Übersetzerin. „Banaani", „Kaalaismaksamak", „Aurinko", „Postipankki" (Banane, Leberwurst, Sonne, Postbank) sind Vokabeln, die uns amüsieren. Die seltsame Länge vieler Worte kommt zum Teil daher, daß es im Finnischen kein grammatikalisches Geschlecht gibt. Doch: An Bord üben wir wieder russische Vokabeln.

Inzwischen ist die Woche fast um. Wie bereits überall angekündigt, feiert man das Hafenfest mit Bungee-Springen, Ruderwettkämpfen, Musik und Jahrmarkt. Höhepunkt für uns ist die Ankunft der Europa-Segelregatta. Dabei einige Racer der Whitbread-Flotte: MERIT CUP, NEW ZEALAND ENDEAVOUR, LA POSTE, Boote um die 25 Meter Länge. Die Crews schlafen in den Häfen selbstverständlich im Hotel. Ihre hochgetakelten Schiffe werden betreut wie empfindliche Rennpferde. Segel, Ruderrad, Winschen und das begehbare Deck werden mit Tüchern abgedeckt.

Im Logbuch notiere ich: *Samstag 12. Juni. Leichter Regen. Fotografiere Maxi-Racer und die französischen „Spinnen" (Trimarane um die 20 mal 20 Meter).* Die Finnen interessieren sich nicht sonderlich für diese heißen Renner. *Meine ganze Aufmerksamkeit gilt der* VILLE DE CHERBOURG, *einem 60-Füßer der Einhandklasse, der in dieser Europaregatta aber mit Mannschaft gesegelt wird. Sie war die Erste in diesem Zielhafen, ein wunderschönes Boot. Ich kann mich kaum lösen. Nicht zu glauben, daß 18-Meter-Boote eine Million und mehr kosten. Wieder und wieder komme ich zurück zu dem Steg, an dem die* VILLE *liegt. Vormittags, nachmittags, abends. Gott, war ich vor ein paar Jahren wild darauf, so ein „Gerät" zu besitzen. Habe einige Zeit hart daran gearbeitet. Ergebnis war miserabel. Keinen Mitstreiter (mit Geld) gefunden. Am Ende hatte ich mir ausgerechnet, daß ich rund ein Dutzend Bücher schreiben oder eintausend Vorträge halten müßte. Illusorisch! Um nicht ständig daran erinnert zu werden, erledige ich zwischendurch Arbeiten an Bord der 29-Fuß-* KATHENA *7: Segelschoner an die Salinge, Reling nachgespannt, Deck gewaschen, zwei Klampen an den Mast genietet.*

18 Suur Pellinki

Einzelne Wolken, weiße Fasern, leichte Haarstreifen, Kratzer am Himmel. Bei Gott, schon wieder Schönwetter! Halber, idealer Landwind hält die Wellen ruhig. Astrid steuert wie üblich und navigiert mit der Karte auf den Knien. Ich lehne mich im Cockpit zurück, überlasse mich erstmals dem Vergnügen, das die südfinnische Küste zu bieten hat: Schärensegeln, das ist Segeln durch eine labyrinthische Kulisse aus teils felsigen, teils bewaldeten Inseln und Ufern. Ist in der Nähe Helsinkis noch eine Anhäufung von Sommerhäuschen auszumachen, so sind danach Hütten nur vereinzelt an den Küsten sichtbar. Eine Bilderbuchszenerie mit herbem Charme.

Wir folgen den Bojen und Seezeichen. Noch scheuen wir uns, Wege abzukürzen oder sehr nahe an die Inseln heranzusegeln. Es bedeutet Segel fieren, dichter holen, schiften, ausbaumen. In Landabdeckung gleiten wir auf einer leicht gekräuselten, tiefblauen See langsam dahin. Fagerö, Portö haken wir auf 32 Seemeilen ab. Atemberaubende Inseln und Buchten. Die Küsten werden noch felsiger, die Gewässer eng, aber alles ist weiter ordentlich betonnt. Keine Rostflecken an den Bojen auszumachen, aber sie sind ja auch, wie ich später erfahre, größtenteils aus Kunststoff.

Dann öffnet sich Suur Pellinki. Und nochmals um ein Kap, um eine Insel, vorbei an Felswänden, nicht allzu steil, so daß Büsche und Bäume noch Halt finden. In einer Bucht, eingekesselt von sieben Inseln, fällt der Anker auf 8 Meter Tiefe. 15 Meter Kette und 8 Meter Tau folgen. Hier bleiben wir! Das braucht keiner von uns zu sagen, das spüren wir instinktiv. Haben wir doch beide lange

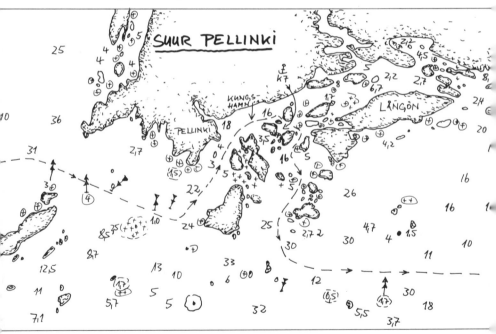

genug nach einer einsamen, idyllischen und geschützten Ankerbucht Ausschau gehalten. Alle Ufer sind rund hundert Meter entfernt, auf einigen türmen sich große Steinbrocken. Halb hochgezogen, liegt auf einem ein Boot. Dahinter in der Wildnis, kaum sichtbar, eine Holzhütte. Sonst nichts: kein Mensch, kein Dorf, absolut nichts.

Die Stille ist ungewöhnlich. Man mag gar nicht sprechen, so schallt es. „An solch einem Ankerplatz vermißt man keine Palme", sagt Astrid. Laut schreiend jumpe ich von Deck ins Wasser. Prustend tauche ich danach auf. Das hätte ich gern. Übers Heck steige ich ganz langsam ins Wasser, Schritt für Schritt bis zur Brust, weiter nicht. Ursache: zwölf Grad Celsius.

Ich hole das zusammengefaltete Beiboot aus dem Sack. Mit der Fußpumpe ist es im Nu aufgeblasen. Gemeinsam rudern wir ans Ufer, vertäuen das Boot an einer kleinen Kiefer, die aus einer Felsspalte ragt. Ortsbesichtigung: Die Vegetation besteht aus einem Dschungel von Sträuchern, Büschen und Gruppen von niedrigen, kräftigen Kiefern mit orangefarbenen Stämmen. In einer Kiefer sind graue, flatternde Flügel über einem Reisighaufen zu erkennen, ein Vogelnest. Der Waldboden ist feucht und glitschig. An Stämmen und Ästen wachsen Flechten und Pilze. Dieser dichte, wild wuchernde Wald ist kein Gelände zum Wandern.

Abwechslung bringt ein Blick durchs Fenster der Hütte. Darin sieht es verlassen und trostlos aus. Zwei Räume, je 3 Meter im Quadrat, sind mit Bett, Tisch, Herd und einem Holzofen grob eingerichtet. Die Tür ist abgeschlossen. Draußen lagert ein Stapel gespaltenes Feuerholz.

Wir wenden uns wieder dem Wasser zu, gehen und balancieren die steinigen, spärlich mit Schilf bewachsenen Strände ab. Astrid sucht fortwährend nach Hühnergöttern (Steinen mit Löchern), die sie sich um den Hals hängen kann.

18. Juni. Als erstes wacht A. auf und quatscht mir die Ohren voll, daß sie nicht schlafen konnte, wegen des Geklappers im Mast. Diese Notiz im Logbuch deutet auf ein Problem hin. Der Mast macht trotz angeknallter Fallen elende Geräusche. In der

Stille der Bucht bei leichtem Schwell entpuppt sich der „Preishammer" K7 als „The real McCoy", wie die Engländer sagen, als der „wahre Hammer". Die losen Elektrokabel schlagen im Rhythmus der Dünung im Rohr. Mir bleibt nichts anderes übrig, als Löcher in den Mast zu bohren und die Kabel mit einem Draht an die Wandung zu zurren.

Nach dem Mast nehme ich mir den Großbaum vor. Mit Vaseline schmiere ich Umlenkscheiben und Tauwerk ein. Die innnenlaufenden Smeerreeps flutschen nämlich nicht richtig durch. Es bilden sich gerade dann, wenn es schnell gehen soll und muß, Kinken in den Refflienen, oder sie verklemmen sich in den Umlenkscheiben der Baumnock. Folge: Zerren und Reißen. Das dauert und dauert, dabei hänge ich gefährlich weit über der Reling. Schuld an einem Teil der Probleme ist meine Einhandsegler-Manie, auch vor dem Wind zu reffen, obschon man eigentlich in den Wind gehen sollte.

Ich genieße die Stille.

Weil es nach diesen Arbeiten bereits Mittag und die Bucht so „kuschelig" ist, nehmen wir einen segelfreien Tag und machen es uns gemütlich. Ich umschiffe mit unserem Beiboot einige Inselchen, klettere in eine Kiefer, um von der Höhe aus unser Boot zu fotografieren. Astrid liest im „Spiegel": Fußball und die Medien, Seebacher-Brandt, Geldmarkt und ihr Lieblingsthema Lehrer. Ich beginne den Tausend-Seiten-Wälzer „Karibik" von James Michener. Zwischendurch greife ich wieder zur Kamera. Das Licht ist so perfekt, strahlend bewölkt. Mit meinem Lieblingsobjektiv, dem 105er, fotografiere ich zum Spaß Produktnamen: Gotthardt, Selden, North, Polyant, Jeantex, Liros, Andersen, Silva, Sony, Yanmar. Abends kommt ein Topf Reis und Curry auf den Tisch. Es folgen Gespräche im Cockpit bei einer Dose Koff Klass II (2,5 Prozent Alkohol) in der Hand. Unsicherheit, aber auch Vorfreude auf St. Petersburg.

19 Punktbelastung

Noch immer Finnland. Der Motor dreht. Wassertemperatur weit entfernt für Erlebnisschwimmen. Was zieht der Propeller an? O verdammt, wieder ein Stück Netz. Ich tauche ab. Es knackt in den Ohren. An Deck eine frische Wärme.

Bei einem Rundblick übers Meer entdecke ich 27 Bojen und Seezeichen. Damit geizen die Finnen wahrhaftig nicht. Trotzdem fehlen mir laut Seekarte drei Stück. Aber – was soll's? Um eine Modewendung zu gebrauchen. Scharf Ausguck halten, dann wird schon nichts passieren.

Unser Ziel ist Haapasari, dort wollen wir beim „Tulli" für St. Petersburg ausklarieren. Die Finnen nehmen das sehr genau. Haapasari steht dann auch in blau-weißen Buchstaben auf einem Schild an der 10 Meter breiten Einfahrt in den Naturhafen. Beidseitig am Ufer ein paar verstreute Häuser, hier und da ragt ein Bootssteg ins seichte (2,5 Meter) Wasser, am Scheitel der Bucht eine weiße Holzkirche. Die Insel hat nichts von Tourismus. Ein durchsichtiges Idyll. Ein Blick, und man hat Kontakt. Es ist traumhaft, hier zu sein. Astrid macht einen Kirchgang, bevor wir für Rußland ablegen. Einmal im Monat kommt der Pfarrer aus Kotka. Astrid: „Außer Jesus und Haapasari habe ich nichts verstanden."

Die imaginäre Seegrenze Rußlands haben wir nur wenige Meilen überquert, da steamt ein russisches Wachboot auf uns zu, eine elendige Qualmwolke hinter sich herziehend. Das macht zunächst den Eindruck eines Brandes an Bord.

Eilig bergen wir die Segel, stellen den Motor an und harren der Dinge. Obwohl alles mit uns in Ordnung ist, sind wir doch aufgeregt. Zu lange war in unseren Köpfen das Wort Rußland mit Beklommenheit und Schrecken verbunden. In unmittelbarer Nähe stoppt das graue Schiff mit der groß aufgemalten Zahl 042, und die Crew setzt ein Beiboot aus. O Schreck, wir hängen alle Fender raus, denn die See ist bewegt und das kleine Motorboot aus Stahl. Kontrolle der Visa mitten auf See! Gewissenhaft notiert man Namen und Paßnummern. Die Matrosen beeilen sich: „Eto karascho." Es ist gut. Sie werfen noch schnell einen Blick ins Vorschiff, ob wir wirklich nur zu zweit sind, und weg sind sie über die Reling – mit dem Notizbuch in der einen und einer Tüte Bier und Zigaretten in der anderen Hand.

Wir setzen wieder die Tücher und steuern bei steifem West den Scheitel des Finnischen Meerbusens an. Unterwegs hecheln wir diese und andere Aufregungen durch: „Die Uniformen der Matrosen waren wirklich verschlissen." – „Müssen wir uns das antun?" – „Die Südsee wäre es wert, auch die Azoren und Neufundland, aber dies vermutlich triste nördliche Rußland ..."

Fortuna scheint uns wirklich hold zu sein, wir haben raume und achterliche Winde. Und wichtiger: Ohne mit einer der gewaltigen und häufig unbefeuerten Bojen zu kollidieren, finden wir unseren Kurs durch die Mittsommernacht. Eine Ramming mit einer 4 Meter hohen Metalltonne hätte unser Sandwichrumpf schwerlich überstanden. So gut und fest und vorteilhaft für die Isolation diese Bauweise auch sein mag, auf Punktbelastung reagiert die dünne Außenschicht höchst empfindlich. Ich habe eine schlechte Erfahrung mit einem anderen Schiff hinter mir. Ohne Fahrt im Boot war der Rumpf bei Schwell gegen eine Festmachertonne geschwoit und dabei ziemlich stark eingedrückt worden.

Bei Regen und heftigen Gewitterböen segeln wir auf die Enge der Festungsstadt Kronstadt zu, des Kriegshafens auf der Insel Kotlin. Was fehlt, sind gute Sicht und eine Detailkarte. Nur eine Kabellänge ist das Nadelöhr breit. Und die Westwindsee prallt auf gegenlaufende Strömung. Links die Insel, rechts Festung, Damm und Untiefen. Eine See steigt übers Heck. Der Kurs läßt sich unheimlich schwer halten. Einmal in der Enge, geht es vorbei an zig U-Booten, Kreuzern, Zerstörern und anderem Kriegsgerät – das sichtbar ist. 50 000 Einwohner hat dieser Stützpunkt der russischen Ostseeflotte. Rechts und links von Kronstadt verläuft ein Damm, der die Newabucht fast vollständig vom Finnischen Meerbusen trennt. Durch zu geringe Ab- und Zuflüsse entwickelt sich die Bucht zu einer stinkenden Kloake.

„Leningrad" steht in meterhohen kyrillischen Buchstaben auf dem Wellenbrecher, der die Einfahrt in den Hafen schützt. „Hier

Russische Boje mit Möwe: gewaltig und häufig unbefeuert. – Leningrad, der alte Name von St. Petersburg, steht in übermannshohen Lettern an der Hafeneinfahrt.

brauchst du nicht zum Bäcker zu laufen, um zu erfahren, wo du bist." – „Nur Kyrillisch mußt du lesen können!"

Im Hafen passieren wir Schiff auf Schiff. Ihre Ladeluken sind geschlossen. Lagerhallen sind zusammengestürzt. Auch hier Stillstand und Rott. Unsere Einklarierung kurz vor dem Fährterminal ist dank einer Stange Marlboro kein Problem. Was uns Sorge bereitet, ist der Schwell an dieser eine Handbreit über das Wasser ragenden Betonkante. Nur mit Kraft können wir, jedesmal wenn ein Boot vorbeifährt, K7 so weit abhalten, daß sie nicht mit der Seite darauf knallt.

Gleich „um die Ecke" legen wir KATHENA an einen Holzsteg des Marine-Segelclubs, des Yachthafens der russischen Flotte. Die Stadt ist nicht sichtbar, und doch befinden wir uns in ihrer unmittelbaren Nähe. Marinesoldaten in seltsamen Uniformen und ein verschlossenes Stahltor beruhigen – hier können wir also unser Boot ohne Sorge liegenlassen. Wäre überhaupt nicht nötig gewesen, die Schlösser zu montieren.

Es ist Vormittag, und wir sind zunächst kaputt. Die Belastungen der letzten Nacht mit Gewitter, unbeleuchteten Bojen, Kreuzseen vor Kronstadt und die Anspannung stecken im Körper. Ich teste am Steg mein Russisch: „Mozhno sniat?" – Darf ich Sie fotografieren?

Eintragungen ins Logbuch sind fällig: *22. Juni. Nach Rußland zu kommen, ist ein Tausend-Seemeilen-Stück über die Ostsee, ein Meer, das als solches nicht gilt. Es ist zerrissen von Untiefen, Inseln und Wasserstraßen. Überall verkehren Schiffe, schwimmt Treibgut, dazu gibt es noch Brücken, Bohrinseln, militärische Sperrgebiete und Munitionsdepots auf dem Meeresboden. Spätestens dann, wenn man wegen der zahlreichen Fischerkähne und Fähren Manöver fahren muß und zusätzlich der vorherrschende Wind von vorn kommt, wird der Törn zur Strapaze.*

20 Sankt Petersburg

Petersburg, die Stadt des großen Zaren, die Stadt des großen Revolutionärs. Zu wenig Zeit nehmen wir uns, um zu sehen, was von beiden geblieben ist. Von Peter dem Großen, der hier im Sumpf des Newadeltas 1703 seine Stadt gründete, um Europa näher zu sein. Von Lenin, der vor 76 Jahren von hier aus zur Revolution geblasen hat.

Da sind wir also. Fest an einem Schwimmsteg mit Ausblick auf Büsche und Bäume, die den Hafen säumen, auf verrottete Boote, die an Land stehen, auf gesunkene Wracks auf der einen und einen modernen Passagierterminal auf der anderen Uferseite. Das Hafenbild prägen rund 30 Segelboote, meist mit gefälligen Linien; Holzbauweise dominiert. Der eigentliche Hafen für westliche Besucheryachten ist der Baltic-Yachtclub im Norden der Stadt, ausgestattet mit Sanitäranlagen, Kaffeestube, großen, freien Grasflächen. Mit allem, was es im Marine-Segelclub absolut nicht gibt. Hier wird sich in einem emaillierten Becken unter freiem Himmel gewaschen! Aber der Baltic-Yachtclub liegt weit entfernt vom Zentrum, und man sollte ihn wegen der Sandbänke in der Newabucht nur mit Hilfe eines Lotsen ansteuern. Man erzählt uns, daß der Klub derzeit von einer riesigen britischen Motoryacht besetzt ist. Sie nimmt nicht nur viel Platz ein, sondern beschäftigt auch alle Angestellten des Yachtklubs – gegen Entgelt. Und das ist ja nichts Schlechtes bei der derzeitigen Lage.

Astrid schultert den kleinen Rucksack, ich stecke Geld ein. Beide ziehen wir die bequemen Sportschuhe an, wegen der vielen Löcher in den Bürgersteigen. Der Weg zur Innenstadt führt zunächst durch eine schattige Allee zu einer breiten, vierspurigen Straße, in der Mitte durchzogen von freiliegenden Straßenbahnschienen. Zur linken Hand passieren wir kilometerlange, abscheuliche und zum Teil stark mitgenommene Wohnkomplexe. In diesem Stadtviertel, der sogenannten Seefront, befinden sich kaum Menschen auf der Straße. Erst an der U-Bahn-Station drängeln sie sich wieder. Überraschend tief geht es hinunter, nämlich 60 Meter auf schnellaufenden Rolltreppen, so schnell, daß wir uns an die Hand nehmen. Und rasend schnell geht es mit der U-Bahn weiter, in schlecht beleuchteten Wagen voller Menschen. Fahle Gesichter. Jeder Zweite liest ein Buch.

Am Newski-Prospekt, der brodelnden Hauptstraße, rollen wir wieder ans Tageslicht. Am Ausgang stehen ärmliche Petersburger Frauen und halten uns in ihren Händen junge Hunde und Katzen zum Kauf hin. Hinter ihnen, nur 50 Meter entfernt, erhebt sich die Passasch, eine Kuppeldach-Einkaufspassage, gefüllt mit all den Markenartikeln, die uns gut bekannt sind. Auf dem Newski klassische Gebäude, doch ihre Farben sind ein merkwürdiges Bonbonrosa und Gelb. Alles sieht leicht schäbig aus. Blätternde Farbe, schmuddelige Geschäfte.

An einer der Brücken – St. Petersburg besteht eigentlich nur aus Inseln – bleiben wir länger stehen und schauen, wie sich das Leben ausbreitet, entfaltet, verströmt. Der Newski ist fast 5 Kilometer lang. Auf beiden Seiten rauscht tagsüber die Flut der Menschen vorbei. Wahre Menschenmassen sind da ununterbrochen unterwegs, von morgens bis abends. Auf beiden Bürgersteigen verhökern Händler Bücher, Poster, Landkarten und immer wieder Bücher. Die Russen lesen viel und überall: im Café, in der Stehkneipe, im Taxi, vor den Bushaltestellen. Außerdem gibt es auf der Straße zuhauf Gemälde zu kaufen, die viel Sinn für Landschaften und Collagen verraten. Schlicht ist das Angebot an Postkarten und generell an Souvenirs. Hier und da kann man aus den Beständen der Militärs wählen: Uniformen, Mützen, Abzeichen, Orden, Büsten (Lenin, Stalin, Traktoristen). In dem Gedränge viele und aufdringliche Menschen, die durch Betteln ihr Überleben sichern. Und natürlich flott und leicht gekleidete Mädchen, auf die junge Männer zeigen und sagen: „Eto bladi" – die sind zu kaufen.

Wir haben zunächst Wichtiges vor: unseren Kampf an der Visafront. Unter dem hellen nordischen Himmel versuchen wir es Tag für Tag: über Tanja Bykova und Alexander Maximadji vom Baltic-Yachtclub, über Victor Usiew von der Segelzeitschrift „Katepa", übers Foreign Office. Und was kommt heraus? Victor

Usiew würde die Route an unserer Stelle nicht ohne russisches Begleitboot oder eine Kalaschnikow an Bord angehen. „Dieser Sommer ist gefährlich." Er zählt auf, was ihm und Freunden mit Booten schon alles passiert ist. Überhaupt gäbe ein kugelsicheres Boot, also ein Stahlboot, mehr Sicherheit. Nun, wir haben zwar fast kugelsichere Segel von North (Gewicht: 340 g pro m^2), aber nur ein GfK-Boot. Ein Versuch im Büro für ausländische Angelegenheiten entlockt den Herren zwar ein „very strange, very strange", und die devuschkas (Mädchen) servieren heißen Tee, aber das war's dann auch.

Einen Tag später baue ich auf meine „Berühmtheit". Mit einem Stapel meiner Bücher unter dem Arm kreuze ich noch mal in dem Büro auf. Wiederum Tee und freundliche Worte. Ich erfahre außerdem, daß die Miete ständig steigt und der Lohn sich um 30 000 Rubel im Monat bewegt, das sind 30 US-Dollar. Und mir wird klargemacht, daß die meisten Besucher nicht realisieren, wie riesengroß Rußland ist und wie gewaltig folglich die behördlichen Schwierigkeiten sind. Am Ende mache ich mir selbst klar, daß Reisende häufig die eigene Wichtigkeit überschätzen, und verschwinde.

Wir sind in diesem Sommer nicht die einzigen in St. Petersburg, die durchs „Innere" ins Schwarze Meer wollen. Da ist ein französisches Motorschiff, das die Wasserschutzpolizei trotz gültiger Papiere bereits ausgangs der Newa zurückgeschickt hat. Ich erfahre, daß der Deutsche Lutz Lehmann mit seinem Segelboot PARUS nach 400 Kilometern und zwei Schleusen festgehalten wird, daß ein Engländer bereits resignierte und in die Ostsee zurückkehrte. Das ist die Lage am 25. Juni. Keine guten Aussichten, zumal, wie schon erwähnt, Rußland riesengroß und die Hinhaltetaktik weit verbreitet ist. Da schaffen wir die knapp 4000 Kilometer bis zum Wintereinbruch im Oktober sowieso nicht, wenn es nicht bald losgeht. Schon gar nicht wollen wir die Reise im Schlepp oder in Begleitung mit festem Zeitplan machen. Dabei könnten wir zwar unser Vorhaben verwirklichen, aber nicht fremde Menschen, Landschaften, Kulturen so kennenlernen, wie wir es wünschen. Wir gehören nicht zu den Leuten, die glauben, keine Zeit zu haben, nicht warten zu können. Wir Weitgereisten haben es einfach nicht mehr so eilig – auch mit den Russen nicht. Es eilig zu haben heißt, die Sache überzubewerten.

Die Russische Reise werden wir also nicht finalisieren. Das wird uns klar. Damit umzugehen, ist eine neue Erfahrung für mich. Wahrscheinlich haben die russischen Behörden uns aus Sicherheitsgründen nicht ins Land gelassen, auch wenn wir nie eine klare Absage erhielten. Ohnehin erschien uns ihr Verhalten von Anfang an undurchsichtig. Vielleicht war bei uns allen auch mehr Wunschdenken als Ratio dabei.

Neun von zehn Yachten, die St. Petersburg besuchen, sind Deutsche. Eine liegt gegenüber von K7 am Steg, HE LUECHT aus Hamburg. Cai und Elsa Süphke und Sohn trösten uns – sie schwärmen von Skandinavien. Und sie schwärmen präzise. Er hat sich den langen Weg vom Faltbootfahrer mit vielen Urlauben im Norden zum Yachtsegler hochgearbeitet.

Dürfen wir schon nicht mit unserem eigenen Boot die Newa aufwärts fahren, so wollen wir es wenigstens mit einem Ausflugsschiff tun. Gleich hinter der Eremitage, dem überreichen Museum aus dem Wunderland der Kunst, schiffen wir uns ein. Links bleibt die filigrane Nadel der Peter-und-Paul-Festung liegen. Weiter an der linken Seite geht es dicht an den Panzerkreuzer AURORA heran, der gerammelt voller Touristen ist. Ein Schuß aus einer Kanone der AURORA löste die Oktoberrevolution aus. Gegenüber dem Finnischen Bahnhof ein Lenindenkmal – die Faust vorgestreckt, steht er noch da. Danach wird die Newa an Steuerbord ländlich. Ein halb abgesoffener Kahn, Bootsschuppen, ein Arbeiter, der Rost klopft an einem Schiff, das einem Wrack ähnelt. Im Hintergrund beider Ufer die eintönigen Fassaden der Schlafstädte. Vor der Ochtabrücke die weißen Spitzen des Smolnyklosters. Nach dem Passieren einer weiteren Brücke stellenweise heller, schmutziger Sand. Ein Bootsfahrer, der eine Ziege transportiert, hält länger Parallelkurs zu uns. Und dann Buschwerk, das bis ans Ufer wächst, und kleine Einbuchtungen. Die Gedanken locken: Hier hätten wir schon ankern können. Die Strömung setzt seewärts. Ich schätze mit knapp 2 Knoten.

Für unseren Aufenthalt in St. Petersburg haben wir Dollarnoten dabei. Man kann sie an jeder Ecke in Banken und Wechselstuben offiziell in Rubel tauschen. Die Inflation des Rubel ist enorm, deshalb nehmen Taxifahrer und Straßenhändler viel lieber Devisen.

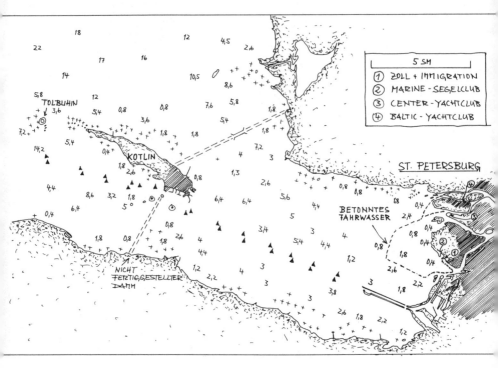

Auf dem Newadampfer lernen wir Nicolaus kennen. Unser eifriges Kartenstudium macht ihn neugierig. Er hat mit dem Kanu die Westküste des Ladogasees und die dahinterliegende Seenplatte abgepaddelt. Da ich nicht begreife, holt er eine eigene Landkarte aus der Tasche und zeigt mir das riesige Seengebiet. Von der Figur her glaube ich ihm aufs Wort. Der Russe macht einen sportlichen Eindruck, ist groß, stark und ein wenig jünger als wir. Er wird begleitet von seiner Frau und seiner großen Tochter. Spontan laden sie uns zu sich in ihre Wohnung ein. Sie liegt in einer dieser unbeschreiblich wüsten Wohnsiedlungen, unweit von unserem Boot. Die Einladung basiert mehr auf Gesten als auf Worten. Doch wir folgen ihr willig.

Die Wohnung ist sozialistisch: zwei Zimmer, Klo und Küche in Puppenstubengröße für drei Personen. Schäbige Vorhänge, Risse in den Wänden, Buchregale aus Schalhölzern. Nicolaus ist Büchernarr und hat deswegen sich in eine eigene Welt gelesen, den Kommunismus gut „überlebt". Das kommt natürlich nur in Russisch und stolpernd in Deutsch. Seine Frau, mit Brüsten wie zwei turkmenische Melonen, schleppt gleich einen Eßtisch ins Wohnzimmer. Es dauert nicht lange, dann liegen Speck und Brot auf dem Tisch. Es folgen Kartoffeln, Möhren und ein Kohlsalat aus dem Glas. Davor, dazwischen und danach wird für alle Wodka in kleine kristallene Gläser gegossen. Wir bekommen Gesellschaft: Nachbarn, Verwandte. Jede Getränkerunde hat ein minutenlanges Vorspiel: den Trinkspruch. Jetzt kann man sich über die Wodkasauferei amüsieren, man sollte aber bedenken, daß es jahrzehntelang so gut wie keine Alternativen gab. Kein Wein, kein Bier, selbst Kaffee war knapp.

Florida, so nennen wir mal die Frau von Nicolaus (ihren Namen haben wir nicht verstanden, er klang aber so ähnlich), ist blitzneugierig: Arbeit? Verdienst? Kosten einer Wohnung? Kilowattpreis? Schulkosten? Ausbildung? Fernseher? Der läuft hier übrigens in einem fort, aber keiner schaut hin. Sie beschwert sich über die ehemaligen Parteimenschen, die durchweg ihre guten Stellungen behalten haben. Auch ihr Schuldirektor. Florida klagt über Lohn und Ansehen ihres Berufes. Sie ist Lehrerin.

Ein Gang zur Toilette: tropfende Wasserhähne. Das heiße Wasser ist braun. Unter der Wanne eine Kiste mit Installateurwerkzeug, Wasserhähnen und Reserverohren. Ein Blick in die Küche: Hätte ich vorher reingeschaut, wäre ich bei Brot und Salz geblieben. Der zweiflammige Herd steht auf einem Hocker, die Bratpfanne mit elektrischem Direktanschluß auf dem Boden. Gläser, Schüsseln, Kochutensilien stapeln sich ebenfalls auf dem blanken Linoleumboden. Und in einer großen Schüssel wartet ein Berg von schmutzigem Geschirr. Gedanke: Ich ermahne mich, nur die Hälfte dessen in mich aufzunehmen, was ich in der „Küche" sehe. Die andere Hälfte will ich ignorieren, weil sie den Umständen entspricht, den russischen. Oder weil es beunruhigend wäre, darüber nachzudenken.

Worüber wollte ich noch schreiben? St. Petersburger Sehenswürdigkeiten: der goldene Lichtschimmer auf der Kuppel der Isaakskathedrale und der Blick von oben auf die bröckelnde Stadt.

Die Osterei-Märchen-Kuppeln der Kirche des blutenden Erlösers. Die barocken Fassaden des Winterpalais, überreich geschmückt mit Säulen, Plastiken und Stuck. Der Peterhof, 30 Kilometer westlich von Petersburg, mit Palästen, Pavillons und 140 Fontänen.

An der Metrostation Vladimirskaja finden wir den größten Kolchosmarkt. Obwohl Metrofahren hier der gigantischste Spaß ist, erledigen wir bepackt einige Gänge auch per Taxi. Nur mit den Zahlen haben die Fahrer Probleme. Anstatt fünf sagen sie schon mal 50 Dollar für eine Fahrt.

Und das ist die Lage am 27. Juni um acht Uhr in der Frühe: auf dem Kajüttisch „tschai" und „kleb" – Tee und Brot. In den Lüften ein Ost um 4. In den Köpfen Finnland, Åland, Lappland, Schweden – die Magie des Nordens. Wollten wir nicht schon vor Jahren „unsere" Ostsee genauer kennenlernen? Zehn Minuten später, nachdem diese Gedanken raus sind, klopfe ich kräftig auf den Tisch, sage: „Rußland, Rußland, Rußland" und werfe die Leinen los.

Zwei Segeltage danach liegen wir in den Schären westlich von Helsinki. Haben einen Felsen, eine Insel, eine ganze Bucht voller Inseln für uns allein. Spaßeshalber fragen wir einander russische Vokabeln ab. Auf 86 Stück haben wir es gebracht. „Poschal'sta" – na bitte.

21   Die Bucht

Eine neue Fahrt beginnt. Ich blättere genüßlich in den Ostsee-Übersichtskarten und freue mich auf die Zeit, in der wir dort segeln werden: Åland, Lappland, Höga Kusten, Stockholmer Schärengarten, Skagerrak ... Natürlich ein viel zu großes Vorhaben für die paar verbleibenden Monate. Ganz gleich, ob wir viel oder wenig Meilen machen, ich bin zufrieden, weil ich wieder beim *Eigentlichen* bin: beim Segeln, ohne segeln zu müssen. Klingt pathetisch. Nun, wir haben ein Ziel, das sich seglerisch verwirklichen läßt. Das ist es!

Zu zweit räumen wir im Schiff um. Die Seekarten und Bücher vom Schwarzen Meer kommen zuunterst ins Vorschiff. Gleichfalls weit weg stauen wir russische Landkarten, Stadtpläne und Sprachführer. Ungehalten wirft Astrid die Akte mit Info- und Behördenmaterial hinterher und meint: „Mit dieser Geschichte haben wir zigtausend Mark zum Fenster rausgeschmissen." Ich ergänze: „Und viel Arbeit." Noch nie sind wir so blauäugig an eine Sache gegangen.

K7 liegt hautnah an einer steil abfallenden Schäre, absolut sicher und ruhig. Befestigt mit zwei Vorleinen an krüppeligen Kiefern und mit der durchgeholten Ankerleine über Heck. Die bewachsenen Inseln drumherum und die vielen nur knapp aus dem Wasser ragenden, glattpolierten Felsbuckel sind blaß, ganz farblos. Ihre Schönheit verschwimmt in der Hitze des Tages. Es ist windstill, und die Sonne brennt förmlich hernieder. Astrid ist begeistert von dieser Oase und den 30 Grad Celsius. Gelöst läuft sie mit nackten Füßen über Fels und Moos, bekleidet nur mit einem um die Hüften geschlungenen Tuch und schreit: „Ist wirklich schön hier." Ich schwimme und tauche, endlich freiwillig, in der knapp 3 Meter tiefen Ankerbucht. Zu sehen gibt es nichts Besonderes. Der Schiffsboden ist blitzsauber, der etwas schlammige Grund ohne Leben.

Weiter Blick von dem Hügel, der vor unserem Bug liegt. Kein ankerndes Boot, nur versteckt einige rotbraun und weiß gestrichene Hütten. Irgendwo in der Ferne knattert ein Außenbordmotor. Und dies in einem Schärengebiet hundert Kilometer westlich von Helsinki zur Ferienzeit. Den Finnen scheint wirklich das Geld knapp zu werden. Gebrauchte Yachten stehen in Finnland zuhauf zum Verkauf.

Wir erkunden die Gegend per Beiboot. Auf den winzigen kegelförmigen Inseln windzerzauste Kiefern, Birken, Gebüsch. In den Felsspalten auf den blanken Schären Grasflechten, Moos und Blumen. Hier leben Enten, Möwen und zahlreiche Seevögel.

Hunger treibt uns unter Deck. Astrid greift zur Spiritusflasche, um den Petroleumkocher vorzuwärmen. Reis, Curry, braune Bohnen und Zwiebeln sind genau das richtige für diese A-Insel-Bucht. Ich schlage das Logtagebuch auf, um es zu komplettieren:

30. Juni. Abgeschiedenheit, Idyll, Charme usw., das haben wir nach einem Blick in die Seekarte erwartet. Aber daß die Mücken fehlen, ist die Überraschung. Ein sibirisches Hoch hält die Biester fern. Enttäuscht von A. Hier juchzt sie rum – auf See wenig kooperativ. Zum Glück segeln wir ein Schiff mit guter Hundekoje, da kann sie unterwegs wenigstens den Himmel sehen. Das Beste an dieser Bucht: kein Muß an Sehenswürdigkeiten. Keine Kirchen (Helsinki), Burgen (Haapsalu) und Museen (St. Petersburg) sind touristisch abzuhaken. Mir – uns – reichen davon jeweils drei, vier gute pro Sommer. Aber diese gründlich und in der dazu passenden Stimmung. Ebenso ist es mit dem Staunen. Ich kann das nicht in einem fort. Die drei Männer von der HEIDE haben wir diesbezüglich bewundert. Für drei Tage St. Petersburg sind sie von der Ems dorthin gesegelt und ließen sich die gesamte Zeit von der flinken Tanja vom Baltic-Yachtclub verplanen: Museen, Peterhof, Eremitage, AURORA etc. Wußten die Männer von der Ems am Ende, wo sie überall gewesen sind? Aber einen Markt, ein Milchgeschäft oder eine Wohnung von innen haben sie nicht gesehen.

Am meisten hat uns die Ansteuerung dieses Ankerplatzes im südlichen Orslandet beeindruckt. Wir näherten uns von See kommend, also von Osten. Unheimlich wurde es uns angesichts der Wucht der Felsen und Inseln, die sich bei dem guten Licht überlappten, als wir das Fahrwasser verließen. Mit geringster Maschinenfahrt und wachem Ausguck ging es im Zickzack mal in die, mal in jene Bucht, um den idealen, den traumhaftesten, den fotogensten Liegeplatz zu finden. Die Landschaft ist steinig, auch sumpfig und bewaldet. Auf den schönsten Kaps stehen sauber angestrichene Sommerhäuschen. Im Kartenatlas hake ich auf 3 Meilen mit einem Bleistift folgende Inseln ab: Bagaskär, Manggrund, Lövgrund, Lövskär, Estskär, Knäppelören, Ängö, Svedjeholm, Alören, Ragören, Storö, Asgrundet – aber auch Eilande, die auf der Karte namenlos sind.

Wirbel am Himmel. Meine Sorge ist unbegründet. Bei überwiegend Westwinden baut sich kein gefährlicher Seegang auf. Die Windwirkstrecke ist zu kurz.

Das Wahrzeichen Helsinkis ist der Weiße Dom – und: für wenige Tage sind es diese französischen Trimarane von 20 Meter Länge und Breite. Sie sind Teilnehmer der Europaregatta. – Mit Hilfe von Aluschiene und Schlössern mache ich den Niedergang einbruchsicher. – Unsere Ankerbucht Suur Pellinki.

St. Petersburg. Wellblechhalle neben moderner Architektur: das Umfeld des Marine Segelclubs. – Wassili und sein Schiff, mit dem er auch Regatten segelt. – Kirche des blutenden Erlösers. – Nächste Doppelseite: die Marmorklippen von Orslandet.

22 Tervetuloa – willkommen

Hankö-Itäsatama heißt unser erster richtiger Yachthafen bei den Nordlichtern. Und hier erleben wir internationalen Bootstrubel, denn dieser Hafen ist ein Knotenpunkt der finnischen, schwedischen und anderen Segelrouten. Zu Hunderten liegen die Boote dichtgedrängt an Stegen und Festmacherbojen. In den Riggs knallen die Flaggen. Auf der Reling vieler Schiffe trocknen reihenweise Socken, Handtücher, Hemden. Zwischen Booten und Land herrscht ein ständiges Hin und Her. Die Atmosphäre ist Bewegung. Es wird an Bord gekocht und getrunken, hier und da das Deck gewaschen, und wir können lernen, wie Segel makellos zusammengefaltet werden. Bäuchlings und kopfüber liegen auf allen Stegen die Kinder und keschern. Im Hafengebäude rotieren die Waschmaschinen ununterbrochen. Eine Wäsche kostet 25 Finnmark. – Farbe liebt man hier, wo es monatelang schneit oder regnet. Alle Segler und Seglerinnen, in der Mehrzahl Schweden, sind sauber und farbig gekleidet. Und alle sagen „hei", wenn sie sich grüßen.

Unübersehbar steht an der Tankstelle, am Hafenbüro, im Klubhaus: Tervetuloa – Välkommen – Welcome, was alles dasselbe heißt, nämlich willkommen. Auf dem Dach der Snackbar, schräg gegenüber von unserem Platz, prangt ein Riesenschild: 100 % Välkommen. Und nicht nur plakativ ist man willkommen. Kauft man sich eine Tasse Kaffee, einen Liter Beeren, bezahlt die Liegegebühren, immer gibt's ein strahlendes „you're welcome". Wem das noch nicht reicht, der kann sich an den jeweiligen Landesflaggen, die über dem Hafen wehen, erfreuen. All das suggeriert dem Segler: Bei soviel Freundlichkeit und Hilfsbereitschaft (ja, auch) bleibst du länger.

Wir bleiben zwei Tage. Es wird nicht langweilig. Aber auch nicht spannend. Cockpitgespräche dauern bis in den frühen Morgen. Kein Wunder, denn es wird kaum dunkel. Hankö ist kein Hafen für sensible Schläfer. So selbstverständlich es in deutschen Häfen ist, spätestens um acht Uhr zu frühstücken, so hingebungsvoll wird hier bis gegen Mittag ausgiebig geduscht, die

Beeindruckend die sehr gut sortierte Stadtbibliothek der kleinen Stadt Mariehamn. – Selbst deutsche Tageszeitungen können ausgeliehen werden.

Sauna in Anspruch genommen und gefrühstückt, um dann allmählich gegen Mittag die Segel hochzuziehen. Ihr „Savoir vivre" führen uns die Skandinavier auch im Waschhaus vor. Vor gemeinschaftlicher Nacktheit haben sie, obschon sonst eher prüde, keine Scheu.

Hankö liegt an der Südwestecke Finnlands und lebt in den Sommermonaten von schwedischen Touristen. Darauf ist die hübsche kleine Stadt auch eingestellt mit ihren Alleen, breiten Bürgersteigen, Imbißbuden; überall stehen Abfallkörbe, locken leere, blitzsaubere Strände, Hotels, Campingplätze, Bootshäfen. Viele kleine Geschäfte bieten Kunsthandwerk an. Ein paar Jugendliche wirken abends im Park zwischen Bänken und Büschen mit einem Pack Bier total deplaziert.

Hankö gefällt Astrid: Waschmaschine. Dusche. Markt. Post. Telefon (wegen Kym). Auf dem Markt offerieren Bauern aus den umliegenden Dörfern ihre Produkte: Kartoffeln, Obst und Gemüse. Auch hier wird literweise verkauft. Wer auf den Märkten der Provence oder in Spanien eingekauft hat, dem erscheint dieser Markt klinisch rein, inklusive der Verkäufer. Dabei ist das finnische Obst und Gemüse im Geschmack ebenso ausgezeichnet, obwohl es in Treibhäusern gezogen wird. Geschäfte für Bioprodukte haben wir weder hier noch anderswo gefunden.

Wir sind in Hankö auch, um uns mit nautischen Unterlagen für die Weiterfahrt zu versorgen. In der Schreibwarenabteilung des Supermarktes, man stelle sich das vor, kaufen wir Schärenatlanten von den Åland-Inseln und dem Bottnischen Meerbusen. Für insgesamt fünf Stück bezahlen wir 1000 Finnmark. Und das Beste: Man kann hier und auch in Schweden in allen Buchhandlungen Seekarten kaufen und nicht wie bei uns in nur wenigen Spezialgeschäften. Nur so ist es möglich, unseren Kurs radikal und ohne Probleme umzubiegen.

Sonst passiert hier nichts Außergewöhnliches. Gut, im Supermarkt nehmen wir das Übliche mit. Probleme wegen der seltsamen finnischen Sprache haben wir vor den gutgefüllten Regalen nicht. Mit ein wenig Kombinationsgabe finden wir im Handumdrehen das Richtige.

Es gibt doch noch etwas Aufregendes in Hankö, zumindest für Astrid: dreieinhalb Stunden Tennis. Steffi Graf spielt das Finale in Wimbledon gegen Jana Novotna. „Das muß ich sehen", läßt Astrid verlauten. In der Hafen-Snackbar steht ein Fernseher, der schon wegen der Wetterberichte ständig in Betrieb ist. Knapp 20 sportvernarrte Skandinavier finden sich ein und „fiebern" mit – ziemlich emotionslos. Das „hochklassige Spiel" (Astrid) endet 7:6, 1:6, 6:4 für Steffi Graf. Ich habe auf der Rechnung: vier Glas Bier, zweimal Pölser, einmal Pommes frites, eine Cola, ein Kaffee.

23 Vor Anker

Erwartungsfroh nehmen wir uns das südfinnische Schärengebiet vor. Es bildet einen amphibischen Saum zwischen Meer und Küste, in dem die Lebensbedingungen für Pflanzen und Tiere relativ günstig sind.

Hat man Hankö in Richtung West einige Meilen achteraus, bieten sich unendlich viele Möglichkeiten. Ich wäre gern im Zickzack durch das Insellabyrinth gesegelt, aber Astrid obsiegt. Sie schlägt einen mehr oder weniger direkten Kurs vor, und da sie steuert, wird er umgesetzt. „Bloß keine Umwege." Auch wenn es gegenan ist.

4. Juli. Die Sonne scheint. Der Gegenwind bringt Härte in die Luft. Eine Kreuz bei Beaufort 6 macht naß. Dabei sind die Wellen nur gut einen Meter hoch. Viel Verkehr, es ist Sonntag, allerorts Motorboote und Segler. Bei Ytterholm haben wir genug vom Wind im Gesicht, biegen nach Steuerbord ab in einen kanalartigen Fjord. Vermisse Höhenangaben in den sonst so perfekten Karten. Sind die Berge zu beiden Seiten nun 100 oder 200 Meter hoch? Jedenfalls fallen sie steil ab. Wo es uns gefällt, liegen immer Boote vor Anker oder sind halb auf die Felsen gezogen. Und dazu diese roten Häuschen. Keine Verbotsschilder auszumachen, aber es wurde uns geraten, Privatbesitz zu respektieren, also Abstand zu halten. Um 15 Uhr finden wir eine versteckte Schönheit: Risholmen. Wir ankern auf 4 Meter. Eine finnische Yacht geht unweit von uns mit dem Bug an die Felsen.

Ein Traum-Ankerplatz. Direkt vor dem Bug ein flacher Binnensee, links von uns und achteraus ein bewaldeter Steilhang. Jedoch: Was kann man in der Einsamkeit der Landschaft unternehmen? Zunächst machen wir das Boot klar: Segel einpacken, Fallen vom Mast abbinden, Tauwerk aufschießen, die Bilge lenzen. Wie üblich sauge ich drei Schwämme voll Wasser aus der Achterpiek. Das Beiboot wird aufgepumpt und über die Reling zu Wasser gelassen. Und da der Wind stetig auffrischt, stecke ich die ganze Kette.

Wir bleiben an Bord, fühlen uns im windgeschützten Cockpit unter einem hohen, weißgefleckten Himmel ausgezeichnet. Bald zischt der Kocher. Minuten später stehen die Moccamaschine und zwei Tassen auf dem Brückendeck. Hunger spüren wir keinen, nur eine angenehme Ermattung, in der unsere Gedanken weitertappen.

Ein Boot vor Anker bringt erst die vollkommene Isolation. Und: Vom ankernden Boot aus verliert alles jenseits der Ufer seine Bedeutung. Vorausgesetzt, man hat vorgesorgt: ausreichend Wasser im Tank, einen Sack Reis dazu, Kochöl, Zwiebeln, Haferflocken, Knäckebrot, Tee und ein paar andere Grundnahrungsmittel. Astrid und ich, wir können lange in Buchten zufrieden sein. Wasser trinken wir grundsätzlich pur aus dem Tank. Und auch sonst sind wir nicht zimperlich. Zum Beispiel: Sorgfältiges Waschen fällt eben aus.

Es wird stürmisch und ein wenig unangenehm. Das gehört zu dieser Schärenlandschaft. Wir entschließen uns im Handumdrehen, einen weiteren Tag zu bleiben. Überhaupt kein Problem. Der Michener hat noch viele Seiten. Und Astrid müßte endlich ran ans Briefeschreiben.

Doch die Natur ist verlockender. Gemeinsam rudern wir los – ja, auch bei viel Wind läßt sich unser Beiboot (mit Boden) bewegen. Ein gutes Beiboot ist die erste Voraussetzung, wenn man sich einen Ankerplatz erschließen will. Also paddle ich uns in den Binnensee, der vor unserem Ankerplatz liegt. Zwei glattgeschliffene Granithöcker kennzeichnen die schmale Einfahrt. Astrid sitzt im Heck und lotet 1.5, 2, 3 Meter. Der See hat im Schnitt 2. Ausgeprägte Schilfbestände säumen große Teile des Ufers. Auf einen platten Felsen, umgeben von allen möglichen Granitformationen, ziehen oder mehr tragen wir das Schlauchboot. Viel laufen können wir hier nicht. Und zum Sonnen ist es zu windig. Also unterhalten wir uns über die topographischen Besonderheiten der Schärenlandschaft.

Dieses Stück Granit, auf dem wir stehen, ist durch gut erkennbare Klüfte, die bei der Abkühlung des Gesteins entstanden, in annähernd quadratische Stücke gegliedert. Das Gestein dieser Region bildete sich vor 80 000 Jahren, als die eiszeitlichen Gletscher vom Norden vordrangen und ganze Gebirge abtrugen. An manchen Stellen polierte das fließende Eis die Gesteinsober-

Traditionssegler im südfinnischen Schärengebiet.
Diese Schiffe sind meist mit Chartergästen unterwegs
und segeln sportlich auch durch engste Passagen.

fläche, an anderen schob es Schutt, Sand und Geröll übereinander. So entstanden Spalten, Verwerfungen, Risse und Gräben. Dieses Mosaik bildet das Grundmuster der Schärenhöfe. Boden ist allgemein knapp auf den Inseln, aber in den tiefen Felsspalten finden sogar die Wurzeln großer Bäume noch Halt. In kleinen Senken und einer Handbreit Erdreich wachsen Bäume, nur fallen sie bei zuviel Wind um.

Ich rudere Astrid zurück an Bord, um allein den Hügel der Nachbarinsel Risholmen zu besteigen. Ich stapfe durch Unterholz und über Moos und Stein. Es ist eine Lust, in den unberührten Wald immer tiefer und höher hineinzulaufen. Ziellos erkunde ich „unsere" Insel. Dies ist ein Ort, den man nur per Boot erreicht. Ein beruhigendes Geräusch umgibt mich: Wind in Böen und Rauschen des Waldes. K7 vor Anker schwojt mit den Böen um 60 Grad nach jeder Seite. Der Bügelanker, die angeschäkelten 15 Meter Kette und 3 Meter Tau geben ein sicheres Gefühl. Der Grund ist Sand. Ich weiß es, weil ich einen wichtigen Ankerplatz mit dem Handlot aufsuche. Auf keinen Fall möchte ich mit dem Heck gegen die ringsum liegenden Felsen driften, das freistehende Ruder wäre sofort verbogen. Folge: Abschleppen, Werft, Kosten, Zeitverlust.

Blitzbesuch bei der finnischen Yacht an der Schäre gegenüber. Das Ehepaar hat uns zu Obstkuchen eingeladen – und der ist tatsächlich zum Hineinbeißen. Es sind Urlauber aus Turku, die uns ob unserer unbeschränkten Zeit mächtig beneiden. „Only once in a lifetime" – nur einmal im Leben – möchten sie den gesamten Sommer über segeln.

Es macht Spaß, in den Tag hineinzuleben. Ausflüge rundum. Dazwischen trinken, essen, lesen, schreiben wir. Astrid erläutert in einem Brief an Kym, wie er Früchte aus unserem Garten einzukochen hat. Gibt ihm Tips für seine Reise nach Australien, das er ab August mit dem Rucksack ein halbes Jahr lang bereisen will. Ich schreibe eine Postkartenreihe (acht) an die YACHT-Redaktion, der ich mitteile, daß unsere neue Aufgabe die Ostsee ist und daß wir mächtig traurig sind, nicht auf dem Kurs der Russischen Reise zu sein. Das schreibt sich mühsam – in einer Bucht, die einfach schön, wild, herb und einsam ist, und in der ich mich wohlfühle. Astrid sieht es sowieso anders: „Es muß einem doch nicht immer alles gelingen, was man sich vorgenommen hat. Ein Rückschlag kann auch konstruktiv sein."

Es gibt Schmerzlicheres, das weiß ich wohl.

24 Die Åland-Inseln

Wir kommen nach Brändö, Hamnholmen, Flaskskär, Brännskär, spröde Schönheiten, die Risholmen ähneln. Keine majestätischen Berge, keine Wasserfälle, nur nackte, vom Eis glattgeschliffene Granitbuckel, geschützte Eilande mit Wald und einer artenreichen Flora und Fauna. Vereinzelt Bootsstege, Fähren und die obligaten Sommerhäuschen. Also keine Reizüberflutung. Die Inseln und Buchten eignen sich zum Bergwandern, Strandwandern (über Steine springen) und Beibootfahren.

Auf unserer systematischen Suche nach stillen, melancholischen Ankerbuchten kommen wir nach Berghamn. Wie der Name andeutet, ist das eine von Bergen umschlossene Bucht mit mehreren Einfahrten. Schmale, felsige Ufer liegen im Sonnenschein vor uns. Wir gehen mit dem Bug nahe an die Felsen. Nur eine Handvoll Ankerlieger. Ich springe ins Wasser: Luft 28 Grad, Wasser 15. Keine Qualle, kein Tang, keine Untiefen. Unter dem Kiel ist das Wasser so klar, daß ich wellenförmig gerifflelten Sandboden und faustgroße Steine erkennen kann. Diese eindrucksvolle Bucht wäre was für Familiensegler. Doch Kinder sind hier nicht zu entdecken, wahrscheinlich weil Eltern meinen, in richtigen Häfen wären Kinder besser aufgehoben, ließen sich leichter unterhalten.

Daß eine Bucht, gegen alle Winde geschützt, nicht immer Bequemlichkeit garantiert, diese Erfahrung müssen wir in Berghamn machen. Nachts kommt ein Nordwest auf. Die Böen stürzen sich um die verschiedenen Kaps herum mit solcher Wucht auf unsere K7, daß wir fürchten, seitlich auf die Felsen gedrückt zu werden. Außer dem Heckanker zurre ich mitten in der Nacht noch eine Leine um einen Findling. Nun zerrt K7, je nach der Richtung, aus der die Bö kommt, mal an diesem, mal an jenem Tau. Und jedesmal gibt es einen kräftigen Ruck, der mich wachrüttelt. Diese Nacht ist grausam. Die Wellen klatschen erbärmlich laut unter das Heck.

Nach so einer Nacht will man nicht mehr. Frühmorgens setzen wir das Großsegel mit einem Reff und die Fock, um bei eigentlich zuviel Wind zur Insel Husö zu segeln. „Als Weltumsegler mußt du was riskieren." Mit Preschfahrt geht es los. Schon nach 5 Meilen will ich ein weiteres Reff ins Groß einbinden, doch Kopfschmerzen, Kotzgefühl und Lustlosigkeit hindern mich daran. Ich beruhige uns: „Ist doch keine hohe See." – „Aber steil", stellt Astrid fest.

Gemeinsam wollen wir jetzt bald in einen Hafen. Nach einer Woche in Buchten haben Frischkost und große Wäsche Priorität. Aufmerksam steuert Astrid hoch am Wind gegen die See. Eigent-

Der Kartenatlas „segelt" bei uns im Cockpit mit.
Um uns innerhalb der tausend Inseln nicht zu verirren,
müssen wir ihn ständig als Kontrolle zur Hand haben.

lich ist für sie Segeln gleich Ankommen. Andererseits ist das Beste an ihr auf See, wenn sie gefordert wird, ihre Verläßlichkeit. Da wird nicht an der Pinne geträumt, eine Boje geschnitten oder wegen der tiefgeschnittenen Fock ein Gegenkommer übersehen. A. wird regelmäßig eingegischtet. *Dabei wird meine Liebe nicht mal mürrisch. Ein schöner, gelungener, nasser 21-Meilen-Schlag. Mit sechs Wenden. Ohne Frühstück und Kaffee.* Das notiere ich später.

Die aufgeworfene Gischt spritzt auseinander, wie nie zuvor gesehen. Eine ganze Bootslänge weit. Mindestens. Und K7 liegt dabei mit einer stabilen Schräglage wie gemalt. Während wir uns verbissen an Winschen und Haltegriffen festklammern, kommen uns Segler entgegen, die motoren, also mit dem Wind im Rücken den Diesel laufen lassen. Astrid schüttelt den Kopf: „Am liebsten würde ich ihnen zurufen: Segelboote wurden zum Segeln gebaut!" Viele Crews scheinen das auch in Skandinavien vergessen zu haben.

Die Insel Husö, zwei Kilometer im Quadrat, hat ihren Hafen an der Südküste. Dieses kahle und ziemlich hügelige Eiland weckt in uns die Lust zu laufen. Wie üblich in Sportschuhen, denn richtige Wege gibt es nicht mal innerhalb der 20-Häuser-Ansiedlung. Schon um sie vom Yachtsteg zu erreichen, müssen wir über helle Felsbuckel springen. Und so, springend, ein wenig kletternd, erreichen wir ein Plateau und haben freien Blick nach Süden über eine unglaubliche Anzahl und Vielfalt an Schären: bewaldete, nackte, kleine, große, runde, flache. Die Sprache als Ausdrucksmittel erscheint uns immer unzulänglicher. Es bleibt beim: „Ach, wie schön!" Auch die Details stimmen: tiefblaues Wasser, grün überwucherte Flecken, weiße Segel. Um dieses spezielle Gebiet zu schützen, hat man es in der Seekarte weißflächig dargestellt, also nicht vermessen. Ansonsten kann man in Finnland innerhalb der Naturschutzgebiete sorglos segeln, ankern und an Land gehen. Pflicht ist, die Natur im ursprünglichen Zustand zu belassen.

Husö ist eine beliebte Urlaubsinsel, lesen wir in der Touristenbroschüre. Jetzt, Anfang Juli, stehen die meisten der grüngestrichenen Holzhütten, die zu mieten sind, noch leer. Ebenso ungenutzt bleiben im Hafen die Ruderboote und anderen Wasserfahrzeuge. Dafür bewegt sich der einzige Bauer der Insel ununterbrochen. Mit Hilfe von zwei Treckern mäht er auf den putzigen Wiesen Gras und wendet es.

Geduscht wird in einer Holzhütte mit Veranda direkt am steinigen Ufer. Für drei Finnmark gibt der Münzautomat fünf Minuten lang heißes Wasser her. Ein Schritt ins Freie, und man kann im Meer baden. Nur unter uns, nutzen wir dieses Vergnügen im Übermaß. Ein Badehaus, für das uns mal wieder die Worte fehlen. Kurz: genial einfach. Dagegen kann ein gekacheltes Villeroy & Boch-Bad nicht bestehen.

Gegessen wird, was das einzige Lokal bietet: Hamburger mit Pommes frites. Auf der Terrasse natürlich, windgeschützt, halb überm Meer, mit herrlichem Ausblick – und wieder sind wir fast solo. Einige dieser farblich strahlenden Dosen von Lapin Kulta verschönern uns die Abenddämmerung. Lapin Kulta Premium Lager Nr. 2 ist ein mittelstarkes Bier, das in Lappland gebraut wird, wo wir noch hinwollen.

„Es ist ratsam, Schutzmittel gegen Insekten mitzunehmen", lautet ein Reisetip. Und: „Getränke, Lokale und Lebensmittel sind in Finnland teuer." Nichts davon trifft in diesem Sommer zu.

25   Mariehamn

K7 segelt weiter auf einer gut markierten Route von der Einsamkeit in die Einsamkeit. Lilla Brandholm, Holmsudd, Trollskär. Alles rote, teils steil abfallende Felshänge, an denen vereinzelt krüpplige Kiefern kleben. Meist ankern wir freischwingend davor, um die unberührt erscheinende Natur im gesamten zu genießen. Primär aber, um bei Winddrehung nicht wie in Berghamn in Unruhe zu geraten. Außerdem, warum schleppen wir ein wunderbares Beiboot mit? Schwierigkeiten bringt uns die Schären-

Gebrauchsanleitung für die Großsegel Lattentasche

1. Latte mit dem verjüngten Ende voran in die Lattentasche einführen.

2. Lattenschieber in den Umschlag am Ende der Lasche stecken.

3. Mit dem Schieber wird die Lasche zwischen Latte und Oberseite der Lattentasche geschoben.

4. Lasche hineinschieben bis sie fest sitzt, die Schnur aber noch heraushängt, dann Schieber entfernen.

5. Oberseite der Lattentasche glattstreichen, um die Lasche zurechtzurücken.

6. Um ein leichteres entfernen der Latte zu erzielen, Lattenschieber wieder einschieben und dann an der Schnur herausziehen.

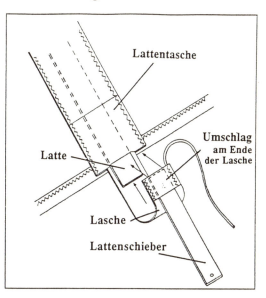

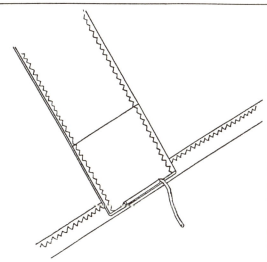

Ansicht der Lattentasche nach Installation der Latte

Diese Lattentaschen-Verschlsse haben wir entworfen, um dem Großsegel eine abgerundete Form zu geben, das Gewicht in den Taschenenden zu verringern, und um Ein- und Ausbau der Latten handlicher zu gestalten.

Mit Hilfe dieser Anleitung sollte Ihnen der Einbau Ihrer Latten keine Schwierigkeiten bereiten.

Sollten doch Fragen aufkommen bezüglich Spannung der Latten oder Segelstand nach Installation der Latten, wenden Sie sich bitte an Ihren North Sails Service.

Wir freuen uns, daß Sie North-Segel für Ihr Boot gewählt haben.

Nichts läuft heutzutage ohne Gebrauchsanweisung. Als wir eine gebrochene Segellatte austauschen müssen, stelle ich schmunzelnd fest, daß es ohne Anleitung kaum geht.

navigation überhaupt nicht. Karte und Bleistift müssen allerdings im Cockpit mitsegeln.

Nach Überquerung des Lumparn, eines ungewöhnlichen Sees von 5 Seemeilen im Quadrat und einheitlich 20 Meter Wassertiefe ohne einen einzigen Felsen, geht es durch den Lemströmskanal nach Mariehamn. Die Marina das Osthafens ist wirklich nicht zu verfehlen: Ihre rund tausend Segelmasten sind weithin sichtbar, zumeist von Schiffen unter schwedischer Flagge. Tief im Hafenbecken finden wir noch einen Platz an einem Schwimmsteg. Sonnenstimmung rundum.

Mariehamn, Hauptstadt und gleichzeitig einzige Stadt der Ålands, hat rund 9000 Einwohner. Hauptwirtschaftszweig ist der Tourismus. Die abwechslungsreiche Landschaft und das milde Klima machen diese Region zu einem beliebten Feriengebiet. Und nicht nur Bootsreisende finden sich ein, sondern auch Hotel- und Hüttenurlauber, Camper und Biker.

Folglich bekommen wir nur schwer einen Platz in einem der drei Straßencafés auf der Torggatan. Da sitzen wir also, bei einer Muck Kaffee, die Beine weit von uns gestreckt, und beobachten das Straßenleben. An diesem Sommertag ähnelt es dem eines Mallorcastädtchens: Verkaufsstände mit Klamotten, Eiscreme, Ansichtskarten, Andenken. Die Menschen sind locker gekleidet in T-Shirts, Shorts und Sandalen, tragen Sonnenbrillen.

Noch eine Tasse Kaffee unterm Sonnenschirm.

Astrid informiert aus einem Reiseprospekt: „Von den 7500 Inseln der Ålandgruppe an der Südwestküste Finnlands sind etwa 60 bewohnt. Die Inseln mit der fast ausschließlich schwedisch sprechenden Bevölkerung (23 000) gehörten lange zu Schweden, bis sie 1809 mit Finnland an Rußland fielen. 1917, als Finnland zum souveränen Staat wurde, strebte die Bevölkerung der Åland-Inseln eine Vereinigung mit Schweden an. Sie wurden jedoch 1921 Finnland zugesprochen, wobei ihnen der Völkerbund aber weitgehende Selbstverwaltung einräumte. Als Zeichen der Autonomie besitzen die Inseln ein eigenes Parlament, schwedischsprachige Schulen, eigene Flagge, eigene Briefmarken. Und für das neutrale Gebiet besteht keine Militärpflicht."

Die Ålander fühlen sich von altersher Schweden zugehörig. Die finnische Sprache wird als „Küchensprache" verulkt, man versteht sie hier kaum – und will es auch nicht. Im Hafen und anderswo werden am liebsten schwedische Kronen als Zahlungsmittel akzeptiert. „Aus Helsinki sind nur die Subventionen willkommen", sagt der Hafenmeister. Die eigenen Staatseinnahmen reichen der Regierung bei weitem nicht aus, um sich selbst zu finanzieren.

Es ist, als hätte ein Gärtner Mariehamn angelegt. Kilometerlange Lindenalleen durchziehen die Stadt von Ost nach West und in Nord-Süd-Richtung. Dazwischen liegen Parks, Sportplätze, Grünanlagen. Das läßt die Stadt auf einer Landzunge des größten Inselfetzens im Archipel größer erscheinen; die niedrigen Bauten geben ihr das Aussehen und die Verträumtheit einer Villenstadt.

Mariehamn bietet dem Segler zwei Häfen: einen im Osten, in dem wir K7 festgemacht haben, sowie den Westhafen gleich hinter der POMMERN, dem Wahrzeichen der Stadt. Die stählerne Viermastbark ist ein Museumsschiff und nicht nur bei Regenwetter *die* Touristenattraktion, sondern überhaupt was Schönes zum Durchstöbern. Die POMMERN gilt als einziges noch in seinem ursprünglichen Zustand erhaltenes großes Segelschiff.

Von Mariehamn hörte ich erstmals während meiner Seefahrerjahre auf skandinavischen Schiffen, und zwar im Zusammenhang mit dem Großreeder Gustaf Erikson. Er war ein Ålander, der sich vom Decksjungen zum Kapitän und Reeder hocharbeitete und sein ganzes Leben, all sein Denken, den Segelschiffen widmete. In die Geschichte der Seefahrt ist Erikson eingegangen als der bedeutendste Segelschiffreeder des 20. Jahrhunderts. Die größte Zahl an Tiefwasserseglern, die er gleichzeitig in Fahrt hatte, war 21. Aber nach dem Ende des Zweiten Weltkriegs waren davon nur drei Großsegler übrig geblieben: PASSAT, POMMERN und VIKING. Alle drei sind heute Museumsschiffe. Die VIKING liegt in Göteborg, die PASSAT in Lübeck-Travemünde, und die POMMERN ist seit 1952 das Wahrzeichen Mariehamns.

Nie zuvor haben Astrid und ich ein größeres Segelschiff gesehen. Staunend und phantasierend stehen wir davor, blinzeln bei Gegenlicht in die cremefarbenen Masten, das Geschirr der Takelage und in die am Heck wehende Åland-Flagge – blau mit rot-weißem Kreuz. Die Reisen dieser Schiffe dauerten, zum Beispiel von Kopenhagen nach Australien, 75 (POMMERN-Rekord), 86, 93 Tage. Zum Vergleich: Auf meiner Nonstopfahrt mit KATHENA NUI stand ich nach 121 Tagen von Kiel südlich Melbourne in Australien. Nicht schlecht, wenn ich die 98 Meter Schiffslänge der Großsegler mit meinen 10,60 Metern vergleiche.

Mariehamn bietet noch vier weitere großartige Museen – Langeweile bei Schlechtwetter kann also nicht aufkommen. Wir haben hier unseren vierten Regentag dieser Reise. Dazu Sturm aus Ost, der Boote und Riggs im Hafen knallen läßt. Ungemütlich! Um dem zu entgehen, suchen wir die Stadtbibliothek auf. Die ist nicht nur vom Inhalt her, sprich Bücher, spannend, sondern auch architektonisch ein faszinierendes Gebäude. Daran könnte sich die Stadt Schleswig (30 000 Einwohner), könnten sich die meisten deutschen Städte ein Beispiel nehmen. Hell und großzügig ausgelegt und hervorragend sortiert – für die paar Åländer. Grundsätzlich wird in Skandinavien wesentlich mehr in Kultur investiert. Dafür sind halt die Talkshows im Fernsehen langweiliger. Es wird also viel gelesen, nicht nur im Winter, wenn die Nächte schier endlos sind.

Im Regal der modernen Bibliothek findet Astrid sogar mein erstes Buch „Kathena blev mitt öde" – in einer schwedischen Übersetzung aus dem Jahr 1970. Das schmeichelt, läßt das Geschaukel und Fenderquietschen im Hafen (75 Finnmark pro Tag) vergessen. Die Zeitungsecke ist aktuell und umfangreich mit „Dagbladet", der „Frankfurter Allgemeinen Zeitung", der „New York Times", dem „Figaro" sowie „Yachting World", „Voiles & Voiliers", „Yacht" und dem amerikanischen Magazin „Playboy".

Im Ost- wie im Westhafen liegen weitere deutsche Yachten. Wir stellen erneut fest, daß die Deutschen die einzigen sind, mit denen man in jedem Hafen rechnen muß. Steggespräche sind in der Regel eher ein Abfragen:

„Wie war die Reise?"
„Woher kommen Sie?"
„Wohin geht es?"

„Wie war das Wetter?"
„Wie wird das Wetter?"
Mit Helmut und Marie schlürfen wir einen Topf Tee im Cockpit ihrer Rassy 36: „Wie hat bei Ihnen die Reise geklappt?"
„Bestens", sagt sie, „ganz prima. Kalmar, Västervik, Nynäshamn, Utö, alles wunderbare Häfen. Sauna, Netzstrom am Steg, alles vorhanden."
„Und wie hat's Ihnen im Schärengarten gefallen?"
„Sehr gut. Wir sind mal hier- und mal dorthin gefahren."
„Und haben Sie besonders schöne Buchten für uns gefunden? Wir sind immer auf der Suche."
„Ach, wissen Sie", sagt er, „mit den Schären hab' ich es nicht so. Was soll man da machen, einmal auf die Steine springen? Das ist es nicht, was wir suchen. Eine kleine Stadt, Geschäfte, Markt, ein Museum, damit kann ich mehr anfangen. Man lernt auch ein paar Leute kennen, hört ihre Geschichten. In den Schären will ja jeder ungestört sein. Dreht dann der Wind, muß man nachts aus der Koje. Das macht doch keinen Spaß!"
Er hält inne, vermutlich um sich mehr solcher Erinnerungen ins Gedächtnis zu rufen. Offensichtlich waren es unangenehme Erinnerungen für die beiden, die jünger sind als wir und schon mehrere Sommer nach Schweden segeln.
„Doch, es macht unheimlich Spaß", widerspricht Astrid, „ich will es Ihnen erklären. Wenn der Anker ins Wasser einer tiefen, blauen Bucht fällt, wenn rechts und links rauhes Urgestein die Ufer säumt, Bäume und Büsche halb ins Meer wachsen, wenn es nach Kiefernholz riecht, weil die Sonne den ganzen Tag darauf scheint, wenn nichts darauf hindeutet, daß hier oft Menschen herkommen, wenn ich diese Stille und Landschaft um mich herum genießen kann, dann ist das nicht bloß Ankern oder an den Felsen Liegen. Es ist die einzige Möglichkeit, die Natur ganz und unmittelbar zu erleben. Und das können wir am besten, wenn wir mit ihr allein gelassen werden. Es ist herrlich, am Ufer und in den Felsen herumzustreunen oder an so schönen Abenden wie in den letzten Wochen im Cockpit zu liegen und das Vorüberziehen der Wolken zu beobachten. Dazu ein ‚Bad' in der Waschschüssel,

befreit von jeglichen Kleiderzwängen. Wenn dann noch der Liegeplatz total geschützt ist, dann wird es absolut wundervoll. Man lebt in einer eigenen Welt, kein Steggetrampel, keine geräuschvollen Masten oder klopfenden Hafenmeister stören. Ja, es ist herrlich zu ankern. Das kann doch nicht langweilig sein."

Ankern in den Schären. Plötzlich ist sie wieder da, die Geborgenheit in Suur Pellinki, Stora Huved, Berghamn. Es war nur ein kleines Stück Schärenwelt, und doch hat sie uns verzaubert. Uns eine Dosis nordisches Paradies verpaßt.

Diesem emotionalen Sturzbach von Astrid (der mich überraschte) gibt es nichts mehr hinzuzufügen.

Wir sprechen noch über Wind und Wetter, über Mariehamn, Boote, Technik an Bord und den schrecklichen Hafen hier, der bei Ostwind ziemlich unbequem ist. Unterwegs nach Haparanda? Da würden sie auch liebend gern hin. Aber sie müssen zurück zu ihrer Arbeit in Rellingen.

Sie wünschen uns Glück. Ich glaube, wir haben es bereits.

Als wir andertags im Hafenbecken an ihnen vorbeigleiten, schrubbt er das Teakdeck. Sie wischt mit einem Ledertuch über Fenster und Beschläge.

Ich ziehe die Segel hoch, und wir motoren oder segeln südwärts, dann ein Stück nach Westen, Norden, Osten. Für die Nächte stoppen wir in Buchten: Björnskatan, Käringsundet, Mellanö, Stensskär. Es ist Hochsaison, und tatsächlich, in der Überzahl sind Schweden mit Booten unterwegs. Die Sonne berührt fast die Baumwipfel, als wir nahe Högholm den Anker fallen lassen und mit leichter Rückwärtsfahrt das starre Eisen in den Grund ziehen. „Endlich, morgen steht uns ein ordentliches Seestück bevor." Astrid begeistert das selbstverständlich nicht so wie mich. Sie weiß, das einzig Beständige am Windwetter hier oben ist seine Unbeständigkeit. Trotz Hochsommer sind 10 Windstärken wie neulich in Mariehamn möglich. Knapp 400 Seemeilen sind es bis Kemi, die wir in einem Rutsch bewältigen wollen.

Überall freundliches Entgegenkommen der Finnen und wohltuende Gastlichkeit – an der Oberfläche. Darunter bleiben sie selbst in den Häfen verschlossen bis zur Unnahbarkeit, was zum Teil

Die Ålandinseln. Ein Labyrinth aus großen und winzigen Schären, wo man jederzeit eine schöne und geschützte Bucht finden kann.

auch an ihrer Sprache liegt. Überströmende Offenheit wird man in Finnland nicht finden, auch nicht auf den Ålands. Als wir in Högholm gerade von unserem obligatorischen Beibootausflug zurückkommen, motort ziemlich schnell ein finnischer Segler an K7 vorbei. Auf unseren Zuruf mit dazugehöriger Handbewegung: „There is a rock", reagiert er lässig: „I have the book." Und fährt prompt wenige Bootslängen vor uns gegen den erwähnten Stein. Es rumst mächtig, als sein Schiff sich vornüber neigt. Hat's ihm die Kielbolzen gelockert? Jedenfalls kommen, nachdem er einen Ankergrund gefunden hat, einige Pützen Wasser über Bord. Was nicht kommt: ein Wort, eine Geste in unsere Richtung.

Was für ein Abend! So schön, still und klar, daß sich Berge, Bäume und Wolken im Wasser spiegeln. Weit voraus „klebt" ein kleines Motorboot am Felsen. Und tief in einer Schärenspalte hat es sich ein schwedischer Folkebootsegler mit Frau und zwei Kindern gemütlich gemacht. Auf unserer Backbordseite ankert der finnische „Rock-Segler". Über uns glimmen schwach einige Sterne. Das Licht der kaum unter den Horizont gesunkenen Sonne streut über den Himmel, so daß statt Dunkelheit eine vielfarbige Dämmerung herrscht. Das einzige Geräusch verursachen zwei sich streitende Möwen. Kann es noch schöner werden nach dem Schärenmeer zwischen Åland und dem finnischen Festland?

26 Ich greife den Wind

Im Radio: „Sing, Nachtigall, sing ein Lied aus alten Zeiten ..." von Evelyn Künnecke. Astrid streift ihre Gummistiefel ab, rutscht schwungvoll in die Hundekoje. Ich hake in der Karte die letzte Ålandboje ab. Astrid dreht die Musik ein wenig lauter. Die Deutsche Welle berichtet ausführlich über den aussterbenden Singvogel. Eine kleine Aufforderung, und wir imitieren die wiederholt eingespielten Nachtigallstimmen. Aber da ist wieder diese schräge, nasse und mühsame Am-Wind-Segelei. Das Vorschiff setzt hart ein. Die Genua füllt sich mit Wasser. Rasch springe ich aufs Vordeck, nehme das grün-weiße Tuch runter, lasche es an der Reling fest, picke die Stagreiter der Fock ans Vorstag und hole das Segel dicht. Währenddessen steuert unser Boot sich selbst – mit einem einfachen Stück Tau, das die Pinne locker, leicht in Luv hält.

Die Ålands achteraus verschwinden schnell. Schiffe sind keine am Horizont. Ich begebe mich in die Kajüte, auf der Suche nach einem Platz zum Schreiben. Das Tagebuch auf die Luvkoje gelegt, davor auf dem Boden knieend, ist es am bequemsten: *16. Juli. Kurs Kemi? Das ist die Frage – bei null Wind. Müssen weiter. Der Propeller schiebt uns auf die freie See. 1700 Umdrehungen bringen 5 Knoten. Vorbei an schroffen, steilen Felswänden. Rötliches Gestein. Buchten verlocken zum Bleiben. Nur vereinzelt Hütten. Das finnische Pärchen, das gestern auf den Stein fuhr, hat keine Probleme mit dem Kiel. Vom Charakter sind die beiden wie viele Finnen: still und nach innen gekehrt. Um irgendwas zu reden, fragt A. sie nach dem Wetterbericht: Nordwest 10 bis 12 m/s (6 Beaufort). Es geht mir gut. Quatsch, es geht mir bestens. Endlich durchsegeln, 370 Meilen. Präpariere die Karte dafür, notiere Leuchtfeuerkennungen. Schmiere zur Stärkung Schinkenbrot mit Knoblauchscheiben obenauf. A. vollführt in der Koje eine Wende und mosert: reffen! Reiche ihr den Immobilienteil der FAZ. Hat sie nicht verdient, wirklich nicht, aber ein bißchen Ironie muß auch bei Seewetter sein.*

Ich schaue in den neuen Böll: „Der Engel schwieg." Ein spröder Bericht von Menschen nach dem Krieg, die gerade noch ihr Leben behalten haben. Nach der dritten Seite beginne ich zu blättern. Kein Thema, wenn's um einen herum rauscht und poltert. Ich lasse mich ablenken. Am-Wind-Segeln ist Knallen, Knarren, Klatschen, Quietschen. Astrid schaut sich um, ich schaue weiter ins Buch. Beide schauen wir aneinander vorbei, um nicht zu erkennen zu geben, daß wir unkonzentriert sind. Astrid greift zur YACHT und liest mir Anzeigen vor: „Brauchbare Vorschoterin,

1.70, 31, lg. bl. Haar, vollschl., sucht liebev., kuscheligen Segelbären für Zukunft an Land u. a. See. Hab Mut."

„Und wenn dir diese brauchbare Vorschoterin für deine nächste Reise zu jung ist, wie wäre's dann mit: Apothekerin, Seglerin, schlank, unternehmungslustig, 48 J., sucht Segler mit Herz, Stil, Klasse ..."

So einfach ist das.

„Hör zu, auch mit Boot sind Frauen im Angebot, zum Beispiel: Skipperin sucht Seebär, der bereit ist, mit mir, 44 J., schlank, junggeblieben, auf meiner 11-m-Yacht ein Stück seines Lebens auf dem Mittelmeer zu verbringen."

Ach, Astrid!

Wir segeln nach Norden. Der Wind nimmt ab, dreht ganz langsam vom Kurs weg. Ich fiere die Schoten Stück um Stück, klappe das Spritzverdeck runter und atme durch. Festgeklemmt stehe ich im Niedergang. Mein Blick wandert voraus und in die Kajüte.

Gute Gespräche mit Astrid. Angetan vom Sonnenuntergang gegen 23 Uhr. Erst der Kontrast schenkt den Dingen Licht und Schatten, ohne diesen Gegensatz gibt das Segeln kein lebendiges Bild.

Als ich mich umdrehe, sehe ich in der Ferne eine größere Segelyacht. Sie kommt rasch von achtern auf. Noch um Mitternacht ist das nordische Licht so hell, daß ich erkennen kann, es handelt sich um eine größere, moderne Yacht. Unübersehbar der Steuerstand mit fest montierter Windschutzscheibe und draufgesetzter Spritzkappe. Zwei Wachgänger winken. Ihr Cockpit liegt sehr tief und ist total wettergeschützt. Das wäre absolut nicht mein Fall. Denn ich greife gern den Wind – so wie jetzt, im Niedergang stehend, sich einen Naturinstinkt bewahrend. Aber auf solchen Schiffen greife ich daneben. Man ist völlig den Instrumenten im Cockpit ausgeliefert. Das hat mich immer gestört, mir fehlt dahinter die Luft zum Atmen, ich fühle mich eingeengt in meinem Sichtkreis. Es fehlt mir das Gefühl für Boot, Meer, Segeln. Man sieht alles eingerahmt. An der natürlichen Harmonie mit dem Schiff hapert es. Was als besonders vorteilhaft für die Crew gedacht ist, behindert meine Segelfreude. Ich habe mich an Bord solcher Boote nie an die „Verpackung" gewöhnen können. Als ich mit Segelreisen begann, wurde man nicht „eingesperrt".

Am losen Unterliek ihres Großsegels ist zu erkennen, daß es sich um ein „Mama-und-Papa-Rigg" handelt. Oder um ein Stowaway-System – das Großsegel wird in den Mast gerollt. Man drückt auf einen der zwei Knöpfe, das Segel entrollt sich aus dem Mast – oder umgekehrt. Mit der anderen Hand muß man lediglich das Schothorn per Selbstholer der Winsch dichtsetzen. Das System funktioniert problemlos auf allen Kursen, jedenfalls auf den Booten, wo ich mitsegelte. Nachteilig sind das zusätzliche Gewicht in den Masten, die geringere Segelfläche, der Stromverbrauch und die Kosten. Und man langweilt sich schnell, denn die Focks und die Genuas werden gleichfalls gerollt. Segeln ist gegenwärtig, ohne fühlbar zu sein. Man segelt, ohne sich selbst bewegen zu müssen.

Das Heck des vorbeiziehenden Bootes zeigt uns den Namen SABINE, die schwedische Flagge und einen „Radarturm".

Während die schwedische Yacht in der Nacht, die keine ist, am Horizont kleiner wird, diskutieren wir über das moderne Segelreisen. Um auf dem Meer „ihr Spiel zu machen", haben viele, zu viele Langfahrtsegler die modernsten Technologieprodukte der Industriegesellschaft an Bord, die sie doch verlassen wollten, um sich an der reinen Natur zu erfreuen. Eine Paradoxie! Merkmale dieser Kreuzersegelei sind: Radar, Kartenplotter, Videolot, Wetterfax, Klimaanlage, Bugstrahlruder, Fernsehen, Mikrowelle, Watermaker, Saftmacher, Eiswürfelmaschine, Waschmaschine. Bei den Kommunikationsgeräten gehört bereits zum Standard eine UKW-Seefunkanlage mit digitalem Selektivruf und Seenot-Alarmauslösung auf Tastendruck, angeschlossen an einen GPS-Empfänger, der bei Notruf die Position übermittelt, um das Auffinden des Schiffbrüchigen zu erleichtern. Wer jetzt noch auf See absäuft, hat selber schuld. Es ist die reuelose Anbetung der Leistungsgesellschaft mit ihrer Hochtechnologie, die das Fahrtensegeln mit großen Schiffen und kleiner Crew ermöglicht. Eine 18 Meter lange Yacht hätte man vor Jahrzehnten nicht ohne weiteres zu zweit mühelos über Ozeane segeln können.

Manchmal habe ich den Eindruck, man rechtfertigt den absurdesten technischen Aufwand, nur um eine Fahrtenyacht mit kleiner Mannschaft sicher segeln zu können.

Auf dem blauen Meer, unter dem weißen Gewand der Segel, überlebt der Mythos der Naturbeherrschung, der angesichts der industriellen Zerstörung der Welt sonst nur mehr defensiv vorgetragen wird. Und so sind denn auch große Bootsausstellungen ausgesprochene Technikmessen. Es geht dort zuallerletzt um das Naturerlebnis unter Segeln. „Da fahre ich nie wieder hin", hört man immer öfter von richtigen Seglern. Wo führte das auch hin, wenn man als durchtrainierter Mensch etwa mit einem normal ausgerüsteten Folkeboot über den Atlantik segeln würde? Könnte man ohne Funkgerät Ozeane überqueren, ohne Rollsegel und ohne Kühlaggregat oder Backofen, und dann noch die Segelei, das Meer und die Weite genießen?

Hinzu kommt, daß ein regelrechter Sicherheitswahn betrieben wird. Die Anschaffung fast jeglicher Art von technischen Hilfsmitteln wird unter dem Sicherheitsaspekt angeboten und verbucht, selbst wenn man nie vorhat, beispielsweise die dänische Südsee zu verlassen.

Häufig lag ich in den letzten Jahren neben modernsten „Geräten", die von der High-Aspect-Genua bis zum Farbkursplotter technisch durchgestylt waren – ohne Generator und Steckdose an Land konnten die nicht überleben. Und: Gleich nach dem Vertäuen und dem Verlegen des Stromkabels machte es „ssssstt". Reißverschlüsse schlossen Tücher übers und ums Cockpit. So sieht dann die Hafenatmosphäre aus: jeder für sich.

Viele Segler haben wissensmäßig und materiell dazugewonnen, dadurch zweifellos die Sicherheit auf See erhöht. Aber menschlich, glaube ich, haben sie verloren, ohne es zu wissen.

Eine Geschichte erzähle ich Astrid noch, bevor sie ganz wegdöst: „Einmal traf ich auf der Düsseldorfer Bootsmesse so einen Technikindianer. Anhand der Zeichnungen für sein neues 17-Meter-Boot sollte ich ihm Tips geben. Nachdem ich bemerkte, es wären einfach zu viele Schränke, die er einbauen wolle, meinte er trocken: ‚Na, ich will doch mit meiner Frau feingemacht unterwegs ausgehen und nicht wie ihr mit Tüchern um den Leib geschlungen um die Erde segeln'."

Ich stehe weiter am Niedergang. Halte Ausschau. Schalte die Positionsbeleuchtung ein – einen unserer vier Stromverbraucher neben dem GPS, dem Autopiloten und der kombinierten Echolot-Speedometer-Anlage von Silva. Es freut mich, daß die 125 AH wartungsfreie Varta-Batterie bisher immer voll da ist, ohne daß der Motor extra laufen muß. Ich freue mich auch übers Boot, über meine Transporttechnik: mit Stagreitern, Bindereffs, Ankerrolle, hoher fester Seereling – Sicherheit ohne Firlefanz.

Eine Stunde später ist die Nacht vorbei. Es wird farblos hell. Meine Wache ist zu Ende, für die nächsten drei Stunden ist Astrid dran. An was mag sie, warm eingepackt in der Ecke hockend, denken? Auch an unser schönes, solides, zweckmäßiges Boot? Na, bestimmt nicht an Kochherd, Kochlöffel oder Kochbuch, diesen Dingen ist sie nie ausgeliefert.

Wache bei Normalwetter hat was Langweiliges.

27 Norra-Kvarken-Passage

So könnte es tagelang weitergehen: halber Wind, geduldige Wellen, freier Seeraum, abendliche Gespräche mit Astrid, wechselnde Wachen. In den Wachen lege ich mich so auf die Bank, daß ich den Kompaß im Auge behalten kann. Jedoch: Eine enge Passage teilt den Bottnischen Meerbusen auf der Hälfte und stört unseren Rhythmus. Bottenhavet mit 100 Meter tiefem und freiem Wasser liegt im Süden, und wenn man die Enge passiert hat, folgt Bottenviken mit etwas seichterem Wasser, aber ebenso frei von Untiefen. Diese Passage erreichen wir Mitte der zweiten Nacht.

Norra Kvarken führt zwischen den niedrigen Vaasa-Schären auf finnischer Seite und den wenig markanten Umeå-Schären auf schwedischer Seite hindurch. Die richtungweisenden Zeichen sind Leuchttürme und Bojen. Sie markieren ein breites Band von Untiefen mit weniger als 5 Metern Wassertiefe, das nur beim Leuchtturm Nordvalen ein schmales Fahrwasser freiläßt. Bei einer Landhebungsrate von 9 Millimetern pro Jahr im Bottnischen Meerbusen wird es hier für die Schiffahrt in einigen hundert Jahren schlecht aussehen. Die Passage wird sich dann in ihrer ganzen Schären-Nacktheit zeigen.

Die Kvarken-Passage ist in der Seekarte, Maßstab 1:50 000, deutlich zu erkennen. Der Neuling würde den Kurs um Nordvalen herum legen, was ein Umweg wäre und langes, ausdauerndes Warten auf das Leuchtfeuer nötig machte. Wir schneiden das Fahrwasser, weil wir beabsichtigen, an den unbeleuchteten Bojen der finnischen Seite, die Untiefen von 2,5 Metern markieren, vorbeizuschrammen.

Damit fängt der Ärger an. Im Westen ist es schwarz, im Osten dämmerig. Das Wetter wird immer schlechter. Aber wir haben keine Bedenken, schließlich erscheint im Display des GPS alle paar Sekunden unsere Position. Damit kämen wir selbst bei Nebel sorglos über die Bänke. Es beginnt zu regnen. Der Seegang nimmt zu, die Sicht ab, und zu allem Übel dreht der Wind auf vorlich. Ein Kreuz, daß das GPS gerade jetzt keine Position bekommt, also nicht ausreichend viele Satelliten zu fassen kriegt – wie schon mehrmals, wenn es darauf ankam. Tiefere Wolken. Und dann haben wir die erste Boje. Dummerweise an der verkehrten Seite: Snipansgrundet. Also Motor an und nichts wie weg – nach Nordwesten. Der Strom ist stark, setzt Richtung finnische Küste. Es wird schaukelig an Bord, während der Motor den Bug stoßweise gegen diese kabbelige See boxt. Böen drosseln die Geschwindigkeit. Wir entdecken die nächste Boje – Teutoniagrundet – voraus. Stromversetzung richtig berechnet, er setzt mit 1,5 Knoten quer zum Kurs. Der Motor dreht weiter. Große Aufregung: Es wird dunkler und dunkler, die Sicht gleich null. Astrid am Ruder: „Wie lange dauert es, bis wir drüber weg sind?" Pech, daß das GPS pausiert, andererseits arbeitet das Echolot. Es pendelt zwischen 6 und 15 Metern. Nur sind die Lotungen wegen der

> Das einzig Beständige am Ostseewetter ist seine Unbeständigkeit. Zwischen Genuasegeln und weißer See vergehen häufig nur Minuten. Dafür weht es aber auch nur kurzfristig – wie in der Kvarken-Passage.

rasch abfallenden Untiefen wenig hilfreich. Pech vor allem, daß wir diese Kvarken-Passage mitten in der Nacht erwischen, die diesmal dunkel ist. Und ich dachte, nordische Nächte seien nie dunkel. Ist es wahrhaftig so finster? Oder sind es nur die Regenwolken? Da, endlich der Blink von Nordvalen, grüner Sektor, alle acht Sekunden. Wir peilen unseren Standort und beginnen mit der Ausfahrt. Ich bin erleichtert, als wir alle Untiefen im Kielwasser haben.

Schrecklich, so eine Abkürzung! Ein Rätsel, das mit dem GPS. Eine Stunde später: Die alte Windrichtung – West – schiebt uns aus dem Regen. Über uns ist der Himmel grau, die Sicht gut und das Wasser tiefgrün bei 30 Meter. An Steuerbord passieren zwei seltsame Frachtschiffe mit Silo-Aufbauten.

Wir halten direkten Kurs auf Kemi – 170 Seemeilen.

28 Ein Fuß in der Wildnis Lapplands

33 Grad Celsius. Sirrende Sommerluft. T-Shirt-Wetter. Eine Dose Cola in der Hand. Ein hoher Himmel, den ein paar weiße Wolkenfetzen noch höher machen. Das Land darunter – Lappland. Sanfte Hügel, dichte Wälder, Wiesen, mit Moos und Flechten bewachsene Felsen und Felsrücken. Und ein Fluß in Sichtweite.

Wir sind am Polarkreis in Juoksenki, im finnischen Lappland. Zu Hause denkt man, daß die Polarregion immer was mit Kälte zu tun hat. Hat sie auch. Nur momentan nicht. Die ungewöhnlichen Wärmegrade basieren auf dem Sieg eines sibirischen Hochs, das sich von Osten her ausgebreitet hat.

Wir sind hier nicht mit K7, denn der lange Arm des Bottnischen Meerbusens endet 50 Kilometer vor dem Polarkreis. An seinem Scheitel, in Kemi, liegt fest vertäut und sicher unser Boot, derweil wir zwei Tage mit einem Leihwagen in Lappland unterwegs sein wollen. Lappland ist die letzte Wildnis Europas. Das Reich der Mitternachtsmenschen, der Rentiere und der unvermeidlichen Mücken.

Zwischen Kemi und dem Polarkreis sind wir über die Städtchen Tornio und Ylitornio auf der schnurgeraden, sauber asphaltierten Landstraße Nr. 21 gefahren. Beidseitig immer wieder Bäume, Schonungen, undurchdringliche Wälder. Ab und zu schimmerte der Torniojoki, der Grenzfluß an der linken Fahrseite, durchs Gebüsch. Ein flacher, aber breiter Fluß mit wiederholt beeindruckenden kilometerlangen Stromschnellen, in die schmale Stege zum Fischen weit hinaus gebaut sind. Hier keschern die Fischer Renken aus den Fluten. Wir erkennen, daß die schwedische Flußseite wesentlich stärker bebaut ist mit Häusern – Sommerhäusern? – als unsere, die finnische.

Unmittelbar vor dem Polarkreis reißt die Waldlandschaft auf. Hier findet tatsächlich noch Landwirtschaft statt. Erdbeeren werden gezüchtet, es gibt Mini-Idylle von Roggenfeldern, die, eingerahmt von Baumwänden, kniehoch reifen, und hektargroße Wiesen, auf denen gerade richtig geheut wird – auf Holzgestellen, wie sie früher auch bei uns in Schleswig-Holstein üblich waren.

Napapiiri! Arctic Circle! Polarkreis! Schilder an der Straße kündigen ihn frühzeitig an. Und dann: ein Strich über die Straße, ein hoch aufragendes Leuchtschild, ein Parkplatz, Café und Souvenirläden von den Ausmaßen einer kleinen Turnhalle. Wir denken an Polarsegler Arved Fuchs und schreiben Postkarten, auf denen wir nicht zu erwähnen vergessen, daß es furchtbar heiß ist. Zu heiß für uns, die wir meinten, so warm dürfe es hier einfach nicht sein, und deswegen lange Hosen und dicke Pullover tragen.

Auf unserem Weg gen Norden verlassen wir die Hauptstraße bald Richtung Osten. Sie wirkt gähnend langweilig. Man bekommt nichts mehr zu sehen, nur immer wieder Bäume und meist dichte Wälder. Eine Landschaft, die intensiver Nutzung durch die Forstwirtschaft unterliegt – Lappland lebt von den Wäldern. Wir sehen Kahlschläge, Schonungen, selten hochgewachsene alte Bäume. Echte Urwälder sind nur im Norden Lapplands' vorzufinden. Die Baumarten sind Kiefer, Fichte, Tanne.

Das Auto parkt für die Nacht am Ende eines Pfades, der fast zum Unarisee führt, gleich neben einem Fluß, der mehr ein Bach ist und in den See mündet. Auf uns wartet eine Nacht in der Weite und Stille Lapplands. Der Lagerplatz wird umzingelt von Margeritenbüschen und hoch aufragendem, vertrocknetem Gras. Wir liegen auf einem ausgebreiteten Schlafsack und sehen die Wolken leicht vorüberziehen. Eine Weile dösen wir vor uns hin, zwei Dosen Lapin Kulta neben uns. Schon ist die sterile Highway-Atmosphäre vergessen.

In der Tageshitze hatten sich die Mücken verkrochen. Doch urplötzlich, wohl wegen der tiefstehenden Sonne und der Nähe des Wassers, hören wir das feine Singen der Mückenschwärme. Verdammt, die Viecher stören. In solchen Massen haben wir sie bisher nirgendwo erlebt. Astrid schlägt nach ihnen, scheinbar werden sie dadurch immer angriffslustiger und beschäftigen uns dann beide. Wir reiben uns Arme und Gesichter mit „Mosquito milk" ein und beobachten die Viecher, wie sie die Hände umkreisen, ohne sich niederzulassen. Aber bis Astrid ein Feuer bereit hat, machen die Mücken unser Traumland am Rand der Wildnis zu einem Stück Ärgernis im Paradies.

Als das Feuer richtig brennt und Astrid beginnt, einen Kochtopf, Suppentüten, Brot und Käse aus dem Wagen zu packen, schlendere ich zum Bach hinunter, um Wasser zu holen. Am Ufer entledige ich mich meiner Kleidung, eine Abkühlung nach der tropischen Hitze des Tages täte gut. Es entspricht meinem Naturtrieb, überall, wo Wasser ist, mal den „Kopf" reinzustecken. Ich durchschreite den zum Teil bauchtiefen und sanft fließenden Bach, um mich allerdings am jenseitigen Ufer mit lautem Gestöhne zusammenzukauern. Zehn Minuten brauche ich, um meine Glieder wieder warm zu rubbeln. Zurück wate ich an einer schmaleren Stelle, ein Stück oberhalb, zum Teil über einen gefallenen Baumstamm. Das Wasser hat einen bitteren Beigeschmack; es muß eisenhaltig sein und ist im Topf auch leicht bräunlich.

„Darf man eigentlich in der finnischen Wildnis Feuer machen?" fragt Astrid beim Kochen.

„Ich weiß es nicht. Auf jeden Fall darf man sich gegen die Insekten wehren. Das begreift hier bestimmt jeder. Ohne Feuer wären wir längst von den Biestern aufgefressen."

Vom Unarisee, einem der 55 000 Seen Finnlands, können wir nicht viel sehen, weil einzelne Tannen dicht am Ufer uns die Sicht verdecken. Auf der Landzunge gegenüber steht eine rotbraune Hütte, und eine Reihe Telefonmasten zieht sich in den Wald hinein. An einem Steg im See liegt ein Boot mit Außenborder vertäut. Über einer Holzstange hängen Netze.

Wir hocken dicht neben dem lodernden Feuer, genießen den Blick und hören weiter die Mückenschwärme. Auf Astrid haben es die Plagegeister, wie auch schon während unserer Südsee-Segeltörns, stärker abgesehen, was sie auf die Tatsache zurückführt, daß ihr Blut schmackhafter ist.

Das Feuer verglüht. Die Sonne ist ganz langsam hinter einem Galeriewald verschwunden. Was für ein Schauspiel. Das Licht schimmert wie in einer Kirche. Merkwürdiges Gefühl. „Echt gut und rustikal", findet Astrid unsere Übernachtung in der freien Natur und kuschelt sich in ihren Schlafsack. Ich möchte nicht schlafen. Denke ans sibirische Igarka, das auch etwas nördlich des Polarkreises liegt, sozusagen auf derselben Breite, oder an die Beringstraße zwischen Alaska und Rußland; da will ich noch mal hin.

Nach einer Nacht, die keine war, sagt Astrid frühzeitig: „Guten Morgen!" Es kommt uns vor, als hätten wir die ganze Nacht das Mückenheer per Handklatsch reduziert. Trotzdem überfiel uns, dank des Übermaßes an Frischluft und Bewegung, zwischendurch der Schlaf.

Ziemlich zerknittert steigen wir aus den Schlafsäcken mit Augen wie Rosinen und juckender Kopfhaut. Zähne putzen – welch ein Genuß! – im eiskalten Bach. Zum Frühstück eine Tüte Milch und trockenes Brot. Wir posieren nochmals für ein Selbstauslöserfoto. Um acht Uhr wird der Lagerplatz, unser nördlichster Punkt der Reise, geräumt.

Der Wagen bringt uns zurück auf die Straße. In dem Ort Meltaus bietet eine Bäckerei auf einem Schild heißen Kaffee und

Hefewecken an. Dieses Angebot schlagen wir nicht aus, nicht nach solch einer Nacht.

Wieder ein Tag mit strahlender Sonne. In Rovaniemi, der Hauptstadt des finnischen Lapplands, verkündet eine meterhohe Leuchtschrift 32 Grad Celsius! Wir schnüffeln ein wenig durch das Stadtzentrum. Drei westliche Wahrzeichen sind auch am Polarkreis vorhanden: McDonald's, Coca Cola und Benetton. Wir essen und trinken von ersterem, kaufen aber nichts, wie viele andere an diesem Tag. Die Menschen baden zu Tausenden im Kemijoki, dem längsten Fluß Finnlands, an dem Rovaniemi liegt.

Die letzten 122 Kilometer zum Boot zurück nach Kemi brausen wir in einem Stück durch. Wieder über herrliche Straßen mit Strich. Der Straßenbau in Lappland ist eine Arbeitsbeschaffungsmaßnahme. Damit nicht noch mehr Einheimische in die Industrieregionen abwandern, wird unter anderem in Straßen investiert. Rechtzeitig sind wir in Kemi, um noch im Supermarkt reichlich Proviant für die Weiterreise einzupacken. Saft, Mehl, Gemüse, Obst, Milch ... In Schweden gibt es zwar auch alles, aber nicht zu diesen Preisen – wie uns gesagt wurde.

Abends hocken wir an Bord, als sei nichts gewesen. Nichts hat sich verändert. Der Ausflug wird bald nur ein Traum sein. Und doch: Man muß mal dort gewesen sein.

29   Kemi Marina

Astrid schlendert selig durch Kemi. Die kleine Stadt weckt in ihr das Vergnügen am Bummeln. Kein Gedrängel. Kaum Autoverkehr. Zudem kann man sich innerhalb des quadratisch angelegten Straßennetzes kaum verlaufen. Tut man es doch, stößt man in drei von vier Richtungen unweigerlich aufs Meer und hat einen Blick auf vorgelagerte Inseln, die allerdings wenig reizvoll aussehen; flach, mit steinigen Ufern, scheinen sie auf dem Wasser zu schwimmen.

Astrid besieht sich auch den städtischen Badestrand in Mansikkanokka. Überwiegend junge Leute und Kinder tollen übermütig im Wasser herum, Pärchen träumen ins Blaue, hingestreckt im hellen, feinen Sand. Sie besucht die Touristeninformation, wo man auch handgefertigte Dinge kaufen kann. Für die Nachbarin zu Hause eine Schürze aus Lappland? Danach läßt sie sich auf dem Markt einen Liter Kirschen und zwei Liter Kartoffeln einpacken. Sie schaut in die alles überragende protestantische Kirche – gebaut 1908 –, und als sie die Post findet, kramt sie ihr Postsparbuch aus dem Rucksack und hebt einfach und problemlos am Postipankki-Schalter 1000 Finnmark ab.

Mittelpunkt der Stadt ist eine markante doppelte Birkenreihe, die die Hauptstraße säumt. Über diese breite Allee, die direkt am Yachthafen mündet, der eigentlich ein kleiner Sportboothafen ist, kommt meine Frau strahlend zurück. Im Gepäck zwei Adressen – einen Friseursalon für mich: Kirkkopuistokatu 22, und eine Pizzeria: Keskupuistokatu 42.

Doch bevor wir in zwei knusprige Pizzas beißen oder Salatblätter auf die Gabel spießen können, liegt noch einige Arbeit vor uns. Die Waschmaschine im Klubhaus reizt; eine Wäscheleine muß übers Boot gespannt werden; der Yanmar braucht einen Ölwechsel; Deck waschen, weil der Wasserschlauch so bequem auf dem Steg bereitliegt; dann eine ausgiebige Dusche und zuletzt ein Gang über die drei Stege des Hafens. Die Boote der Klubsegler sind einfach und nicht besonders groß. Auch das von Matti Palin, den wir kennenlernen. Seine EXOTIC 2, ein Halbtonner, mit dem er hauptsächlich Regatten segelt, hat er selbst gebaut. Davon erzählt er und von seinem Wunsch, in Dänemark und Deutschland zu segeln. Er ist in der Papierfabrik als Ingenieur im Schichtdienst tätig und meint, in Lappland wird zuviel Holz geschlagen.

Auch hier oben, wohin sich nur eine Handvoll Besucher per Boot verirren, muß man auf die zurückhaltenden Finnen zugehen, will man etwas erfahren oder sich einfach nur unterhalten. Hapert es mit den englischen oder schwedischen Sprachkenntnissen, machen sie sowieso einen Bogen um Besucher. Haben sie deshalb riesige Transparente mit „Välkommen" um die Terrasse des Vereins geschnürt?

Derzeit liegt außer uns nur noch eine Besucheryacht im Hafen – selbstverständlich Landsleute aus Lübeck. Dabei ist alles ganz auf Gäste ausgelegt: 20 Liegeplätze, phantastische Duschen, Waschmaschine wie gesagt und ein Klubhaus, in dem man sich wohlfühlt beim Ausblick weit in die Schären.

Mattis Arbeitgeber ist die Zelluloseindustrie, und der geht es schlecht. Im Mündungsgebiet des Kemijoki besitzt Kemi den größten Holzsortierplatz Finnlands. Derzeit schwimmt dort nicht ein einziger Baumstamm. Der Export ist stark rückgängig. Vor allem die Deutschen, die Hauptabnehmer, drosseln ihre Zellstoffimporte.

Kemi ist eine junge Stadt. Im Prospekt steht: eine Stadt des Meeres und des Eises. Die Hälfte des Jahres ist mit Eis im Hafen zu rechnen. Und eine Stadt des „Northern Light" und der „Midnight Sun". Kemi bietet den Besuchern auch sonst noch einiges: Art Museum – Hairdresser Museum – Paint Museum – Worker's Museum – Gemstone Gallery Museum.

Wir winken ab und wählen die Weite der Klubterrasse, die eingerahmt wird von unzähligen Fahrrädern, dem Freizeit-Transportmittel der Bevölkerung. 40 Finnmark kostet ein halber Liter schaumloses Bier. Es hilft uns und vielen anderen, das Hitzehoch zu ertragen. Noch um Mitternacht herrscht Trubel, eine angenehme Unruhe. Verständlich nach einem dunklen, kalten und langen Winter und auch nach dem letzten Sommer, in dem es nur zweimal geregnet haben soll: einmal sechs Wochen und einmal sieben Wochen lang.

30 Haparanda

Tip für Schwimmer: Haparandahamn hat das wärmste Wasser auf dieser Tour – 20,5 Grad. Dennoch: Es ist trübe und rötlich, nicht schmutzig, es kommt mit den Flüssen aus den Gebirgen im Hinterland, die alle Erze enthalten.

So haben wir uns das schon länger vorgestellt: Eintauchen, Versinken, Schwimmen als spannendes Vergnügen bei einer Wassertemperatur, die dem Körper schmeichelt. Endlich mal beim Hinablassen kein spitzer Schrei, kein Stocken des Atems, auch kein gravitätisches Kreiseziehen mit ängstlich emporgerecktem Kopf. Sogar Astrid, die Steuerfrau (saß wieder trotz elektrischer Selbststeuerung die ganzen 14 Meilen von Kemi an der Pinne), siegt über das Element, indem sie sich dem verlassenen Hafen gleich ganz nackt anvertraut. Sie badet nicht „gegen" das Wasser, sie läßt sich von ihm tragen. Gelöst, fast schwerelos klettern wir strahlend über die am Heck montierte Badeleiter laut prustend an Bord.

Baden im Licht des polaren Sommers. Es blendet nicht, es gleißt nicht. Das ist der schönste Augenblick – Haparanda. Und: Die Luft hat wieder über 30 Grad, ich mag das schon gar nicht mehr notieren. Ein Sommernachmittag in Haparandahamn – südlicher als im Norden kann er kaum sein!

Eigentlich könnten wir die Leinen lösen, die Segel setzen und neue Ziele am Scheitel des Bottnischen Meerbusens aufsuchen, wäre dies nicht der erste schwedische Hafen und der markante Name.

Haparanda. Bei uns zu Hause durch die Wetterkarte bekannt. Für Landreisende ist die kleine Stadt der wichtigste Grenzübergang zwischen Schweden und Finnland. Und für die Schiffahrt fast der nördlichste Hafen der Ostsee (nur der Industriehafen Kalix liegt nördlicher). Deutsche Ostseesegler bekommen bei dem Namen Haparanda glänzende Augen – er ist für viele ein magisches Ziel, weiter geht es nämlich nicht nach Norden. Zugegeben: Es ist für uns einer der wohlklingendsten Namen dieser Fahrt. Haparanda.

Der Hafen von Haparanda (Position 65°47'N und 23°55'E) befindet sich rund 12 Kilometer westlich der Grenzstadt. Er liegt in einer natürlichen Bucht mit drei Stegen und einer Rampe am Ostufer, wo ein paar Segel- und Motorboote sowie drei Fischkutter, die nicht nach berufsmäßigem Einsatz aussehen, festgemacht haben. Am nördlichen und westlichen Ufer stehen auf den bewaldeten Hügeln einige Ferienhäuser. Die Strände sind flach und steinig. An der südlichen Seite befinden sich zwei Wellenbrecher, die dem Hafen Schutz gewähren. Die Einfahrtrinne ist mit Bojen gekennzeichnet und 3 Meter tief. Am Ostufer liegt der „Bothnia Båtclubben", ein gelbes, wackliges Holzgebäude mit Toiletten, Dusche, Sauna und so weiter. Bei den sauberen Schweden fehlt auch die „tvättmaskin" – Waschmaschine – nicht. Die Liegegebühren – 30 Kronen – hat der Segler unaufgefordert in eine Holzkiste mit Schlitz zu stecken. Ein Hafenmeister ist nicht anwesend. Warum auch? Sitzt man wie wir zwei Schritte links vom Eingang des Klubs länger auf einer Bank und schaut ringsum, so wird man feststellen, daß dies das beinahe vollkommene Modell einer menschenleeren Gesellschaft ist. An Einrichtungen alles vorhanden, nur die Menschen fehlen. Unbewohnte Boote, Wracks, Stellböcke, verlassene Hütten, vertrocknetes hohes Wollgras und Blumen, die aus irgendwelchem Gerümpel wachsen, geben dem Hafen den Anschein gänzlicher Leere. An diesem Nachmittag wirkt er wie eine einsame Wildwestansiedlung. Und er gefällt uns – sehr. Wäre es nicht so, könnten wir den Ausweg – eine asphaltierte Straße nach Haparanda Stadt – wählen.

Haparandahamn sieht selbst an diesem Abend so aus, als würde er sogar einen raschen Anflug menschlicher Tätigkeit mühelos überstehen.

Im ersten Hafen eines Landes hat man einzuklarieren. Das barackenähnliche Haus mit dem Schild „Kustbevakningen" – Küstenbewachung – steht leer. Einige Fenster sind zerschlagen, an der Tür hängt die Telefonnummer der nächsten Station: Luleå 12323. Ergebnis des Anrufs: Wer von Finnland kommt, braucht auch als Deutscher nicht einzuklarieren. Er habe sowieso nichts

Endlich mal zügig gesegelt. Brücke auf Brücke abgehakt. — Wetterbericht für Samstag auch super, Radio Schweden kündigt N-NE 6-9 m/s an. Masahamn ist keinen Stopp wert. Massig Motorboote, Stugas und Parkplätze. Hier die Leute bewegen sich mit ihren Motorbooten, als wäre es ihre zweite Haut. — Seit Hapa. Båtturist-Info-Buch an Bord. Hier die Notiz ⟶ zum Hafen Haparandahamn. Die Abkürzungen bedeuten: S = Sicherheit, M = Milieu, T = Toiletten, D = Duschen. Die Häfen sind klassifiziert von 5-1, die 5 steht für höchste Qualität. Die Symbole für Likskär ⟶ sind verlockend. 1. gleich: "Da müssen wir hin!" Feine Badestrände sind angemerkt. NW: Wie wird die Wassertemperatur sein? — Das markante an Norrbottens Schärengarten, lese ich, sind die vielen und langen Sandstrände. Die Insel gegenüber von Likskär - Sandön - soll durchaus mit den Sandstränden Spaniens konkurrieren können. Hier finden Segler, Surfer und Strandläufer

---

170 • NORRA BOTTENVIKEN • 1

HAPARANDAHAMN 411 NE, 4101 SE
Båtklubben Bothnias klubbhamn. 10 gpl, ankare/bom/ långsides. Djup 3 m.
Hamnvärd: Bertil Hannerfors 0922-213 22, 010-213 22

| S 4 | M 4 | T 4 | D 4 |
| vid kaj* | 4 km | · | |

*) Diesel vid kaj. Bensin och gasol 4 km.
Hamnavgift: 30 kr/dygn, 150 kr/vecka.
Hamnservice: Eluttag vid bryggfästena. Tvättmaskin. Bastu. Öppet klubbhus. Mastkran. Cyklar utlånas.
Trailerramp: Öppen ramp, ingen avgift. Parkering.
Övrigt: STF Vandrarhem 15 km. Lantbrevbärare
Kommunikationer: Buss till Haparanda. Nikkala samhälle 4 km.
Att se och göra: Forsfärder Kukkolaforsen - Torneälv 20/5-1/10. Håvfiske i Kukkolaforsen. Fiskemuseum. Arctic Canoe Race 31/7-7/8.

LIKSKÄR 414 NW, 4101 NE
Luleå Segelsällskaps anläggning på Likskär. Ca 40 gpl, ankare. Djup 4 m. Tavelenslinje.
Hamnvärd: Thomas Josefsson, 0920-121 26.

| S 4 | M 5 | T 5 | D 5 |
| · | · | · | |

Hamnavgift: Ingen avgift.
Hamnservice: Grillplats. Lekplats. Klubbstuga, bastu, tvättmaskin (om obemannat endast dusch och toalett).
Att se och göra: Fina badstränder.

Ausriß aus meinem Logtagebuch. Es beinhaltet nicht nur nautische und persönliche Eintragungen, sondern auch praktische Informationen von unterwegs.

zu verzollen, meint der Zollbeamte am anderen Ende. Gut so. Recht hat er.

Fazit: Haparanda hat das wärmste Wasser, den wohlklingendsten Namen, liefert uns den schönsten Augenblick und ermöglicht die angenehmste Einklarierung.

31 Norra Bottenviken

Wieder auf See. Während K7 Schärenslalom segelt, erzählen wir uns gegenseitig, was wir ohnehin sehen: feste Baken, aus Steinen geformt, rote und grüne Spierentonnen, kleine Leuchttürme, vereinzelt Möwen, die uns umkreisen, und große oder kleine Schären. „Mit den Schären ist es wie mit den Südseeatollen", meint Astrid, „hast du eine gesehen, hast du alle gesehen." Sie will mich reizen mit solchen Frechheiten.

„Nimm es nicht ganz so genau; aber es ist was dran."

Sie will nämlich nicht meinem Drang nachgeben, hier mal in eine Bucht zu schauen, dort an einem Felsen festzumachen und uns umzusehen. Zum Teil hat sie ja recht: Schärensegeln ist Wiederholung. Die Norrbotten-Schären sind außerdem nicht so schroff, bizarr und farblich abgestuft wie die der Ålands oder die südfinnischen; sie sind nicht zerrissen genug, um überall ausreichend Schutz zu bieten. Schlichtweg insgesamt langweiliger. Die idealen Buchten sind zudem besetzt – von Booten oder Hütten.

Wie geht es nun weiter? Zwei bis drei Ankerbuchten hier, das ist klar. Und Luleå, die größte Hafenstadt des Nordens, wollen wir, auch wenn es weit ins Land geht, auf jeden Fall besuchen. Aber danach? Wir planen Tagesetappen, vielleicht mal eine Nachtfahrt, sofern der Wind günstig steht, an der Ostküste Schwedens entlang nach Süden bis zum Götakanal. Abwechselnd Bucht, Hafen, Bucht ... Einfach dem Prinzip Lust folgen, die üblichen

Ziele – Museen, Kirchen – natürlich berühren, aber eigentlich nach anderen Dingen suchen: einem Schnack am Steg, einem Hamburgeressen in irgendwelchen Kiosken, nach extrem einsamem Ankern und Herumstreifen. Und wir möchten endlich hohe Berge mit Rucksack und festen Schuhen besteigen.

Außerdem wollen wir lockerer dahinsegeln, uns nicht von der Zeit beirren lassen, uns treiben lassen und versuchen, Leichtigkeit zu gewinnen.

Und dann suchen wir nach der schönsten Schäre. An der wollen wir dicht vorbeisegeln, um zu Segelfotos von K7 zu kommen.

Zunächst versuche ich mich anhand der Karten zu orientieren. Seskarö, Granön, Halsön liegen achteraus. Derzeit schiebt uns ein prächtiger Ostnordost durch den Halsöfjärden Richtung Rossören. Leider sieht es nach Gewitter aus.

Seit Haparanda benutzen wir schwedische Sportbootkarten. Geradezu ideal für die Schärensegelei sind diese zuverlässigen Kartensätze, die in einer zusammenhängenden Folie verpackt und damit schwer genug sind, so daß man mit ihnen selbst bei viel Wind aus dem Cockpit heraus navigieren kann. Sie haben bei einem Maßstab von 1:50 000 eine großartige Detailfülle, außerdem sind die Tiefenlinien farblich abgestuft – der Drei-Meter-Bereich ist dunkelblau, hellblau reicht bis zur Sechs-Meter-Linie. Jeder Stein, jede Untiefe ist eingezeichnet. Diffizile Durchfahrten, Häfen, lohnenswerte Buchten werden in Detailplänen dargestellt.

Während ich wieder im Kartenatlas blättere und am liebsten noch Dutzende anderer Inseln ansteuern würde, deren Buchten glücklicherweise häufig seicht sind, beginnt Astrid, wohl weil sie sich beim Steuern langweilt, wieder mal mit dem Thema Bücherschreiben: „Willst du über diese Fahrt berichten, dann müssen unbedingt mehr Notizen ins Logbuch."

„Auch wenn wir unser eigentliches Vorhaben nicht ausgeführt haben, könnten wir unter Einbeziehung der Anrainer ein wunderschönes Ostsee-Segelbuch machen."

„Ja, schön langweilig, mangels Notizen."

„Ich werde den Leser durch Kürze und Prägnanz überraschen und mit Informationen bestechen."

„Versuch' doch, die Geschichte im Präsens zu schreiben. Sie erhält dadurch mehr Tempo und Gegenwärtigkeit."

Nur – wovon soll ich bloß schreiben, wenn es soweit ist? Soll ich schildern, wie wir uns nachts im Cockpit treffen, weil es uns zu heiß in der Kajüte ist? Wie ich den Kaffee jeden Morgen aufbrühe, weil ich ihn ohne Filter am besten kochen kann? Oder wie Astrid die Fassung verliert, weil ich mich nicht sklavisch an die Seezeichen in den Karten halte? Wie sie das Boot versorgt, wenn wir uns zu einem Ausflug davonmachen? Wie meine Hände sich wohlfühlen, wenn sie Taufallen greifen, Segel damit hochziehen und anschließend die Enden aufschießen? Wie ich mich ärgere, wenn wir die Toilette benutzen und – igitt – das Ausgepumpte wieder ansaugen, weil die Rohre zu dicht nebeneinander montiert wurden? All das geschieht jeden Tag, und jeden Tag ein wenig anders. Zwar wird noch zu beschreiben sein, wie man den Anker einholt, wenn ein heftiger Sturm ihn in den Grund gezogen hat. Aber das, was sich zwangsläufig wiederholt, scheint eigentlich nicht berichtenswert.

„Ich probiere schon mal den Buchtitel. ‚Willkommen in der Ostsee'. Wie klingt das? Oder: ‚Wie wir mal eben die Ostsee umsegelten'. Auch nichts? ‚K7, Ostsee-Blicke'."

Wir blicken mal hierhin, mal dorthin. Das kommt dem Titel sehr nahe, denn umfassend über dieses verästelte Gebiet mit seinen hunderttausend Seen, Inseln und Buchten zu berichten, ist nach einem Segelsommer schier unmöglich. Astrid überrascht mich: „Die schreibende Seglerszene ist mir zu alt, weißt du das? Ich meine die, die mehr als ein Buch verfaßt haben, dich eingeschlossen. Schenk, Wilts, Pieske, Schult und du, alle seid ihr über 50. Rollo Gebhardt hat ja nun seinen Abschied genommen und motort nur noch auf den Flüssen. Warum läßt man nicht mal Jüngere ran?"

„Vielleicht wollen die nicht; oder sie denken, wie ich's lange getan habe, es seien schon alle Geschichten erzählt."

Noch am selben Tag befolge ich Astrids Hinweis, greife zum Logbuch und skizziere: *23. Juli. Marahamn. Fest um 14.30 Uhr – nach 23 gesegelten Meilen an einer Steganlage mit ausschließ-*

lich Motorbooten. Wie konnten wir uns nur hierher verirren? Auf der Karte sah alles entzückend aus. Ein in drei Richtungen verzweigter Wasserarm. Und jetzt? Milieu null. K7 ist umgeben von über 400 Motorbooten und davor einem planierten Parkplatz voller Volvos. Dabei hatten wir noch Sorge mit der Ansteuerung. 43 Seezeichen problemlos abgehakt, nur das letzte, eine wichtige grüne Spiere, konnten wir nicht finden. Erst im letzten Moment hatte ich sie im Glas. Nur 30 Zentimeter hoch und dünn wie ein Besenstil ragte das Ding bei bewegter See aus dem Wasser. Gleich nachdem wir in einer gräßlichen Schwimmstegbox fest sind, zieht eine Gewitterfront durch. Für kurze Zeit wird es dunkel und arg böig. Ein paar Tropfen fallen. Danach wieder 28 Grad Celsius. Wir schmieren uns Weißbrote mit Marmite, trinken Tee dazu. Anschließend tun wir das einzige, was man hier machen kann: wandern. Eine schmale Straße mit Blumen verschiedener Art am Rand führt nach einer Stunde in einen Ort. Kein Geschäft, auch keine Pölser-Bude. Im Ort hübsche saubere Holzhäuser, alle sind in leuchtenden Farben gestrichen. Der Mast mit gesetzter Landesflagge fehlt selten.

Abends zurück. Inspiziere den Hafen. A. experimentiert mit Expeditionsproviant – gefriergetrocknetem Gemüse und Bratkartoffeln. Der Tüteninhalt muß vor dem Kochen und Braten 40 Minuten in Wasser eingeweicht werden. Schmeckt gewiß besser, wenn man sich auf einer Expedition befindet.

Marahamn ist den Stop nicht wert, aber wir bleiben über Nacht, denn es gibt in der Nähe keine Alternative. Daß dieses dünnbesiedelte Norrbotten-Land solchen Reichtum präsentiert, haben wir nicht geahnt. Jedes Haus am Wasser, und davon gibt es bei einem Rundumblick zu viele, hat einen Steg mit mindestens einem Boot. Motoren dröhnen in einem fort. Eines muß man den Schweden lassen. Sie können verteufelt gut mit ihren Booten umgehen. Dabei sehen die Dinger putzig aus mit winzigen, geschützten Kajüten auf dem Vorschiff, weil das Achterschiff für den Transport oder Fischfang genutzt wird.

Gegen 23 Uhr ziehen wir den Schlafsack über den Kopf. Das wird wieder eine Nacht! Heiß, heiß, heiß ...

Frührentner sind oft die einzigen Segler, die sich die weite
Fahrt in den Bottnischen Meerbusen zeitlich leisten können. Von rechts
nach links: Erich Neidhardt, Diana, Wolfgang Stölting.

25. Juli. Luleå Stadthafen. Wer liegt hier? ELEFANT *mit Erich Neidhart und seiner neuen Liebe – einer Überraschung aus der* YACHT*-Rubrik „Verschiedenes". A. wollte schon immer jemanden kennenlernen, bei dem es auf diese Weise geklappt hat. Seglerin Diana hat die Anzeige aufgegeben und reichlich Auswahl bekommen. Das erzählt sie der neugierigen A. in der gemütlichen Kajüte bei Bier und Brandy. Ein einwöchiger Probetörn, absolviert in der Ostsee, reichte, um danach zusammenzubleiben. Sie brachte ein Haus mit in die „Küche" und gut 50 Jahre, er* ELEFANT *und 60 Jahre. Von Miete und Rente wird der Unterhalt fürs Leben, für Reisen, Boot und Haus bestritten. Erich strahlt: „Irgendwann muß man ja Glück haben, auch wenn's spät im Leben ist." Denn einmal hat er Schiffbruch im Pazifik erlitten (1971) und 17 Tage in der Rettungsinsel verbracht. Und Jahre später die selbstgebaute 11,70 Meter lange Holzslup stark beschädigt gerade noch vom Riff in Tonga gerettet. Die Folgen: Gesundheit lädiert, Geldprobleme, und seine damalige Frau verließ ihn. Trotz aller Widrigkeiten hat er jedoch seine Weltumseglung 1985 beendet. Der Flensburger hat bereits Ende der fünfziger Jahre per Folkeboot Schweden besegelt und will uns mit Seekarten aus dieser Zeit aushelfen. Kann ich gerade noch abwehren. Die sind selbst mir zu alt.*

Von Piteå im Süden bis Haparanda im Norden reicht die Riviera des Nordens – und Luleå liegt mittendrin! In einer Regenpause Stadtbesichtigung. Luleå wirkt neu und interessant. Überall Wasser drumherum. Auffallend viele Immobilienangebote – meterlange Schaufenster voll mit Verkaufsanzeigen von Einfamilienhäusern. Ansehnliche Gebäude sind dabei, für nur 100 000 Mark. Ausverkauf wegen Erz- und Stahlflaute? Im Norden Schwedens ist deshalb die Arbeitslosigkeit sehr hoch.

Was passiert sonst noch an einem nassen Sonntagnachmittag in der Hafenstadt? Nichts! Jungvolk vor den Burgershops. Der Dom leider geschlossen. Großzügige, aber leere Straßen. Wir finden einen Kiosk mit dem Hinweis: „Deutsche Presse". Damit ist der Regentag gerettet. Steifer Südost. Unruhige Nacht im Gästehafen, der eine Baustelle ist.

26. Juli. Ein Stück weitergekommen, 8 Meilen bis Likskär. Und vor allem in einen wunderschönen Dünenhafen verholt. Sozusagen die Außenstelle des Segelklubs Luleå – mit clubstuga, grill, bastu, tvättmaskin und den feinsten Badestränden. „Fantastiska Sverige" – phantastisches Schweden. Schätze, 30 Boote passen in diesen Naturhafen. A. war heute früh noch Lebensmittel einkaufen und auf der Post. Pünktlich um neun Uhr stand sie dort mit dem Postsparbuch, um uns mit Schwedenkronen zu versorgen, aber: Die Post öffnet sommers erst um zehn, im Winter um neun. Überhaupt, das Leben in der Stadt beginnt spät. Die Bewohner genießen die hellen Sommernächte und müssen morgens ausschlafen.

In Likskär werden wir sofort willkommen geheißen. Nicht nur plakativ per Schild an der Einfahrt – VÄLKOMMEN –, sondern von Anett und Kjell, die den Klub bewirtschaften. Sie bieten Bier, Ein-Teller-Gerichte, Ordnung und Sauberkeit. Völlig unschwedisch begrüßen sie uns mit Handschlag und Geplauder.

Wir vertrödeln den Tag mit diesem und jenem an Bord. Sonnen uns in den Dünen. Nicht zu glauben: ringsum Fels und Stein, aber hier Berge von feinstem weißem Sand. Abends kommt Kjell mit weißer Schürze und Kochlöffel den Steg entlang: Dinner is ready! Es gibt Chili con Carne, Eis und Früchte, alles für 75 Kronen. Der halbe Liter Bier der Klasse 3, das bedeutet Starkbier, kostet 30 Kronen.

Kjell und Anett erledigen dieses Geschäft nur für eine Woche. Alle Mitglieder des Vereins sind reihum verpflichtet, hier im Sommer ihren Dienst zu tun. Natürlich haben die beiden (sie blond, hellhäutig) ein Boot, ein Haus und ein Kind. Beide sind berufstätig, er als Lokführer bei der Bahn, sie in einem Büro. Zusammen verdienen sie 28 000 Kronen – nach Steuern und Abzügen bleiben 16 000 zum Leben. Das ist eigentlich zu wenig, aber: Freimütig erzählen sie, daß sie im Winter in Österreich noch Ski laufen. Wie das? Mit Hilfe von Krediten und Eltern.

Nach einem Bier gibt es keine sprachlichen Schwierigkeiten mehr. Ich verblüffe sie mit meinem schwedischen Vokabular: „Vilken idrott tycka du best om?" – Welchen Sport magst du am liebsten? Ein Thema, mit dem die Schweden viel anfangen können: Sport, Reisen, Segeln und Seefahrt im besonderen. In Luleå ist jeder achte Einwohner stolzer Besitzer eines Bootes. Wieso ich als „Tysk" schwedisch sprechen kann, fragt Kjell. Vor rund 30 Jahren fuhr ich vier Jahre lang abwechselnd auf schwedischen und norwegischen Handelsschiffen zur See. Nicht weil ich den Beruf liebte, sondern weil ich möglichst schnell Geld für ein seetüchtiges Segelboot verdienen wollte. Das war zu der Zeit in Skandinavien möglich. Um auch Freude zu haben und seemännisch mehr zu lernen, packte ich Sprachführer und Wörterbücher mit in den Seesack. Diese Einstellung hat mit Sicherheit dazu beigetragen, daß ich mit den Nordländern an Bord und an Land herrliche Zeiten verlebte. Zwar sprachen die Schweden zum Beispiel durchweg fließend englisch, sie fühlten sich jedoch angenehm berührt, wenn einer ihre wenig verbreitete Sprache paukte und anwendete. Zudem hatte es den Vorteil, daß ich im Nu zum Matrosen befördert wurde und mehr Heuer verdiente.

Einfahrt in den kleinen, idyllischen Klubhafen Likskär. Man beachte die überall im Norden zu findenden Willkommens-Schilder.

An Bord riß ich so viele Überstunden ab wie möglich. Ich schob zusätzliche Wachen in der Hitze des Persischen Golfes oder bei 25 Grad Frost im St. Lorenz-Strom. Die Idee, die Welt auf eigenem Kiel zu umsegeln, hatte vollständig von mir Besitz ergriffen. Fühlte ich mich manchmal niedergeschlagen, mußte ich nur an mein Ziel denken – allein um die Welt –, gleich reduzierten sich Probleme und Lustlosigkeit.

Daß diese körperlich harten Seefahrtsjahre die Basis für inzwischen 30 Jahre Fahrtensegeln (damit, davon, dafür) werden würden, ahnte ich damals natürlich nicht, sonst wäre mir die Zeit an Bord der Frachter und Tanker sicherlich leichter gefallen.

Doch in Luleå war ich schon 1963 mit dem Frachter BYKLEFJELL gewesen. Wir brachten Stückgut von den Großen Seen und luden Stahlteile. Es war bereits Spätherbst, vielleicht November, jedenfalls schwamm das erste Eis vor dem Bug. Daran kann ich mich erinnern, denn ich hatte mal wieder Ausguck auf dem Vordeck, als wir durch die Schären fuhren, und klatschte regelmäßig die Lederstiefel gegen die Klüsen, um die Füße warm zu kriegen. In Erinnerung ist mir noch, wie die Schwedinnen sich in Luleå auf unser Schiff stürzten – wir hatten nämlich einige Philippinos als Crew, und alles Exotische faszinierte die Mädchen. Abends hingen sie in unserer Messe herum, hübsche, normale Mädchen, die tagsüber ihrer Arbeit nachgingen. Damals schien uns Luleå weit, weit entfernt vom Rest der Welt. Ja, das war „en djävlar fin tid" – eine verdammt gute Zeit.

27. Juli. Eingeweht in Likskär. Starkwind aus Südost, unserem eigentlichen Kurs. Wir stehen gegen neun Uhr auf, die Schweden auf ihren Booten um elf. Die Finnen krabbeln erst aus den Kojen, wenn die Sonne im Zenit steht. Uns gefällt der Tag. Wir liegen schwellsicher unter blauem Himmel. Um uns nur ein paar Yachten, Möwen, Sand und gemeines Kraut.

Ich schlängle mich endlich in die Achterpiek, um den lecken Wellenbock von innen zu dichten. Gelingt mit Sikaflex und Leinentesa darüber. Doch wie lange, wenn die Welle dreht? Mir reicht es langsam, mit dem Schwamm nach jedem Motoren lenzen zu müssen. Gleichzeitig dichte ich mit Sikaflex an Deck die Püt-

tingsdurchführungen. Das sollte bis zum Ende der Fahrt Bestand haben. Abends wieder mit den netten Schweden im Klubhaus. Kjell spielt auf dem Akkordeon und singt. Ich hole zwei Flaschen Champagner, echten, den uns Andreas Bechtolf, der Manager des Yachtzentrums Greifswald, zur Schiffstaufe geschenkt hat. Es wird wunderbar und spät. Anett hofft auch für morgen auf heftigen Gegenwind.

Dieser Sandzipfel ist nur per Boot zu erreichen. Likskär ist wie Schleimünde, du segelst ein Stück und läßt ein ganzes Land hinter dir.

32 Kevlarmenschen

Wir stecken noch immer im Schärengebiet des Norrbotten, aber das ist kein Grund zur Beunruhigung. Wir sitzen nicht fest auf einem Felsen oder im Küstenschlamm, haben auch keine Motorprobleme. Einerseits steckt der immer noch steife Südost (Gegenwind) dahinter, der uns nur peu à peu vorankommen läßt, andererseits: Astrid spürt die ersten Anzeichen ihrer Periode, und da lassen wir für den ersten Tag das Segeln mal lieber sein.

Insel Mellerstön. Eine beutelartige Bucht an ihrer Nordküste ist genau der richtige Ankerplatz zum Abwarten. Aber nicht langgestreckt auf den Cockpitbänken, bei einer Kanne Tee und einem Buch vor dem Kopf. Nein, wir haben zu arbeiten. Es sind seemännische Arbeiten. Astrid fettet die Ventile der Abflüsse, ich greife zu Nadel und Garn, nähe uns Stich für Stich ein großes, sogenanntes Sonnensegel aus dickem Persenningstoff. Obschon es seit Wochen 30 Grad heiß ist und ich mich an Dauerregen gar nicht mehr erinnern kann, liegt mir Astrid seit Tagen in den Ohren: „Irgendwann geht es los mit dem Regen, und dann brauchen wir ein Tuch überm Cockpit!"

Selbst die Augen zum Spannen des Tuches werden per Hand reingestichelt. Nähen ist in der Tat neben Spleißen, Knoten und Wurfleinen aufschießen mit das Beste, was ich aus der Handelsschiffahrt mitbrachte. In meinen Anfangsjahren, als ich häufig mit morschen Segeln hantierte, war besonders Nähen enorm nützlich. Astrid, die sich an handwerklichen Arbeiten immer begeistern kann, sagt: „Wenn es uns mal schlecht geht, kannst du immer noch handgenähte Seesäcke anbieten." „Aber dann nur die richtigen mit acht Längsnähten, wie früher in der Windjammerzeit üblich."

Mellerstön ist recht groß für eine Schäre, an die 6 Kilometer lang und unbewohnt. Wir sind trotzdem nicht allein hier. Eine Familie mit Segelboot liegt am winzigen Steg. Dem Mann erzähle ich nach unserem Neugierausflug ins Gebüsch, daß uns ein Elch erschreckt hat und wir umgekehrt sind. Damit habe ich einen Erzähler aus der Reserve gelockt: Leif aus dem gegenüberliegenden Piteå teilt mir alles über Elche mit. Und alles auf schwedisch. Ich kann ihm nur schwer folgen. Zusammengefaßt verstehe ich: Es gibt zu viele Elche in Schweden, sie ruinieren die Wälder, denn sie bevorzugen die Triebe junger Bäume. Einmal im Winter ist deshalb hier auf Mellerstön öffentliche Jagd, und Leif ist stets mit dabei. Ein Dutzend Elche werden jedesmal abgeschossen. Daß diese 500 Kilo schweren Tiere von Schäre zu Schäre schwimmen oder im Winter übers Eis laufen, war mir nicht bekannt. Und daß sie beim Schwimmen ein enormes Tempo vorlegen, 5 Knoten, erscheint mir nicht glaubhaft. Doch Leif ist nicht davon abzubringen. Er sei einmal in seinem Boot mit 6 Knoten neben einem Elchhirsch hergesegelt.

Leif fährt beruflich einen Hafenschlepper in Piteå. Ähnlich wirkt auch sein Boot, ein bulliger, eigenwilliger, ja unorthodoxer Eigenbau. Solche Freizeitboote sieht man höchst selten in Schweden. Die gut 10 Meter Länge sind als Ketsch getakelt, im Bug fährt er zwei Danforthanker über faustgroße Rollen, am Heck nochmals das gleiche. Das wirkt professionell. Ich merke an, daß seine Landsleute meistens ohne Kette ankern, nur mit einer Art Gurtband. Da winkt der stämmige Leif ab, verzieht den Mundwinkel und meint: „Das ist so, als ob du Schnürschuhe trägst ohne Schnürriemen." Was ich allerdings nicht ganz in Relation bringen kann. Aber das macht überhaupt nichts. Offenbar habe ich dem blonden Hünen ein Stichwort gegeben. Er versichert, er würde nicht eine einzige Meile segeln, müßte er seine Sommerfahrten mit diesen modernen, übertakelten Booten machen: „Gut ist, was verrottet."

Die abendliche Kühle und sein freier Oberkörper (eigentlich müßte er frieren) hindern ihn nicht zu erzählen, was er in seiner Umgebung und seinem Segelverein so erlebt. „Ich mag diese Segler nicht, die ringsum von elektronischen Anzeigen eingeschlossen sind." Er nennt sie wegwerfend „Kevlarmänniskor" – Kevlarmenschen. „Sie sind kontaktarm, nur an sich selbst interessiert." Er sei zwar eine sehr sachliche Natur, zum Segeln gehöre aber auch ein Gruß, ein Lächeln und nicht immer ein starrer Blick, geradeaus auf die Genua gerichtet. „Die kommen an meinen Steg, binden ihr Boot fest, und weg sind sie. Bloß kein Wort, keine Frage. Man kommt doch in einen fremden Hafen, um Gesellschaft zu finden, um reden zu können und Erfahrungen auszutauschen.

Das Meer braucht Segler, die hören, sehen, riechen. Die aber haben in der einen Hand die Fernbedienung für die Selbststeueranlage, in der anderen das Mobiltelefon und hängen mit den Augen am Fadenkreuz des Chartplotters. Das sieht man nicht nur in den Stockholmer Schären, auch in Luleå und überall."

Leif fühlt sich nicht wohl. Er unterstreicht seine Worte mit Gesten, aber die Gesten seiner Frau und Tochter, die offensichtlich sehnsüchtig an Bord mit dem Essen auf ihn warten, will er nicht sehen. Da ich seiner schnellen Erzählweise bei weitem nicht folgen kann und er es spürt, wiederholt er seine Ansichten mehrfach: „För manga Kevlarmänniskor" – zu viele Kevlarmenschen.

33 Kein schlechtes Leben

Wieder beginnt ein Tag, er wird sich von den vorangegangenen nicht wesentlich unterscheiden. Südwind ist nämlich weiterhin angesagt. Das bedeutet wie zwischen Luleå und Mellerstön einen Kreuzkurs. Im Seewetterbericht von „Svensk Radio P1" spricht man von zwölf Metersekunden, das sind 6 Beaufort. Die Vorhersagen waren bisher verläßlich. Seit Kemi hören wir den Sender über UKW jeden Morgen um 08.05 Uhr.

Der vorherrschende Wind des Bottnischen Meerbusens ist um diese Jahreszeit nun mal Süd. Das steht im „Båtturist 1993", den wir seit Haparanda an Bord haben: einen Hafenführer, herausgeben von der schwedischen „Turistföreningen". Darin enthalten sind alle Häfen des Landes, die Gästeliegeplätze zur Verfügung haben. Ein blaues Schild mit gelbem Anker weist auf freie Liegeplätze hin. 462 schwedische Häfen sind im „Båtturist" klassifiziert – von 1 (schlecht) bis 5 (sehr gut). Wobei uns die beiden Kategorien Sicherheit und Milieu besonders interessieren. Weitere Informationen: Wie weit ist es zum Kaufmann, wo kann man tanken, wie hoch sind die Abgaben, welche Sehenswürdigkeiten gibt es und so weiter.

Immer nach dem Ablegen wollen wir etwas hinter uns bringen. Diesmal sind es die 100 Meilen bis Ratan, eine Nachtfahrt. Ich lege mir das Logbuch auf die Knie: *30. Juli. Eigentlich ein herrlicher Tag, wäre da nicht der Wind von vorn. Um 07.30 Uhr im Cockpit gefrühstückt. Zwischendurch Wetterbericht gehört. Um 08.30 ankerauf – verbunden mit viel, viel Dreck. Anker und Kette voller festem Schlamm. Gut, daß auf K7 ein separater Ankerkasten mit Abflußloch eingebaut ist. Motoren zwei Stunden im Fahrwasser. A. fleißig. Um sie zu unterhalten, erzähle ich noch einige Geschichten von Leif und seiner Abneigung gegen Kevlarmenschen: „Wie soll man die Bordelektronik entsorgen, 40 verschiedene Verbundstoffe sind in manchen Geräten enthalten." Doch, das interessiert A. Sehr sichtiges Wetter. Verlockt zum Besuch der Schären, an denen wir vorbeieilen. Aber wir müssen weiter, auch wenn es mit Schräglage ist.*

In den Ålandinseln: Blumen bis an den Wassersaum. Die Vielfalt und Farbenpracht erstaunt bei nur einer Handvoll Mutterboden.

Ein Hoch über Skandinavien bringt uns in der Bottensee überwiegend Südwind und Schönwetter. – Die Seetage vergehen mit Segelmanövern und Wacheschieben, mit Essen und Schlafen.

Kemi. Nur zwei der elf Gästebojen sind belegt. Auch im Hochsommer verirren sich nur wenige Segler in den Scheitel der Bottensee. – Wegen des Klimas wird Heu auf Reutern getrocknet. – Mitternacht im Kemi Yachtclub. – Frisch geräucherter Fisch. – Nächste Doppelseite: Stockholmer Schärengarten. Die äußeren Inseln sind schroff und wenig bewachsen.

Bei Rönnskär segelt einer parallel zu uns. Mal entfernter, mal ganz in der Nähe, dann wieder achteraus. Beharrlich bleibt er in unserem Kielwasser, als wolle er in Gesellschaft segeln. Ich rolle mich auf der Cockpitbank zusammen und hoffe, daß er, bevor die Nacht kommt, verschwindet. Da will ich nicht ständig Ausguck halten. Es sind nur noch wenige Schweden unterwegs. Ihr Sommer ist abgelaufen. Sie müssen zur Arbeit oder ihre Kinder in die Schule.

Groß und Genua dichtgeholt ziehen uns in die Abenddämmerung. Das wäre nichts Besonderes, gäbe es nicht das Licht, das durchs Segel an Deck schimmert. Ein gefiltertes, nordisches Licht, das wie Atem überm Vordeck hängt, wie Atem. Ein Bild vom perfekten Genuasegeln. Der Bug schneidet schäumend durch die See, ohne daß Gischt an Deck kommt. Die Genua ist leider ein Deckfeger. Sie reicht zentimetergenau bis aufs Deck, darunter Durchgucken ist unmöglich. Daher sind wir froh, als der fremde Segler zur Küste hin abdreht.

Als es schummrig wird, vervollständige ich mein Logbuch: *Dichte Wolken ziehen von Süden auf. Cirrocumulus. Barometerstand 1018 mb. Seit Mittag stetig fallend. Das Beste am heutigen Tag ist der sagenhafte Genuakurs. Ich war so fasziniert von dem Anblick – stundenlang –, daß ich mich nicht zu Fotos aufraffen konnte. Jetzt bedaure ich es. Dafür auf direktem Kurs Ratan. Soll wunderschön liegen – nach „Båtturist" Milieu 5. Der Wind hat entgegen dem Wetterbericht leicht auf Südost gedreht. Klasse! Gute Stimmung bei Brot und Suppe – freischwebend zwischen Pantry und Cockpit. A. sagt „Schatz" zu mir. Das Boot zieht mit 5 bis 6 Knoten in die Nacht. – Kein schlechtes Leben.*

Zu Hause würde man sich manche Dinge nie erzählen. Zu Hause sitzt oder liegt man auch nicht 20 Stunden und mehr in unmittelbarer Nähe des anderen. Blickt in den Himmel, aufs Meer, genießt den Segelwind, erzählt und reflektiert. „Kein schlechtes Leben", wiederhole ich für Astrid, was ich eben ins Logbuch notierte. „Mit dem Fahrtensegeln, glaube ich, haben wir uns etwas gekauft, ohne wirklich was dafür leisten zu müssen. Das ist viel, verdammt viel Geld wert."

Sich in schwedischen Gewässern zurechtzufinden, ist kein Problem. Überall befinden sich Seezeichen, zudem in ausgezeichnetem Zustand.

Segler, die ihre Reisen optimal umzusetzen wissen, findet man heute kaum, und es wird in naher Zukunft noch schwieriger werden. Für Bootsfahrer verwirklicht sich ein Alptraum, wenn die Registrierung und Kennzeichnungspflicht obligatorisch wird. Damit verbunden sind nicht nur Zahlen auf dem Rumpf und mehr Bürokratie, sondern wohl auch zusätzliche Beschränkungen und Bestimmungen. Die Einführung der Haftpflichtversicherung für alle Boote könnte ebenfalls vorgeschrieben werden. Und letztlich noch der Boots-TÜV, eine regelmäßige qualitäts- und sicherheitstechnische Überprüfung der Wasserfahrzeuge. Vorbei die Zeiten, in denen man ein Boot zu Wasser ließ und einfach lossegelte. Segler wie unsereins, ohne Sprechfunk, Rettungsinsel und Versicherung, gibt es dann nicht mehr.

Dann werden wir „verboten", unkt Astrid.

„Mit den Verordnungen kommt all der Plunder und Müll, der speziell auf Messen angeboten wird, zwangsweise auf die Boote."

„Wir haben Glück gehabt. Waren zur richtigen Zeit unterwegs, im richtigen Alter. Mit den idealen Schiffen."

„Die große Freiheit: kein Boss, keine Rivalen; da war kein Nörgler, kein Befehlsempfänger. Das hat verteufelt viel mit Freiheit zu tun."

„Glück vor allem, daß wir in einem Staat leben, in dem man losfahren konnte, wann man wollte."

„Deswegen habe ich die erste KATHENA gekauft – um einen Ort zu haben, an dem ich ungestört, unerkannt, unerreichbar tun und lassen konnte, was ich wollte."

„Und ich dachte immer, es sei dein sportliches und abenteuerliches Bedürfnis, das dahinterstand."

Unser Traumziel war von Anbeginn nicht ein reicheres Leben, sondern ein anderes. Einfach und auf einer soliden Basis. Beim Boot zum Beispiel einfache Technik, einfache Ausrüstung, eben einfaches Leben. Motto: Genieße es! Statt morgens als erstes einen Blick auf den Voltmeter zu werfen, küsse deine Frau! So haben wir alle Reisen durchgezogen, waren ohne fremde Hilfe unterwegs, ohne daß irgendein Ersatzteil oder dergleichen nachgeschickt werden mußte. Vor jedem Boot stand im Kopf die ein-

Log von K7   Dat. 31. Juli 93
von MELLERSTÖN   NACH   RATAN

h	Wind	Ba	Wet	KK WK	Segel	FdW	Log	Bem
0005	SE 2	1017	O	220 225	G+Ge	4,8	75	Wachablösung (A.)
0100	-"-	1016	σ	-"-	-"-	5,0		Wende - Frachter (Kümo)
0115	SSE 1-2	1016	σ	230 235	-"-	4,0	80	Schiff achtwarss
0330	-"-	1015	σ	240 245	-"-	3,8	89	Wachabl. (W.)
0430	SW 1-2	1014	σ	180 185	-"-	4,0	93	Düster, zerfetzte Wolken
0445	SW 1	1014	σ	Sicht	G	5,5		Motor an, Steuern direkt
0510								auf Ratanö zu, berge Ge
0510	/	1014	σ	Sicht	/	5,0		1 sm bis zur Insel, berge G
8530			-				98	fest längsseits im Hafen

Pos. /   Etmal 96 sm, Tiefe /   MißW. 5°E
          Gesamt 2151 sm, Motor 6½ h = 108 insg.

Samstag
Nachtfahrt mit Dunkelheit!!
Keine Lichtstrahlen, kein Sonne,
die uns üblicherweise um 3 Uhr
wecken. Die Bojen vor Ratan
- Inor Ricklägrunden + Storväsen
- gerade mal eben zu erkennen.
Fischergrube Wolkenbänke zieh'n
von West auf, aber 5 Seemeilen
vor dem sichen Hafen begegne
ich ihnen gleist. Mache einige
Fotos. Führe von Ölzeug über
wie B eigentl. zur Augenblick
losheiza - als REGEN. Ratans
enge (schön!) Einfahrt - bringt
kein Problem - noch trocken,
düsterem Licht. Ratan: villen 5
tipft voll zu. Ich denke →

Diese Logbuchgliederung habe ich mir zu Beginn
meiner ersten Weltumseglung ausgedacht und – mit geringen
Änderungen – während aller Fahrten beibehalten.

gebaute Möglichkeit, ohne Aufwand sofort das Nötige tun zu können. Zugegeben: Wir wählten ein ungesichertes Leben auf relativ kleinen Booten. Aber alle meine – unsere – Fahrten waren somit finanziell umsetzbar. Und dieses nicht abgesicherte Leben bürgte von vornherein für das Ausbleiben von Sicherheitswahn und Erstarrung.

Bevor Astrid in die Hundekoje „einbiegt", anders kann man ihr Hineinschlüpfen nicht nennen, kommen wir überein: Gerade weil wir auf See grundverschiedene Gefühle haben, ist uns das Segeln nie zum grauen, tristen Alltag verkommen.

An dieser Stelle muß ich erzählen, daß wir an Land ebenfalls eine andere Einstellung zum Leben haben. Astrid legte, nachdem wir aufs Land nördlich der Schlei gezogen waren, eine Gemüseplantage an, mit rechtwinkligen Beeten und aufgespießten Samentüten, sie pflanzte Obstbäume, hielt sich Kleinvieh. Ich machte – trotzdem – weiter mit dem Fahrtensegeln. Meine sehr leistungsorientierte Nonstopfahrt führte allein von Kiel nach Kiel in 271 Tagen, es folgte eine monatelange Jollenfahrt durch Dänemark, und gleich nach dem Mauerfall erkundete ich Mecklenburg-Vorpommern einen Sommer lang, ebenfalls in der Jolle. Davor kam 1989 der „unmögliche Törn" über den Nordatlantik mit einer zum Teil unqualifizierten Crew. Es waren acht Gewinner eines Preisausschreibens (STERN), die, ohne sich zu kennen, in Cuxhaven an Bord kamen. Am anderen Morgen ging's los mit Kurs New York. 3500 Seemeilen über den Nordatlantik. Wahnsinn! Hier trifft das Wort zu.

Während aller Reisevorbereitungen und vor den Abfahrten waren stets preßvolle Zeiten, die ich ohne Astrid nicht geschafft hätte. Es ist großartig, wenn man bedenkt, was wir zwei unterschiedlichen Menschen aus der Ehe gemacht haben. Wie wir sie gestaltet haben, ohne uns übermäßig mit der Theorie zu beschäftigen.

34   Der vierte Regentag

So habe ich es gerne: Gleich nachdem wir in Ratan festgemacht haben, beginnt es, in Strömen zu regnen. Astrid strahlt, bewährt sich doch ihr „Sonnensegel" schon zwei Tage nach der Fertigung. Es ist der letzte Tag des Monats, und da darf es schon mal regnen. Ich schlage im Logbuch nach: der vierte Regentag unserer Reise – von 84. Seltsamerweise stets Hafentage.

Was ist sonst noch an diesem Tag festzuhalten? *31. Juli. Eine Nachtfahrt mit Dunkelheit! Keine Sonne, keine Lichtstrahlen, die uns sonst um drei Uhr und früher wecken. Um vier Uhr ist es noch so duster, daß ich die Tonnen vor Ratan gerade erkennen kann. Wolken drohen furchterregend, aber es kommt nichts. Nur Windstille. Mache einige Fotos von den sich verdichtenden Altocumuli und Cirrocumuli. Ihre Scheiben und Lamellen – weiß und grau – signalisieren viel Wind und Regen. Starte den Motor. Die Hafeneinfahrt bezeichnet A. um 05.20 Uhr als „einfach unbeschreiblich" – schwarze Felsen mit Brandung rechts und links. Dahinter Blumen, Felder und Wald. Der Hafen der Natur sieht bei diesem trüben Wetter phantastisch aus – und ist leer. Segeln ist doch in Schweden angeblich Volkssport! Wo sind sie, jetzt mitten im Sommer?*

Als wir am Holzsteg fest sind, fällt mir wieder auf, wie rasch A. doch alles an Deck erledigt: Fallen abbinden, Festmacher kontrollieren, Fenderbrett raushängen. Dazu eine Kanne Kaffee aufbrühen und schwätzen. Sind wir nicht großartig? Vor dem Regen drin. Die ersten Böen drücken K7 an die Pier. Und dann Schlaf. Klappt nicht sonderlich. Zu aufgeregt. Und: Motor dröhnt im Kopf nach. – Um elf Uhr ausgiebiges Frühstück. Porridge mit Rosinen, in der Pfanne geröstetes Brot, Käse, Tee. Danach Seekartenstöbern. Holmön? Bredvik? Järnäshamn? Wohin morgen? Wettervorhersage um 13.05 Uhr weiter mies. Südwind mit Sturm und Regen. Nicht nötig, darüber nachzudenken, wie das Wetter sein wird; sondern wie es gerade ist: Es nieselt. Kaufen im „Kioski" Brot, Milch und diese tolle, gelbe schwedische Butter. Duschen fünf Kronen, Haartrocknen eine Krone. Frau Sune

Johannsson kommt vorbei, kassiert 35 Kronen Liegegeld. Empfiehlt uns unbedingt einen Ausflug auf die Insel Rataskär, gegenüber von K7. Legen uns nochmals auf die Kojen. Lesen.

Lesen. Ein Boot, sicher vertäut in Wind und Regen, ist der richtige Ort zum Lesen. Man hört nur das Rauschen im Rigg, die Tropfen auf dem Deck und das Rascheln der Buchseiten. Astrid schaut erst mal in alte Zeitschriften. Sie kann sich nicht entscheiden – Strittmatter oder Loest. Ich blättere genüßlich in John Updikes „Rabbit in Ruhe". Lese hier und da eine Stelle und freue mich auf die 656 Seiten. Ich lese gern Bücher von Amerikanern. Sie können gut erzählen, haben mehr Melodie, Tempo, Dichte und Rhythmus. Jahrelang war Ernest Hemingway mein liebster Autor.

Jede meiner Reisen hat „ihren" Autor. In den ersten Jahren war ich nämlich abhängig vom Lesestoff, den ich unterwegs geschenkt oder getauscht bekam. So war ich während der ersten Weltumseglung ein Fan von Heinrich Böll: „Haus ohne Hüter", „Ansichten eines Clowns", „Billard um halb zehn". Seine Bücher haben mich überhaupt zum eigentlichen Lesen gebracht. Bei der Reise mit Astrid um die Welt war's Simmel. Auf dem folgenden langjährigen Südseetörn lasen wir Hans Fallada – am Ende hatten wir alle seine Titel im Bücherbord. Es ist auch die Aura des Autors, die mich für ihn einnimmt. Wie zum Beispiel Hemingways filmreife Lebensweise. Bei Fallada Drogen, Alkohol, Frauen – er hat nichts ausgelassen. Während der Nonstopfahrt um die Welt beeindruckte mich ein Schriftsteller aus Trinidad: V. S. Naipaul. Der Vollständigkeit halber: „STERN"-Fahrt nach New York – Paul Theroux. Jollenfahrt Mecklenburg – Bruce Chatwin. Und zwischendurch immer mal wieder – ein Bild von ihm hängt bei meinem Hamburger Verleger an der Wand – natürlich Joseph Conrad.

Und Segelbücher? Oh, pardon. Davon habe ich auch eines an Bord: Benoni Junkers „Phönizische Reisen mit der Mike Dull" mit dem Vermerk: „Mein 138. Buch zum Thema Segeln." Lesbar. Gefällt mir.

Gegen Abend ein Spaziergang mit Astrid durchs Dorf. Laut Touristenprospekt erinnern Einschußlöcher in Häusern an den schwedisch-russischen Krieg 1808/09. Wir finden sie nicht, dafür hübsch gemalte Häuser. Nur wenige sind anscheinend bewohnt. Ratan ist ein idyllisches Nest, auch bei Regen, und nochmals: Es hat einen sicheren, schönen Sportboothafen. Wir liegen mit K7 genau neben dem alten Mareographen, mit dem der Wasserstand gemessen wurde. Vor der großen Schlacht mit den Russen war Ratan ein geschäftiger Werftplatz und Knotenpunkt der bottnischen Segelschiffahrt. Durch die Dampfschiffahrt verlor es schnell an Bedeutung und ist heute mehr durch den täglichen Wetterbericht bekannt, der die Wasserstandshöhe in Ratan angibt. Bereits 1749 und 1774 sind die Pegelstände in Ratan und Rataskär in die Felsen gehauen worden. An ihnen können wir die jahrhundertelange Hebung des Landes leicht nachvollziehen – 2 Meter ragt die eingemeißelte Markierung über den heute aufgepeitschten Wasserspiegel.

1. August. Sonntag. Normaler Sturmtag mit Regenböen. Vor uns hat eine deutsche Yacht aus Hamburg festgemacht. Hier trifft der Ausdruck Yacht zu, und es ist eine geschlossene Familie, im wahrsten Sinne des Wortes. Zu fünft pennen die bei völlig geschlossenen Luken. A. wundert sich, ist es uns doch schon zu zweit und bei geöffneten Luken zu heiß in der Koje. Die Crew zeigt sich nur kurz, und wenn, dann im Husch-Verfahren. Mit dem Vater wechsle ich ein paar Worte. Mehr um des Gespräches willen als aus Neugierde stelle ich Fragen zu Boot und Reise. Es ist eine 39-Fuß-Yacht, in Kolding/Dänemark gebaut. Auch sie waren in Haparanda. Jetzt soll's über den Stockholmer Schärengarten zurückgehen.

Wir ziehen die schicken Öljacken über, A. die rote, ich die grüne, und rudern zur kleinen Insel Rataskär, um das Naturreservat zu erkunden. Bemerkenswert sind hier Mücken hoch drei, Blaubeeren, kleine Tümpel, die wie Miniaturoasen in einer kargen Landschaft aussehen, und 80 Prozent der Bäume, deren Stämme mit gelblich-grauen Pilzen bewachsen sind. Denkwürdig ist das „Labyrinth" von der Größe eines Tennisplatzes, zusammengelegt aus Steinen. Ein Kultplatz, von früheren Fischern errichtet, um das Beuteglück zu beschwören oder Sturmfronten abzuwenden? Keiner weiß es. Solche Labyrinthe findet man an verschiedenen Buchten Norrbottens.

Das Logbuch informiert: 2. August. Blauer Himmel mit einzelnen Wolken. Das deutsche Boot legt mit uns ab. Drei junge Leute sind an Bord, alle mit Schwimmwesten. Kein Wort, kein Lächeln, nicht mal ein Blick. Aufgeräumtes Deck. *Bei dem leichten Gegenwind motoren wir die 12 Meilen nach Byviken auf Holmön, einer der Kvarkeninseln. Bloß eine weitere Schäre? Felsige Landzungen, glasklares Wasser! Rechts im Hafen: gelbe Fähre, offene Fischerboote, der obligatorische Mast mit hängender Flagge.*

Holmön ist Schwedens größtes Schären-Naturreservat. Die Insel genießt zudem, statistisch nachgewiesen, die meisten Sonnenstunden Schwedens. Eigentlich ist zu erwarten, daß sich hier, wo die Sonne so häufig strahlt, viele Urlauber einfinden. Derzeit sind es aber nur wenige.

Im Hafenlokal stärken wir uns mit dem Tagesgericht: Pommes frites mit „Röd Skött" – roter Fleischwurst. Das Essen kommt aus einer blitzsauberen Nirostaküche gleich hinterm Tresen. „Die schwedische Küche ist die sauberste der Welt", sagt Astrid zu einer Schwedin, die uns gegenüber sitzt. Sie antwortet mit einem Grinsen: „Ich mag lieber die italienische." Sie hat, wie viele andere hier, ein Ferienhaus, ein Boot mit Außenborder, um die Küste abzufahren – und die Familie besitzt ein weiteres Ferienhaus im Stockholmer Schärengarten. Vor der Haustür einen Volvo? Danach fragen wir selbstverständlich nicht. Außenstehende verblüfft der Wohlstand in Schweden. Aber dieser Wohlstand basiert darauf, daß Skandinaviens Mitte seit 170 Jahren keinen Krieg mehr geführt hat. Da wurde vieles über Generationen vererbt.

Das Leben im Wohlfahrtsstaat hat jedoch Risse bekommen. Es kriselt erheblich in der Wirtschaft, der Sozialabbau geht stetig weiter, und die Arbeit, speziell im Norden, wird knapp. Darüber reden viele.

Mit Leihfahrrädern kurven wir über Asphalt- und Schotterstraßen durch die hügelige Landschaft. Nirgendwo ist die Insel höher als einhundert Meter. Das übliche Bild: lichte Wälder,

Moore, Seen, Wiesen mit Heuschobern, Sandstrände. Nackte, ebene Felsplateaus bieten sich zum Sonnenbaden an. Holmön ist eine Ferieninsel mit Kirche, Krug und einem Einkaufszentrum – „Affär" – von den Ausmaßen eines Einfamilienhauses. Darin sind untergebracht: Lebensmittelladen, Zeitungsstand, Post, Bank und Apotheke.

Eine zusammenhängende Ansiedlung gibt es nicht. Selbst die kaum einhundert Dauerbewohner leben weit verstreut in der Schärenlandschaft. Wo sich die wenigen Häuser befinden, ist meist nur an den Briefkästen zu erkennen, die an der Straße stehen. Vorm Haus, hinterm Haus, in der Nähe des Hauses, überall liegen Boote – auf jedem Anwesen, das wir sehen. Mal neu und unbenutzt, mal verrottet, aber immer liegt eines da: ein Indiz dafür, wie sehr und wie selbstverständlich die Schweden ein Volk von Bootsfahrern sind.

Astrid fällt auf, daß die Landschaft leider in Beschilderung erstickt. Überall stehen Tafeln, Pfeile, Zeichen, Hinweise, Namen und so fort. „Schweden ist bestimmt das bestorganisierte Land der Welt", meint sie.

Pause und Resümee bei einer Halbliterdose Bier (mit kleineren gibt man sich hierzulande nicht ab) auf der Holzbank vor dem „Affär". Holmön ist eine malerische Insel, ohne Übertreibung. Unter diesem stahlblauen Himmel leuchtet die Landschaft wie in Südfrankreich. Wer den Bottnischen Meerbusen kennenlernen möchte, braucht eigentlich nicht weiter nördlich zu segeln. Hier findet er alles, was der Norden bietet. Holmön für einen Tag? Bloß nicht. Einen ganzen Tag sollte man sich allein für eine Wanderung zum Leuchtturm und für das kleine Bootsmuseum nehmen. Erstaunlich, was hier an Fischereizubehör und sonstigem Handwerkszeug aus grauer Vorzeit zusammengetragen wurde.

Mittlerweile liegen wir in Järnäshamn, einem Fünf-Boote-Naturhafen. „Djävlar" – verdammt –, wie sind die Schweden von der Natur beschenkt worden! Ich krame meine Zettel aus der Öljacke, halte den heutigen Tag fest: *3. August. Abgelegt 07.30 Uhr. Festmacherleine achteraus schwimmen lassen. Blick zurück auf Byviken. Da müssen wir noch mal hin. Plötzlich aufziehender*

Nebel. Nach einer Stunde Sicht weniger als 20 Meter. Segeln bei leichtem Wind, damit wir eventuelle Motorfahrzeuge besser orten können. Orientierung dank GPS kein Problem. Mit dem Nebel kommen Feuchtigkeit und Kälte auf. Halten beide Ausguck – Cockpit/Vordeck. Höhe Schiffahrtsweg Umeå mehrmaliges Tuten. Fährschiff? Frachtschiff? In der Ferne stetes Gebrumm. Reduzieren unsere Fahrt – etwa 3 Knoten –, bis es gegen Mittag aufklart. Der Rest ist Genuasegeln mit dichtgeholten Schoten. Küste flach und langweilige Szenerie. Ein guter Tag. 43 Seemeilen. Hat seglerisch was gebracht. Und ein Hafen vom Milieu 5. A. bäckt nach neun Stunden Schräglage Pfannkuchen.

Ein stürmischer Tag folgt. Die Bucht ist weiß und aufgewühlt, doch in Järnäshamn spürt man nichts von Wind und See. Astrid macht sich zum Einkaufen in die 18 Kilometer entfernte Kleinstadt Nordmaling auf. Sie wird es per Autostop versuchen müssen, da kein Bus fährt. Ich beschäftige mich mit Seekarten, die ich vom Nachbarn auf Pergamentpapier abzeichne, befestige Türscharniere und montiere in den Schränken Borde. Zwischendurch fotografiere ich das einzige Haus am Hafenbecken, die brechenden Seen an den Schären, alte Festmacherringe. Die Leute auf den schwedischen Booten bleiben sehr für sich: lesen Zeitung, trinken

Feste Baken aus Steinen findet man in schwedischen
Gewässern allerorts. Sie sind in den Seekarten verzeichnet
und erleichtern die Orientierung ungemein.

Kaffee, sonnen sich im Cockpit. Für mich sind das ereignislose Stunden. Für Astrid auch, wäre da nicht das Malheur mit der Bierdose gewesen, die sie sich in der Stadt kauft, um sie auf dem Rückweg genüßlich auszutrinken. Was passiert? Ihr bricht in der Einöde beim Öffnen der Dosennippel ab, und sie hat kein Messer, kein Stück Metall zur Hand. Die Ärmste! Ihr Gesicht hätte ich gern gesehen.

Die Wetterberichte von P1 werden deutlich und detailliert vorgetragen, oft von zwei Sprecherinnen. Warum zwei? Weil Schweden ein weites Land ist? 1577 Kilometer mißt es in der Länge, etwa 400 Kilometer an der größten Breite. Oder wegen der Unzahl felsiger Inseln und Inselchen? Nein – natürlich wegen der 330 000 Boote, die in Schweden registriert sind. „Zwei Sprecher geben dem Wetterbericht mehr Bedeutung", meine ich.

Astrid spricht in einer Telefonzelle auf einer einsamen Klippe ein letztes Mal mit unserem Sohn Kym. Er beginnt morgen seinen Ausflug nach Australien.

35 Höga Kusten

Ein Tag später. 60 Seemeilen weit, von Állön bis Härnösand im Süden, erstrecken sich die sogenannten Hohen Küsten. Sie tauchen, wenn man von Norden kommt, ganz plötzlich auf: ein ungewöhnlich felsiges, zerklüftetes und bewaldetes Bergland mit zahllosen tief einschneidenden Fjorden und Buchten. Der Kontrast zwischen tiefem Wasser und hohen Klippen wirkt dramatisch. Hier finden sich schroffe Felswände, die 40 oder 50 Meter steil abfallen – nach oben wie nach unten.

Ruhig liegt die Hohe Küste vor uns, als wir uns nähern. Kein Wind, keine Welle, keine Untiefen, das ist selten im Bottnischen Meerbusen. Wir tragen Schirmmützen gegen den harten Glanz lichtblauen Gesteins. Die Landschaft ist vulkanischen Ursprungs: Inseln mit intensiv rötlichen Schroffen und an der gesamten Küstenstrecke die merkwürdigsten Farbkombinationen an den Steinbrüchen. Jedes begeisterte Wort schwedischer Segler, als sie hörten, daß wir die „Höga Kusten" besuchen wollen, ist wahr: phantastisch. Eine ganz andere Küste. Schweden pur.

Bei aller Größe, Schönheit und Natur sind die Hohen Küsten dünn besiedelt. Dabei wären sie an vielen Stellen zugänglich, befinden sich alle paar Meilen hervorragend geschützte Buchten. Niemand scheint sie zu nutzen. Stockholm ist 500 Kilometer weit entfernt. Ich sitze auf der Cockpitbank, Astrid daneben. Wir fotografieren Berge, Leuchttürme, Strände, haken in der Seekarte Klippen, Inseln und Buchten ab.

Stora Bergön, Grisslan, Trysunda, Ulvön, Mjältön, Bönhamn, wir werden nicht müde, die Dörfer (12 bis 60 Einwohner) und Buchten zu besichtigen. Hier ein Kap, dort ein Einschnitt, da eine Landzunge, meist in vollkommener Einsamkeit; nur gelegentlich ist ein einheimischer Segler unser Begleiter. Die riesigen Steine sind es, glaube ich, die diese Stille erzeugen. Und weil das Licht seit Wochen nicht ausgeht, strahlen diese Steine zugleich Wärme aus, eine magische Wärme. Wir legen uns in solche Steinmulden und denken an nichts. Ich genieße die Gnade der endlosen Langeweile. Astrid denkt an das südliche Ende des Bottnischen Meerbusens: „175 Seemeilen noch." Vorherrschende Windrichtung Süd.

Gemächlich wie alle anderen Plätze der Höga Kusten erreichen wir bei Windstille Mjältön. An der Ostküste der Insel schlüpfen wir durch eine 3 Meter tiefe Enge in eine winzige Einbuchtung. Abends – es wird wegen der hochaufragenden Fichten erstaunlich früh dunkel – schlage ich das Logbuch auf: *7. August. Die Bucht sieht wild aus. Ist dann aber doch organisiert: Schwimmsteg am Ufer, papierner Müllsack, Tisch, Bänke, Plumpsklo, ein Stapel Holz, Sägebock mit Säge für ein Grillfeuer, Hinweisschilder, Stahlbox mit Schlitz für 30 Kronen Liegegebühr. Mjältön ist unbewohnt, ein Naturreservat, die höchste schwedische Insel: 236 Meter! Und schon aus diesem Grund gut besucht.*

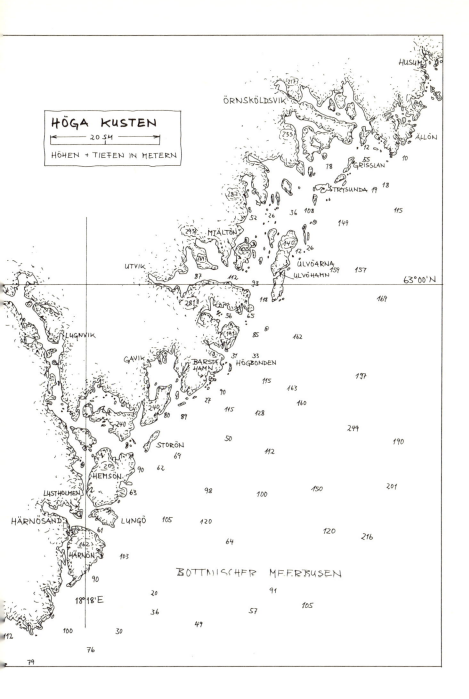

Selbst jetzt in der Nachsaison liegen hier fünf weitere Boote. Eine Dose Bier, und dann geht es „till toppen" – auf den Berg. Gut 2 Kilometer sind es im Zickzack aufwärts, über Wurzeln, Fels, lose Steine und umgefallene Bäume. Felswürfel mit Kanten bis zu 2 Metern liegen auf dem gekennzeichneten Pfad. Im oberen Drittel rieselt Quellwasser aus den Gesteinsritzen. Wir schwitzen, also trinken wir, die Hände zu einer Rinne gefaltet, gierig das eiskalte Wasser. Es schmeckt nach nichts, ist rein und gesund. Weiße Farbtupfer zeigen den Weg, der weiter steil nach oben führt. Weniger Bäume, dünnere und vor allem verkrüppelte Kiefern. Um beindick zu werden, müssen sie hundert Jahre wachsen.

Man findet keine Schachtel, keine leere Dose, nichts Weggeworfenes. Auf dem Gipfel ein zusammengetragener, 3 Meter hoher Steinhaufen. Und: eine grandiose Aussicht über Meer, Inseln, Wälder und die zerrissene Küste. Ein imposanter Fernblick ganz

Blick vom Gipfel der Insel Mjältön auf die Höga Kusten.
Nichts kennzeichnet diesen Küstenstrich mehr als Felsen und Kiefern, Stille und Einsamkeit.

rundum. Kein Wind kräuselt das Wasser. Zwei Boote ziehen meilenweit entfernt ihr Kielwasser. Abstieg über den inzwischen dunklen Pfad.

Mücken schwirren um unseren Kopf, trotzdem sitzen wir im Cockpit, reden pausenlos mit dem übernächsten Bootsnachbarn – über Schweden, seine Landschaft, seine Einsamkeit, seine Wirtschaft. Er animiert uns allen Ernstes, schwedische Produkte zu kaufen, damit es mit dem Land wieder bergauf geht. A. hält spontan dagegen: „Meine Dose Bier ist ein schwedisches Produkt (Norrland Guld), unser Rigg kommt aus Schweden (Selden), auch der Kompaß (Silva), unser Rucksack (Fjällräven), der Kocher (Optimus) und so fort."

Die surrenden Mücken lassen uns früher in die Koje kriechen als gewünscht. Seit Ratan müssen wir uns gegen sie schützen. Abends mit „Milk". Nachts werfen wir Netze über Luke und Niedergang.

36 Logbuch-Blicke

8. August. Galtström. Wieder ein Naturhafen mit zwei Einfahrten, vor dem wir mit unserer selbstgezeichneten Pergamentkarte in Schwierigkeiten kommen. Darauf ist nämlich nur eine Einfahrt eingezeichnet. Ganz langsam und einen engen Kreis fahrend, laufen wir ein. – Hatte Bauchkrämpfe unterwegs. Nicht von dem enormen achterlichen Seegang, nicht von den rollenden Bewegungen des Schiffes. Dieser abwechselnd schneller und langsamer werdende Rhythmus der Wellen ist mir nie unangenehm. Eher schon das Kartenstudieren, Kursabsetzen, Notizenmachen auf der Koje oder gar auf dem Boden. Das führt zu Magenbeschwerden. Die alte Geschichte: Ein festinstallierter Kartentisch, vor dem man bequem sitzen kann, fehlt mir sehr.

Förmlich übers Meer geflogen – nur fünf Stunden für 34 Seemeilen. Beachtlicher Schnitt für dieses kleine Schiff. A. erfreut über unsere Schnelligkeit. Mir ist sie überhaupt nicht wichtig. Deswegen bleibt es mir unverständlich, warum Segler sofort nach dem Festmachen Zeit und Meilen ausrechnen. Es sind Wind und See, die von achtern anbranden und das Boot stoßweise vorantreiben. Das Heben und Senken jeder Welle, während sie unterm Kiel durchrollt, begeistert, beeindruckt mich und läßt mich stundenlang zuschauen.

Im Café Galtström essen wir spätabends Geflügelsandwiches (40 Kronen) und trinken Mellanöl (32 Kronen). Nicht gerade günstig. Die Dorfjugend trinkt auch Bier, probiert drahtlose Telefone aus und kurvt mit alten Fords vor dem Café auf und ab.

9. August. Hölick. Was für ein Glück: wieder Nord, wenn auch leicht. Die Segelstellung – an Steuerbord Groß, an Backbord Genua – legt A. gleich wieder völlig flach. Während ich voll Freude über die Windrichtung die Fahrt genieße (esse und trinke in einem fort), meldet sich bei der Steuerfrau nach wenigen Minuten die Übelkeit. Beachte es schon nicht mehr, obwohl ich es eigentlich sollte. Für mich wird das Bild zur Gewohnheit.

Nachmittags schwachwindig und unbeständig. Es folgt Motorendisput. Die eine will sofort Gas geben, der andere warten – vielleicht kommt noch Wind. Höllick bietet sicheren Hafen. Gleich neben der Mole herrliche Sandstrände. Bei 27° (Luft) springen wir rein und lachen über den (wiederholten) Motorenstreit. – Abends: Mücken zum Greifen. Einmal hingelangt, und man hat ein Dutzend gefangen. Wild surren die Quälgeister vor unseren Moskitonetzen.

10. August. Storjungfrun. Verdammt, gleich nach dem Auslaufen dreht der Wind auf Süd. Kreuzkurs bis zur enttäuschenden Leuchtfeuerinsel, wo es mich (uns) nur des Namens wegen hinzieht. Große Jungfraueninsel. A. hat nichts von den 38 Meilen „See"-Fahrt. Mir gefällt, wie das Boot die Hackseen wegbaggert und schneidet. Elegant und recht trocken. 14 Wenden, alle allein gefahren. A. macht auch 14 Wenden. Unter Deck. Von der Steuerbordkoje in die Backbordkoje und umgekehrt.

Trotz Wendenfahrens und Genuasegelns lese ich „Das Parfum" von Patrick Süßkind. Nicht Thema und Inhalt interessieren mich, vielmehr drängt sich beim Lesen immer wieder die Frage auf: Warum ist das Buch so ein Erfolg geworden? – Das Storjungfrun-Leuchtfeuer ist automatisiert, das alte Fischerdorf praktisch unbewohnt. Die alte Kapelle ist erhalten, und wer einmal darin Platz genommen hat, kann sich ihr schwer entziehen. Beeindruckt durch Schlichtheit. Hier wirkt Gott im kleinen.
11. August. Axmarby. Was für ein Tag! Bei Sturm und Regen ins hinterste Loch des Axmarbysundes verholt. Nur 16 Seemeilen, aber was für welche: zeitweilig Nebel, immer Bojen, Inseln, nicht markierte Klippen. Paradox: draußen Sturm, im Radio Sturmwarnung – aber hier drinnen in Axmarby null Wind. Begegnen keinem Boot, liegen an einem alten, brüchigen Graskai, so gar nicht „schwedenlike". Wunderschön, weil sicher. A.: „Ich liebe primitive Anlagen." Einige Boote, aber kein Mensch an den beiden Stegen. Fotografiere Wassertropfen auf der Reling. Wanderung zum 2 Kilometer entfernten Kaufmann. Am Weg Beeren essen: Erd-, Johannis- und Himbeeren. Saubere, gepflegte kleine Bauernhöfe. Können die ohne Subventionen leben? Es ist absolut niemand da, der unsere Neugierde befriedigen könnte. Frage unter uns: Was machen wir im nächsten Jahr? Nochmals Rußland? Oder die antarktischen Inseln? A. nimmt mich nicht ernst.
12. August. Öregrund. 60 Seemeilen bei böigem Wetter. A. hängt mit Seekrankheit rum. Sich bei ruppiger See an Bord bewegen zu müssen, hindert sie, frei zu sein. Bin freundlicher und hilfsbereiter als in den Tagen zuvor. Trotz allem: A. liest nun schon wieder stundenlang Seekarten. Ich: „Lies lieber einen Roman, das lenkt ab." Ihr dauerndes Gefrage nach Position, Vorankommen und Wetter nervt. Im Hafen hält eine kleine, blonde Schwedin beim Festmachen K7 vom Steg ab. Es ist das erste Mal in Skandinavien, daß uns jemand beim Festmachen hilft. Schweden sind, vereinfacht gesagt, keine ausgesprochenen Service-Menschen. Wieder Leere im Hafen. Die Blonde klärt uns auf: Dies war keine schwedische Saison. Mangels Geld waren nur wenige Yachten unterwegs. Stunden später läuft eine grüne Yacht ein: ELEFANT *mit*

Erich Neidhardt. Neben seiner Freundin hat er diesmal noch Wolfgang Stölting an Bord, einen aus seiner schiffbrüchigen Crew im Pazifik. Erfahre nach einem Bier hier und dort, daß das Beiboot, in dem sie 1971 zwei Wochen auf dem Ozean trieben, kopfüber an Deck vertäut liegt. Das Kunststoffboot ist immer noch in Gebrauch. „Bei Erich verkommt nichts", sagt Diana. – A. macht Wäsche. Ich fülle die Tanks mit Diesel und Wasser. Bei „Eisen-Storms" kaufen wir eine Axt und zwei Beile, handgeschmiedete Werkzeuge. Fühlen sich wunderbar an. Sie sind als Mitbringsel gedacht. Ein Stadtbummel ergibt ebenfalls totale Leere. Das soll eine Touristenstadt sein?

13. August. Mash via Väddökanal. Sonnig, dann wieder wolkenreicher Himmel. Böiger Südwest 6–7. Habe 35 Meilen lang die Großschot aus der rechten Hand gefahren. In der Linken Fernglas oder Seekartenatlas. Dabei geschah das Entsetzliche: Auf 60°12' Nord und 18°40' Ost katapultieren Schräglage und Wind den Atlas über Bord. Schrecksekunden – ohne Kartenatlas, o Gott, das geht in diesem Schärengewimmel überhaupt nicht! Wende, na klar, da flattern auch schon die Segel. A. steuert auf das schwimmende, in Plastik gehüllte Druckwerk zu. Beim ersten Anlauf ist mein Arm zu kurz. Beim zweiten Versuch, schon in bedenklicher Nähe der Klippen, erwische ich das wertvolle Stück.

Essen und Trinken fällt aus. Weiße See. Der Väddökanal, nur 2,5 Seemeilen lang, ist kostenfrei, ebenso das stündliche Brückenöffnen. Der Kanal, stark bebaut mit Bootsschuppen, Stegen und Häusern, wirkt recht ordentlich. Danach sehr viele Schilfinseln. Da das Segeln mühsam wird, gehen wir in einer Bucht mit Schären und Schilf vor Anker. Mash ist nicht die schönste Bucht, aber wir machen sie uns schön – in unserer Phantasie: Zunächst eine Kanne Tee. A. trocknet derweil die naßgewordenen Kartenblätter in der Plicht. Zum Essen: Chili con Carne, Kaffee, Kekse. A. gönnt sich ein Bier, ich eine „Granate" aus unserer Spirituosenlast – Meyer's Rum. Die ganze Kajüte riecht danach. Es heißt, falls man einem schwedischen Besucher Schnaps anbietet, verläßt er das Schiff erst, wenn die Flasche leer ist. Das stimmt nicht. Sonst hätten wir keinen mehr.

37 Stockholms felsiger Vorgarten

Auf der Insel Mash befinden wir uns bereits im Stockholmer Schärengarten. Das sind 24 000 normale, kleine und kleinste Inseln vor Schwedens Hauptstadt. Zerbröckeltes Festland, Inseln wie Prosa, die von urgeschichtlicher Entstehung erzählen.

Am Morgen vor der Weiterfahrt klettere ich noch auf Mash, genieße ausgiebig den Blick auf unser schönes, vor Anker liegendes Boot. Die Sonne scheint, das Wasser glitzert, die ersten Yachten fliegen in der Ferne vorbei. Und noch immer knallt der Wind aus Südwest, für unseren Kurs durch die Schären teilweise von vorne.

Die Bordroutine setzt ein: Motor starten, Anker aufholen, Deck waschen, Großsegel setzen, Schärenatlas, den unentbehrlichen Leitfaden, Kursdreieck und Zirkel im Cockpit deponieren. Steuerfrau Astrid schnappt sich die Pinne, rückt die Sonnenbrille zurecht, und ab geht's. „Kurs?" – „Schoten dichter!" – „Backstage." – „Achterstag stramm!" Ich muß nachziehen, lösen, nachziehen ... Sie hat stets was auszusetzen, wenn das Boot nicht optimal läuft.

Draußen muß sogleich ein Reff ins Groß. Eine Stunde später, der Südwest bläst die See weiß, binde ich auch die Reffreihe in der Fock ein. Das ist schon eine nasse Angelegenheit, weil Astrid an ihrem Kurs klebt. Sie möchte nicht einen Meter verlieren. Warum wohl? Es segelt nämlich ein Schwede parallel zu uns mit einer gleich großen Slup vom Typ Maxi – und die ist schneller. Kreuzt sie besser? „Die haben aber nicht wie wir ein Dingi im Schlepp."

Kein Argument für Astrid. Sie läßt auch nicht die neu auf uns einstürmenden Realitäten gelten: unwirklich voluminös erscheinende Fährschiffe, die zuhauf zwischen Schweden und Finnland verkehren; eine Flotte weißer Segel nach all der Solosegelei im Bottnischen Meerbusen – und die optische Wucht faszinierender Schären, Türme, Leuchtfeuer und Pricken. Da kann es und darf es passieren, daß die Segel nicht im Regattatempo bedient werden. Astrid!

Dann sind wir im Blidösund. Das Wasser wird platt, und die Reffs werden ausgebunden. Hier in dieser von Stockholm aus schnell erreichbaren Gegend stehen auf den bis zu 80 Meter hohen Steilufern Massen von Wohn- und Wochenendhäusern. Sie sind aus Holz, wie überall auf unserem Kurs, und bunt angestrichen. Einige wirken ziemlich leicht und von Schulden unbelastet. Risse man so ein Haus ab oder schöbe es ins Meer, wäre es im Nu spurlos verschwunden. Das deutsche Massivhaus, voll unterkellert, dreifach isoliert, lastet da ganz anders auf seinem Besitzer.

Verschlungene Treppenkonstruktionen führen immer zum Wasser. An den kleinen Stegen davor liegen Motorboote, die in den Schären die Funktion von Autos übernehmen. Noch bevor wir in den Blidösund einliefen, konnten wir einen Blick auf Furusund erhaschen, den exklusivsten Badeort der Ostküste Schwedens. Die Schriftstellerin Astrid Lindgren hat dort ein Sommerhaus.

Wir suchen zur Mittagszeit einen Schärenplatz, möglichst in einer unbewohnten Bucht. Ich blättere im Kartenwerk hin und her. Der Atlas des Schärengartens ist mit 40 Seiten der dickste dieser Fahrt und mit 400 Kronen (rund 100 Mark) nicht zu teuer, denn auch er beinhaltet eine Vielzahl von nautischen Einzelheiten, bis zu den Höhenlinien an Land.

Wer die Schären zum ersten Mal auf der Seekarte betrachtet, dem wird ob der Vielzahl der winzigen Felsbrocken angst und bange. Wer aber jede kleinste Insel (bei diesem Maßstab von 1:50000 ist ein Fußballfeld 2 x 1 mm groß) und Tonne identifiziert, der kann recht problemlos hindurchsegeln. Anfangs suche ich immer viel zu spät nach Zeichen und markanten Felsen, gewöhne mich aber schnell an die zu den Karten passenden Entfernungen in der Realität.

Nach der Mittagspause vor Anker an einer Steilwand, wo es für eine Erholung viel zu heiß ist, geht es bei böigem Wetter unter Vollzeug durch die gut markierte Schärenwelt. Leser, die mir bis hierher gefolgt und ostseeverliebt sind, werde ich wettermäßig enttäuscht haben. Nur Sonne, nein, bitte nicht das. Ein richtiger Ostseesegler will sein Wetter, das heißt, auch im Sommer seinen Parka nicht ausziehen.

Jedem seine Bucht. Im Stockholmer Schärengarten ist das durchaus möglich. Typisches Festmachen: direkt mit dem Bug an die rundgeschliffenen Felsen.

Weiter wie gehabt: Granitbrocken – rund, kantig, hoch, flach, mit und ohne Bäumen und Hütten. Es wimmelt von Schären. Ein Archipel von Schären begleitet unseren Südkurs. Als fremder Segler kann man sich leicht verloren fühlen. Nicht aus nautischen Gründen, aus Angst vor dem Raum.

Nicht ums Segeln geht es uns hier, sondern ums Sehen. Also bergen wir die Segel, motoren im Schneckentempo hier in eine Bucht, dort zu einem markanten Stein, passieren auf Armeslänge manches Stück Insel. Es sind erregende Tage im Schärengarten. Wir machen Überstunden, um einiges von der Vielfalt zu sehen und zu erleben.

Wir sind in ein Wochenende geraten. Tausende blinkender Segel aus dem nahen Stockholm beleben schlagartig die Szene. „Das ist ja wie in der Bucht von Auckland", sagt Astrid, ohne den Blick von den Seglern zu nehmen. Bei einem 360-Grad-Blick zähle ich 312 Boote. Unübersehbar die Lässigkeit, mit der die Schweden segeln, sich bewegen und mit den Schiffen umgehen. Für Astrid sind sie die Amerikaner des Nordens: „Im positiven Sinne." Unübersehbar die helle und modische Kleidung, die sie nicht nur an Bord gerne tragen. „Amerikanisch angepaßt", sagt Astrid. „Amerikanische Firmen, die ihre Produkte auf dem europäischen Markt einführen wollen, testen sie zumeist in Schweden an. Auch mit dem berühmten Hamburger wurde von McDonald's so verfahren." Astrid ist informiert aus dem Touristenprospekt.

Risse im Wirtschaftsidyll sind auf Anhieb nicht zu erkennen. Da mag der Sozialstaat in die Knie gehen, die junge Generation keine Arbeit finden, die beste aller möglichen Gesellschaften verblassen, hier draußen herrscht keine Düsternis. Hier sind noch alle schwedischen Bootsschönheiten vorhanden. Erstens: Blendend weiße (weil neue) Segel, schlanke, moderne Schiffe. Nicht klein. Durchweg seetüchtig und gepflegt. Zweitens: Auf den kleinsten Klippen, hineingebohrt ins archaische Gestein auf stählernen Stelzen 40 000 Wochenendhäuser. Davor am weißen Mast, höher als die Kiefern ringsum, die Nationalflagge. Überall in Schweden wird morgens die Flagge aufgezogen und abends eingeholt. Ein starkes Bild: der Giebel ist ein stehender Winkel, die Fahne ein liegendes Kreuz. Die Farben passen dazu in vollkommener Harmonie: ochsenblutrot und weiß das Haus, gelb und blau die Flagge.

Nach Belieben können wir stille, verträumte Ankerplätze aussuchen. Für eine Nacht ist es die Nordostbucht von Tjägö. Nachdem alles ordentlich aufgeklart ist, ergänze ich das Logbuch: *Aggressive Mücken – händeweise. Arbeiten in der Seekarte wird zur allabendlichen Pflicht. Welcher Kurs für den nächsten Tag? Welche Stops unterwegs? Unser Motorzwist kam heute nur zweimal zum Ausbruch. Ab und zu werfe ich die Maschine an, um die 3 Knoten zu erreichen, die A. als Mindestgeschwindigkeit ansieht. Zwei Segelyachten ankern gegenüber im Päckchen. Unser Ufer hat jedoch mehr Charme: Riesige Steine liegen glatt und weich wie Wale da. Kiefern spiegeln sich mit ihren verschiedenen Grüntönen im Wasser.*

Wenn beispielsweise schon ein Boot an einer einsamen Schäre vertäut ist, wäre es ungehörig, sich danebenzulegen. Das ist hier so Sitte. Die Schweden haben wirklich was dagegen, wenn man ihnen zu sehr auf die Pelle rückt. Sie legen größten Wert auf Rücksichtnahme. Schließlich gibt es genügend geschützte und schöne Ankerbuchten. Wir haben gegenüber festgemacht.

Als der Duft von gebratenem Fleisch die kaum bewegte Luft durchzieht und Astrid ein zaghaftes „hei" und ein kräftiges Winken erntet, setzen wir mit dem Beiboot über. Aber nicht, bevor wir die letzte Flasche aus dem Schnapsfach gefischt haben. Die beiden Familien mit Kindern hocken und stehen um einen Kohlegrill auf den Felsen. Sie fallen uns nicht gerade um den Hals, aber unser Mitbringsel ist ihnen nicht unangenehm. Wir werden zu einem Steak mit Limperbrot eingeladen.

Nach einigen Longdrinks werden die Schweden lebhaft, vor allem als sie merken, wie sehr sie uns aushelfen können mit Tips für schöne Schären. Bemerkungen zu den Häuserbränden in Deutschland bleiben nicht aus. Die Schweden verfolgen die Berichte und beschäftigen sich damit. „Was sind das für Menschen bei euch, die nachts Wohnhäuser in Flammen setzen?"

Nicht zum ersten Mal auf dieser Fahrt werden wir zu diesem beschämenden Thema befragt.

Die Reiserei in diesem Felsenlabyrinth ist ein reines Vergnügen. So lassen wir den Anker übers Heck vor einer besonders hübschen Inselgruppe fallen – den Husarn – und springen mit der Vorleine an Land, belegen sie um einen Stein. Das Manöver geht recht zügig, haben wir doch mit dem Flügelkiel kaum Sorge wegen der Wassertiefe. Stor Husarn ist ein Glücksfall. Tolle Insel. Sieben andere Felsenlieger haben das auch herausgefunden. Wir picknicken auf warmen Felsplatten, hoch über dem Wasser. Astrid hat dafür einen Tupperbehälter mit belegten Broten, einer Handvoll Tomaten und Früchten eingepackt. Auf dem Bauch liegend, die Beine angewinkelt, läßt es sich staunend ins tiefblaue, klare Wasser blicken. Ein Fisch zeigt sich; in Felsspalten unmittelbar am Wassersaum wachsen Blumen, Heidekraut, Gras. Ostseeverschmutzung? Hier ist sie nicht zu bemerken. In der Ferne ziehen kontinuierlich weiße Segel westwärts, Richtung Stockholm. Das Wochenende neigt sich dem Ende zu.

Wir hangeln uns Tag für Tag mit Hilfe der Karten und Tips von Seglern durch die Schärenwelt. Immer gleiche Ankermanöver: Vorsichtig fahren wir an die blanken Klippen heran, bis der Bug fast den Felsen berührt, ich springe über und halte das Schiff am Bugkorb ab. Hierbei bewähren sich meine rutschfesten und strapazierfähigen Harkenschuhe. Nach zwei oder drei Seiten wird der Bug an vorhandenen Kiefern oder Gesteinsblöcken vertäut. Mit Stahlhaken, die in Felsspalten geschlagen werden, hantieren wir nicht.

Runmaren ist wieder eine Perfektion im Schärenparadies. Ich verzichte auf die Beschreibung all dessen, was für ein Idyll selbstverständlich ist. Nur soviel: Das schöne Wetter läßt Felsen, Heidekrautflächen, Wasser seidenweich schimmern. Kiefern, Birken, Wacholder, grüne und gelbe Flechten bedecken den karstigen Boden. Zwischen hellgrünen Moospolstern finden wir Blaubeerkraut – ohne Früchte.

Eine einzelne Mastspitze lugt in der Ferne zwischen Baumwipfeln und Gestein hervor. Astrid klassifiziert sie als „Mast mit

Boot" in Anspielung auf die meist übertakelten Boote der Schweden. Sie segeln gerne schnell und sportlich, und dafür brauchen sie einen hohen Mast.

Utö ist eines der Segelzentren in den Stockholmer Schären. Entsprechend durchgestylt ist der Hafen. Von der „tvättmaskin" (Astrid kennt das deutsche Wort dafür schon gar nicht mehr) bis zu Sauna und Fernsehraum ist alles vom Feinsten. Aber: Hier wird man ganz schön gegängelt. Neben der üblichen Vielzahl an Gebots- und Verbotsschildern stehen überall an den Straßen und im Gelände eine Fülle von Hinweisen und Richtungsmarkierungen. Hier darf kein Mensch, der sich verläuft, behaupten, er sei nicht eingewiesen worden.

Nach den Eilandschönheiten nördlich von Utö folgt eine ziemlich ordinäre Bucht auf Bedarön. Mir geht es nicht gut, deshalb sind wir in diese einsame Schilfbucht geflüchtet. Ich bin beim Kreuzkurs den Niedergang hinuntergestürzt und dabei mit beiden bloßen Füßen platt auf die Bodenbretter geknallt. Die Sohlen sind geschwollen und schmerzen fürchterlich. Ich fluche auf den Konstrukteur: „Wie kann der bloß einen Niedergang mit nach unten geneigten Stufen bauen lassen?" Es ist nicht das erste Mal, daß wir abrutschen.

Aus dem Logbuch: *Allein sind wir in Bedarön nicht lange. Eine weitere Yacht motort zaghaft herein. Astrid und ich hocken im Gebüsch und beobachten. Zwei Männer und eine Frau wollen an einem Felsen festmachen. Erster Versuch scheitert: zu flach. Zweiter Versuch: wieder zu flach, und der über Bord gesprungene Mann schafft es nicht zurück aufs Boot. Neuerlicher Versuch, um den Mann von Land zu kriegen, dabei rutscht er vom Fels ab ins Naß. Nächste Möglichkeit: Das Schiff stößt gegen einen Stein. Geschrei, aber der Mann ist wieder an Deck. Crew weiter auf Platzsuche. In der Stille der Bucht verstehen wir jedes Wort der ohnehin nicht leisen Crew: „Jan, du mußt mir den Abstand anzeigen." – „Wie tief?" – „Ich kann doch nicht hinten und vorn aufpassen." Und so weiter. Dann wird der Hauptanker angeschäkelt, das dauert schon mal eine Viertelstunde. Der Schäkel ist zu klein. Dann findet sich die Zange nicht. Nun beabsichtigt man, frei zu*

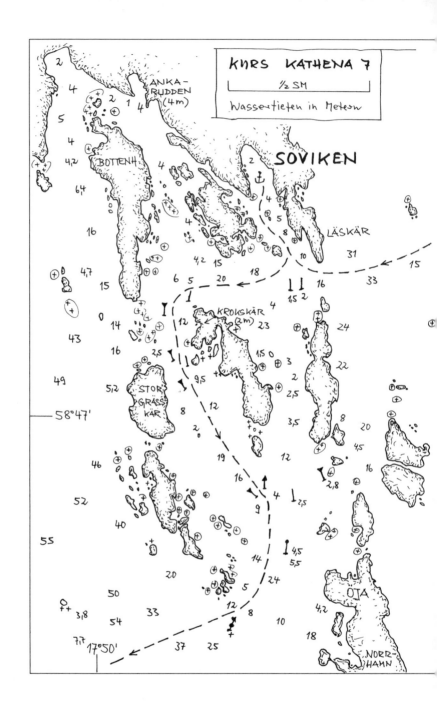

ankern. Auch hier mehrere Versuche. Dreimal wird der Anker mit voller Motorkraft eingefahren. „Hält er?" – „Nein." – „Mehr Kette, steck mehr Kette!" Der Anker faßt nicht. Es hallt über die Bucht: „Order gebe ich hier!" Oder: „Jetzt mache ich das." Irgendwann sitzt die Crew erschöpft im Cockpit. – Yachtgebräuche werden eingehalten. Abends wird fein ordentlich die deutsche Flagge eingerollt und unter Deck befördert.

38 Soviken: Stille und Langeweile

Eher zufällig finden wir Soviken, eine schmale, tiefe Einbuchtung am südlichen Ende des Schärengartens. Eine Urweltlandschaft aus Steinen (was sonst), Kiefern, Sträuchern und hohem Gras. Kein Boot und auch keine „stuga". Statt dessen Möwen, Kaninchen und am Horizont patrouillierende Kriegsschiffe – Soviken liegt nur wenige hundert Meter entfernt von dem militärischen Sperrgebiet Landsort.

Über uns blauer Himmel mit schnellziehenden Wolken. Auf der Ostsee hüpfen weiße Schaumkronen. Deswegen liegen wir hier vor Anker. Der Südwest von vorn zwang uns dazu. Unter diesen Umständen läßt man sich gerne vom Kurs abdrängen. Dieser Sturm („Kulingvarning" laut Wetterbericht) bedeutet einen Tag (es werden zwei), an dem es angenehm ist, nicht unterwegs zu sein, an dem man in der Kajüte rumkramt, Sachen repariert, die schon länger auf der Liste stehen, Karten und Bücher studiert für das nächste Ziel, den Götakanal.

Dann erinnere ich mich, daß der Yanmar einen Ölwechsel nötig hat. Es gibt Probleme. Mit einer Handpumpe aus dem Sonderangebot von Marx-Marine in Schleswig gelingt es mir nur unter Mühen und Dreck, Öl abzupumpen. Astrid, die Angst um ihre Polster hat, sagt: „So ist das mit Sonderangeboten."

Dann erinnert mich Astrid an Landgänge: „Vielleicht sollten wir uns einen Blick von dem gegenüberliegenden Hügel gönnen." Von der Anhöhe haben wir freie Aussicht über ein bizarres kleines Felsenlabyrinth. Weiter geht es mit Hilfe des Beibootes von Fels zu Fels durch die Landschaft ringsum. Sie gleicht einem gepflegten Wildwuchsgarten. Dunkelgrün stehen vereinzelt Tannen gegen den grellen Himmel. Dazwischen leuchtet das Strohgelb der Gräser. Ganz nah: Überall scharfe und glatte Felsen mit Spalten, in denen Blumen, Kraut und Moos wachsen. Weiter geht es, vorbei an seenartigen, schilfbestandenen Einbuchtungen. Wir springen am steinigen Strand entlang, gehen kann man hier nicht. Nach Osten hin, zum offenen Wasser, liegen die Bojen schräg vom Winddruck.

Das macht alles noch besser. Und der Wind streift uns angriffslustig beim Gang über die Hügel. Wir suchen uns eine sonnenwarme, windgeschützte Mulde, plaudern uns in einen leichten Schlaf. Das Thermometer zeigt 28 Grad. Der Felsbrocken im Rücken von der Größe einer Hütte, wie ist er hierhergekommen? Wie lange liegt er schon da? Seit der Eiszeit? Wir sind wie ein flüchtiger Schatten für diesen Stein.

Aber ich wollte nicht wirklich von Soviken schreiben. Astrid drängt mich dazu. Es ist ihr Wunsch, dieses Stilleben hat ihr offensichtlich mehr gegeben als Abgeschiedenheit, Schweigen und Langeweile (ja, auch). Vielleicht dies: Ein vor Anker liegendes, freischwingendes Boot ist gültig; der Moment in den Klippen, mit dem Stein im Rücken, ist gültig; die völlig entspannten Stunden im Cockpit, ohne etwas tun zu müssen, ohne an etwas zu denken, sind gültig; der Augenblick, als ein Topf Reis, klebrig gekocht, mit großen Stücken Zwiebel darin, auf den Tisch kommt, ist gültig. Das baumelnde Petroleumlicht in der Kajüte am Ende des Tages, das Wissen um die Sicherheit des Ankerplatzes – all diese Augenblicke sind gültig.

39 Der Götakanal

Nachts wie gehabt – zu heiß im Schlafsack. Legt man ihn als Decke über den Körper, rutscht er aus der schmalen Koje. Morgentoilette ist nicht nötig, die Gischt wäscht uns. Der Südwest pfeift nämlich weiter, wenn auch schwächer, durchs Rigg. Das Kreuzen ist hier problematisch. Wir wagen, was uns die Einheimischen häufig vormachen, segeln über die Pricken hinaus. Riskant. Einmal hätte es uns beinahe erwischt. Ich schaue über Bord und sehe den Grund – schrecklich flach.

Es rumpelt. Über eine holprige See stürmen wir dem Götakanal entgegen, gespannt und neugierig. Immer wenn wir Schweden von unserem Vorhaben erzählten, bekamen sie glänzende Augen. Der Götakanal ist wohl das Glanzstück ihres maritimen Landes. Wer seemännisch was auf sich hält, der hat da wenigstens einmal im Leben durchzufahren. Eine landschaftliche Sehenswürdigkeit. Ein Muß.

Die Sonne steht im Zenit. Der Himmel hat eine tiefblaue Farbe angenommen. Und der Wind? Er schwächt sich langsam ab. Noch ist der Kanal fern. Bei der Ansteuerung des Stegeborgsundes, der zum Kanal führt, veralbere ich die schildersüchtigen Schweden: „Da steht überhaupt kein Schild: Götakanal." Prompt folgt die Strafe: Im Inselwirrwarr Arkö verfahren wir uns. Anstatt den Sund in Richtung Kanal erwischen wir die 35 Grad nördlich liegende Fahrrinne Arkösund. Schrammen an Felsen vorbei, wo eigentlich keine sein sollten. Jedenfalls sind wir fast eine halbe Meile drin, als mir alles ziemlich komisch vorkommt. Astrid grinst und sagt: „Du wirst immer dämlicher." Schuld daran sind selbstverständlich andere. Diesmal ist es Hermann, der mir so „olle" Karten (von 1978) geliehen hat. Alles, was wir über Monate sorgfältigst erledigt haben – Pricke mit Bleistift in der Karte abhaken, Kompaßkontrolle, nächste Pricke suchen, ansteuern, passieren –, wurde heute von mir vernachlässigt. Bisher hat ja alles so gut geklappt. Und: Wir sind ja bald da.

Bald grüßt uns voraus der trutzige Turm der Stegeborg. Vor der Burg finden wir genau den richtigen Liegeplatz für eine romantische Nacht. Nichts wie rein, bis es knallt. Im Logbuch steht zu diesem Anlegen: *19. August. Ein Schiet-Tag. Erst verirrt, jetzt Bumser-Manöver gefahren. Ich hasse Stege, die Boxen mit Seitenschwimmern haben. Mit dem Bug gegen den Holzsteg. Zwar keine Delle, aber Charterer vom Nachbarboot, die uns zu allem Übel erkennen, feixen sich eins. Da haben sie was zu erzählen, wenn sie zu Hause sind.* Astrid ergänzt später heimlich: *Wilfried ist hiermit seinen Motorboot-Führerschein los! Ab sofort fahre ich wieder die Festmache-Manöver.*

Im Götakanal scheint es genauso heiß zu werden wie an all den Tagen in der Ostsee. Astrid sitzt am Gashebel, ich lasse auf dem Vordeck die Beine über Bord baumeln und versuche, mir darüber klar zu werden, woher das Wasser in den diversen Bilgen und Backskisten kommt, das ich heute früh „aufgeschwammt" habe. Die Gedanken zerbröckeln, als der weiße Leuchtturm von Mem die Einfahrt in den Götakanal signalisiert.

Ich werfe drei Fender über die Seite und mache zwei 18 Meter lange Festmacher klar. Nachdem wir K7 im Vorhafen Mem vor dem Kiosk vertäut haben, stecke ich den Kopf in den Laden, um uns eine Karte vom Götakanal zu besorgen. Ganze 220 Kronen (knapp 50 Mark) bezahlen wir für den Atlas mit elf Karten und einem 52seitigen Führer, der neben Infos Luftbilder von allen Häfen im Kanal enthält.

Die Kanalreise beginnt gegenüber im Klarierungskontor, einem winzigen gelben Häuschen. Ich lächle die schlanke, blonde Schleusenwärterin an, als wäre der Kanal das Ziel all meiner Reisen. Während sie unsere Daten in den Computer eingibt, bekommen wir Nachhilfe in Geographie: Der Götakanal reicht gar nicht bis Göteborg, wie wir immer annahmen, sondern nur von Mem bis Sjötorp am Vänersee. Danach folgt der Trollhättekanal und Göta Älv, die nochmals zahlungspflichtig sind. Für „ihren" Kanal, wie sie ihn nennt, betragen die Gebühren 2070 Kronen.

Die junge Dame mit Namensschild Helene Anderson drückt mir noch freundlich eine Reihe farbiger Informationsbroschüren in die Hand und sagt flott daher: „Der Gebührenzettel gilt als Gutschein für sämtliche Schleusen und Gästehäfen an der gesamten

Kanalstrecke." Astrid will es genauer wissen und erfährt: „Natürlich nicht für die heißen Duschen. Aber in den Gebühren ist auch das kostenlose Öffnen aller Brücken enthalten." Dann erklärt uns Fröken Helene Anderson kurz und routiniert, wie man am besten mit dem Boot durch die Schleusen fährt: „Wenn möglich belegen Sie die hinteren Plätze der Schleusenkammer, das sind die sichersten, da der Wasserdruck immer von vorn kommt. Die Vorleine", sie streckt die Hand weit nach vorn, „etwa eine Schiffslänge vor dem Bug festmachen und beim Schleusen strammhalten. Sehr wichtig ist, daß Sie beim Aufwärtsschleusen die Bugleine mit steigendem Wasser dichter holen. Die Achterleine steil und direkt über dem Heck festmachen." Das ist schon alles. Sie wünscht uns noch .... Aber das Mobiltelefon in ihrer Hand piept.

Wir laufen mit K7 als einziges Boot in die Schleuse, hängen wegen der grün-glitschigen Mauer das Brett über die noch weißen Fender, befolgen das Gesagte und schwimmen zehn Minuten später 2,20 Meter höher. Voraus blicken wir in eine grüne Wiesen- und Laublandschaft. Die erste Schleuse ist geschafft. Es war vollkommen unproblematisch, ein Kinderspiel. Ich stand mit dem Ende der Vorleine auf dem Vordeck, holte leicht mit einer Hand die Lose sein, während die Heckleine dabei automatisch dicht kam. Voraussetzung dafür waren unsere Wikingerklampen, wie

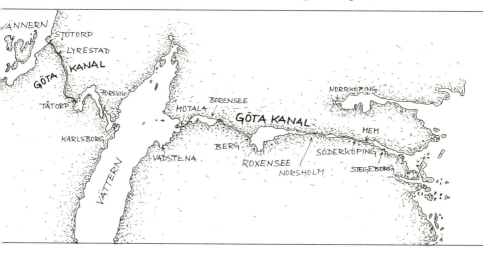

Der Götakanal – von Mem nach Sjötorp – ist 190 Kilometer lang, hat 58 Schleusen und eine Anstiegshöhe von 92 Meter.

wir die unförmigen Belegklampen an Bug und Heck nennen; sie haben eine Klüse, durch die man das Tau stecken kann.

Mit 1900 Umdrehungen geht es weiter. Astrid steuert, ich mache mich über das neue Lesematerial her: Götakanal 1993, deutsch. Auf der ersten Seite verkündet der Kanaldirektor Thomas Persson: „Willkommen zum Götakanal! Der Kanal lockt heute mehr Menschen an als je zuvor. Wir haben ausgerechnet, daß in jedem Jahr 1,7 Millionen Menschen das Kanalgebiet aufsuchen. Selbstverständlich kann man eine so alte und einzigartige Anlage – das größte Bauvorhaben Schwedens – nicht ohne finanzielle Unterstützung bewahren und verwalten. Aus diesem Grund erhalten wir Zuschüsse für die Instandhaltung und den Betrieb vom schwedischen Reichstag. Nur ein geringer Teil unserer Einnahmen stammt aus dem Bootsverkehr." Astrid unterbricht mein lautes Vorlesen mit: „Tack sa mycket." Für sie sind 2070 Kronen sowieso nicht zuviel. „Überleg' mal, es kommen noch 57 Schleusen und 49 Brücken."

Auf Seite vier lese ich: „Jeder kann seinen eigenen Takt fahren und anhalten, wo es ihm gefällt. Die höchstzulässige Geschwindigkeit beträgt 5 Knoten." Wir drosseln die Maschine auf 1700 Umdrehungen. „Im Verlauf Ihrer Reise können Sie aber auch auf den dazwischenliegenden Seen – Roxen, Boren, Vätter, Viken – segeln." Mit dem Bleistift unterstreiche ich den Satz: „Eine Fahrt auf dem Götakanal bringt neuen Schwung ins Familienleben", und frage: „Astrid, wo wollen wir für die Nacht liegen?"

Dann die Seite mit den Zahlen: „Der Kanal ist 190 Kilometer lang, mindestens 3 Meter tief, hat 58 Schleusen und eine Anstiegshöhe von 92 Meter. 49 bewegliche Brücken kreuzen das Gewässer, außerdem gibt es eine feste Brücke mit 22 Meter Durchfahrtshöhe."

Es folgen noch eine Reihe anderer Informationen und Verordnungen. Auf Schwedens meistbesuchter Touristenattraktion will ich aber nicht die Zeit mit Lesen verbringen.

Die ersten Kilometer des Kanals sind mit die schönsten (das ahnte ich damals leider nicht). Stellenweise ähnelt er hier einem Urwaldfluß mit tief herabhängenden Zweigen und vermoderten

Baumstämmen. Enge Windungen führen dicht an steil aufragenden, 50 Meter hohen Felswänden vorbei. Dann wieder liegt das Kanalbett höher als das umgebende Land. Ein eigenartiges Gefühl, vom Deck herab auf eine abwechslungsreiche, grüne Landschaft zu schauen. Unerwartet wie aus der Dunkelheit taucht darin die gelbe Fassade des Schleusenhäuschens von Söderköping auf. Dahinter Kirchen und alte, stilvolle, mehrstöckige Blockhäuser. Getreidesilos am Kai geben dem Städtchen das Flair einer Hafenstadt, aber die Frachtschiffahrt im Kanal ist wohl bedeutungslos geworden. Der Wasserweg, einmal gebaut als Transportweg quer durch Schweden, wird heute nur noch von Sportbooten und einer kleinen Flotte weißer Passagierschiffchen befahren.

An der langen Pier im Gästehafen liegen nur wir mit K7. Die Saison ist für die Schweden offenbar vorbei. Die 4500 Boote, die den Kanal jährlich passieren, werden hauptsächlich von Mitte Juni bis Anfang August durchgeschleust.

Wir gehen zum Markt gegenüber dem beeindruckenden Rathaus von 1777, um den täglichen Einkauf zu erledigen. Die Geschäfte sind international beflaggt. In einem alten, verstaubten Laden kaufe ich eine Postkarte, die Königin Sylvia mit Staatsrobe und Diadem zeigt, und schicke sie sogleich an meine Mutter – nicht ahnend, daß sie die ihr wertvollste in der Sammlung meiner Postkarten wird.

Aus dem Logbuch: 20. August, ein Freitag. Um 15 Uhr lösen wir uns vom hölzernen Pier. (Was ist hier nicht aus Holz!) Leider versäumen wir ein „Muß" in Söderköping: den 76 Meter hohen Berg neben dem Kanal zu besteigen. Liegt daran, daß am Sonntag die Sommersaison vorbei ist und damit die Zeit, in der man unbekümmert fahren kann. Ab Montag ist Schleusen und Brückenöffnen nur noch für Konvois und nach Anmeldung möglich. Individuelle Wünsche können dann nicht mehr berücksichtigt werden, heißt es. Das Wetter ist prächtig. A. meint auch, es wäre zu früh, um mit dem Sommer Schluß zu machen: „Ich glaube, die Schweden schauen in den Kalender, und wenn da 15. August steht, fahren sie nicht mehr Boot." – Nach neun Schleusen machen wir in der Dämmerung einsam vor der „Hulta sluss" fest.

Die Schleusen und Brücken des Götakanals werden nur von wenigen Festangestellten bedient, zum Beispiel von Don Johannson. In der Hauptsaison helfen viele Studentinnen aus.

Später gesellt sich ein Motorsegler vom Typ Nauticat zu uns. Ein Hamburger Ehepaar hat sein fünf Jahre altes Boot erst vor wenigen Tagen in Stockholm gekauft. Sehr günstig, wie sie meinen. Dabei haben sie bereits Gas-, Motor- und Wellenprobleme. Ihre Bordheizung übertönt – leider – das angenehme Rauschen des überlaufenden Schleusenwassers.

Der folgende Tag beginnt: zum einen mit Schleusen, na klar. Das ist weiterhin eine leichte Angelegenheit mit unserem Drei-Tonnen-Schiffchen. Ich setze in der Regel Astrid mit einem Tampen in der Hand am Steg vor der Kammer ab, und das ist dann eigentlich schon alles. Zum anderen beginnt der Tag mit Kaffee und Kuchen in Norsholm. Das Schleusencafé bietet einen Stefan-Edberg-Apfelnapfkuchen an, der so gut schmeckt wie Edberg spielt. Die sportvernarrte Astrid, für die Kuchen sonst wertlos ist, holt sich einen Nachschlag aus der Küche, wohl hauptsächlich, um mit der Bäckerin über Edberg zu reden. Nach Tisch zeigt uns Schleusenwärter Karlsson sein Revier: ein Pult mit Knöpfen, Bildschirmen, Telefonen. Außer dieser Schleuse bedient er noch ferngesteuerte Brücken. Maximal 75 Schiffe schafft die Schleuse pro Tag. Und bedient werden die meisten Schleusen in der Saison von Studenten und Studentinnen. „Die reißen sich um den Job." Astrid macht ihm auf englisch klar, daß bei uns nur Beamte schleusen dürfen.

Die Sonne sticht. Mit 14 Kreuzschlägen überqueren wir den Roxensee – 15 Meilen gegen einen steifen, böigen West. Das Hin und Her verschafft uns einen Eindruck vom Ufer: viel Schilf, Laubwald, erdbraune Felder, ein Campingplatz mit Bootssteg, nur wenige Hütten in der hügeligen Landschaft. Keine Sandstrände. Und kein einziger Vogel. Am Ende des Roxen wartet eine faszinierende Wassertreppe auf uns. Die „Carl-Johans"-Stufenschleuse in Berg besteht aus sieben Kammern mit 19 Meter Höhenunterschied. Hier brodelt und strömt es merklich stärker als in den vorangegangenen Schleusen. Jedesmal kommt richtig Spannung auf die Vorleine. Um ein schwereres Schiff als K7 an der Schleusenwand zu halten, müßte die Leine vom Bug auf die Schotwinsch umgelenkt werden.

Gegen Abend haben wir den „Berg" erklommen. Geschafft und verschwitzt legen wir K7 im Gästehafen um die Ecke längsseits an einen Steg. Wir duschen und fönen ausgiebig. Astrid wirft sich ins Sommerkleid, ich in ein helles Hemd. Die beiden Hamburger Maria und Norbert haben uns auf ihre Nauticat eingeladen. Sie wollen heute abend ihr Schiff taufen. Doch alles umsonst: Der Dieseltank ist leck, bei der Überquerung des Roxen undicht geworden. Jetzt stinkt es fürchterlich in der Kajüte. „So ist das mit den Sonderangeboten", stellt Astrid erneut fest. Sie haben noch eine andere Sorge. Welche ihrer drei Schiffsrechnungen sollen sie wegen der Mehrwertsteuer dem Zoll in Deutschland präsentieren? Astrid nüchtern: „Wartet ab, was noch alles passiert."

Die gesparte Zeit investieren wir in einen Blick zurück auf das technische Bauwerk, wo wir uns Stunden zuvor hochgehangelt haben. Ein eindrucksvolles Bild, zumal wenn man sich daran erinnert, daß die Schleusentreppe bereits 1832 fertiggestellt wurde und bis heute fast unverändert in Aktion ist – von der Umstellung auf elektrohydraulische Steuerung der Tore einmal abgesehen. Im Prospekt wird mitgeteilt, daß es Baltzar von Platen, Graf, Marineoffizier und Minister, gelang, dieses Vorhaben zu verwirklichen. „Er war von der Vision beseelt, die Ostsee mit dem Vänersee durch einen Kanal zu verbinden, und er besaß zwei dafür wichtige Eigenschaften: Hartnäckigkeit und Durchsetzungsvermögen. 1806 trug von Platen König und Ministern seine Pläne für den Bau vor. 1810 gab der Schwedische Reichstag den Bau des Kanals in Auftrag, und noch im selben Jahr begannen die Arbeiten am größten Bauwerk Schwedens aller Zeiten; die Leitung hatte Baltzar von Platen."

Es mußten Arbeitskräfte her, die nicht viel kosteten: Soldaten. Rund 58 000 Mann gruben, sprengten, mauerten 22 Jahre lang zwölf Stunden am Tag, an sechs Tagen in der Woche, mit überaus primitiven Geräten. Die Spaten zum Ausheben des Erdreichs waren beispielsweise aus Holz, an der Schaufel nur verstärkt und „scharf" gemacht durch ein aufgenietetes Stück Blech. Von Platen selbst war es nicht vergönnt, die Einweihung „seines" Kanals mitzuerleben. Drei Jahre zuvor, 1829, war er gestorben.

Am nächsten Morgen ziehen einige schwedische Yachten mit uns auf „Klettertour". Die Crews gelöst und lustig. Für viele ist es der letzte Fahrtag des Jahres. Sie bringen ihre Boote ins Winterlager. 15 Schleusen bis Motala machen wir mit ihnen zusammen. Erstaunt registrieren wir: Es gibt keinerlei Gedrängel. Auf lautstarke Kommandos auch seitens des Schleusenpersonals wartet man vergebens. Ohnehin greift in den schwedischen Häfen nie ein Hafenmeister zum Megaphon und weist damit stimmgewaltig Besucher ein. Aber dafür haben die Schweden ja ihre allgegenwärtige Beschilderung.

Wir sind (mal wieder) fasziniert von der Landschaft. Parklandschaft wäre eher das richtige Wort. Akkurat angelegte Kornfelder wechseln ab mit Wiesen und Laubwäldern rechts und links vom Wasserweg, dazwischen alte Villen, Herrenhöfe und eine Burg. Wir machen einen Stop in Borensberg. Trinken auf der Terrasse des berühmten „Göta-Hotell" eine Flasche eiskaltes Bier. An diesem Sonntag sind die Schleusenanlagen voller Touristen, die sich das Schleusen ansehen, dabei Eis schlecken, eine Dose Cola aufreißen oder sich im Gras wälzen. Man bekommt einen Eindruck, wie es hier in der Saison von Menschen wimmeln könnte. Nun ja, acht Millionen Schweden wimmeln nicht.

Der Kanal hat bisher für uns ein bißchen was von Tourismus: Have seen. Und dann weiter. Das schönste Stück soll aber noch kommen.

Abends in Motala treffen wir Maria und Norbert mit ihrem Motorsegler wieder. Sie, viel Brille und eingefärbte Löckchen, beklagt ein weiteres Malheur: Das Trinkwasser stinkt erbärmlich. Offenbar ist Diesel in die Wassertanks gelangt. Man hat zu tun. Verständlich. Folge: Die Taufe fällt abermals aus und wird auf morgen verschoben, in Vadstena. Um vorzugreifen: Auch dort wird es nichts mit der Namensgebung. Es ist saukalt im Schloßgraben, und die Bootsheizung funktioniert nicht. Als wir die beiden in Karlsborg zum letzten Mal treffen, steht mit schwarzen Tesastreifen MARIA beiderseits des Aufbaus. Sie haben das Schiff ganz allein mit einer Flasche Sekt mitten auf dem Vättersee getauft. Astrid spontan: „Ist auch billiger."

Dem Kilo Broschüren, die mir Fröken Anderson in Mem verehrte, entnehme ich: „Die Stadt Motala ist einen Stop wert: Kirchen, Schloßmuseum. Außerdem das Kanal- und Schiffahrtsmuseum, das ausführlich den Bau und die Geschichte des Kanals dokumentiert."

Zuerst gehen wir essen. In einem „Restaurang" an der Hauptstraße verschlingen wir hungrig Lövstek, Salat, Pommes frites. Dazu läuft Fußball im Fernsehen. Zum Nachtisch gibt es zwölfmal in Zeitlupe den „genialen Paß" aus der Mitte des Feldes zu Dahlin, der einen Haken schlägt und einschießt. Schwedens Sieg über Frankreich führt zur Fußball-Weltmeisterschafts-Teilnahme in den USA.

Im Kanalmuseum: viele alte Dokumente über Entwicklung, Bau und Vollendung des Kanals, dazu Skizzen, präzise technische Zeichnungen und Konstruktionspläne. Historische Fotos von Frachtseglern, die damals den Kanal befuhren. Ein Besuch ist ratsam, er fördert den Respekt vor diesem Unternehmen Götakanal.

In der Kindheit war meine Phantasie in Schlössern zu Hause. Ich las alle Sagen und Märchen, die mir in die Hände kamen. Prinzessinnen gingen in meinen Gedanken ein und aus. Meist wurde ich von ihnen eingeladen, befreite sie aber auch aus den Klauen böser Hexen, vollbrachte jede Menge Heldentaten, heiratete sie, wurde unermeßlich reich, ließ auch die Armen nicht verhungern, und wenn wir nicht gestorben sind ...

Jetzt, mit 53 Jahren und K7 im Burggraben des echten Wasserschlosses von Vadstena liegend, schrubbe ich das Deck eines Kleinboots, und eine echte Prinzessin winkt – leider – nicht einmal hier aus einem der vielen Fenster in den unmittelbar hinter dem Heck aufragenden Mauern des Kastells. Meine „Prinzessin" schnippelt Gemüse für eine Suppe, die sie umständlich auf einem zweiflammigen Petroleumkocher zubereiten muß. Tja, wenn man älter wird, schrumpfen nicht nur die Schlösser.

Vadstena gehört zum Pflichtprogramm der Götafahrer und Schwedentouristen. Aber irgendwie sind wir es leid, dem Trott zu folgen und das zu absolvieren, was empfohlen wird. Also: Eine Besichtigung der Schloßräume ersparen wir uns. König Gustav

Schleuse Tåtorp im Morgengrauen. Es ist die einzige übriggebliebene Schleuse des Kanals, die noch von Hand betrieben wird. – Ein Häuschen am Ufer, zu klein zum Bewohnen, aber schön.

Wasa hat dieses wuchtige Gemäuer mit den vier eindrucksvollen Kuppeln 1545 erbauen lassen. Aber erst 70 Jahre später war es bewohnbar. Boote, die ringsum im Wallgraben vertäut liegen, geben dem grauen Ungetüm Wärme und Romantik. Auch sonst ist Vadstena ein geschichtsträchtiger Ort mit Klöstern, Klosterkirche und Rathaus (1410).

Drüben auf der anderen Seite des Vättersees „entern" wir nach einem nassen 20-Meilen-Kreuzkurs in Karlsborg wieder den Götakanal. Nun folgt ein Stück, das uns Abenteurer in Entzücken versetzt.

In Gedanken formuliere ich fürs Logbuch: *25. August. A. liegt bäuchlings an Deck, beide Hände unter einer Wange. Ich hocke auf dem Cockpitsüll und halte die Pinne. In gleichmäßiger Fahrt motoren wir durch kleine, stille Gewässer – Bottensjön, Vikensee –, auf denen Blätter- und Grasinseln schwimmen, wo abgeknickte Bäume übers Ufer ragen und Pricken uns den Weg zeigen. Die Frau eines Fischers hängt große Wäsche auf. Die Schleuse Forsvik hebt uns auf den Gipfel unserer Klettertour: 92 Meter über Meereshöhe. Von nun an geht es abwärts. Schleusungen mit einer Hand werden möglich. Eine Brücke wird passiert. Kleine Bootsanlagen und Einbuchtungen verlocken zum Bleiben, wäre da nicht das „Weiter". Ein Angler verstaut seine Ausrüstung in einem Volvo. Ein aufgeschreckter Reiher fliegt in kurzen Spurts vor unserem Bug von Röhricht zu Röhricht. Wir segeln eine Meile. Das Fahrwasser schlängelt sich durch kleine Gruppen von Schären. Ein-Baum-Inseln, wenige Quadratmeter groß, und ein enges Kanalstück mit abgesunkenen Steinwällen werden passiert. Schnell sind wir in Tåtorp.*

Hier wollen wir übernachten, das Gesehene verarbeiten. Der Schleusenwärter verzieht das Gesicht wegen der Touristen, die aus dem Konvoi (zwei Boote) ausscheren möchten. Und das schon am Vormittag. Dennoch: Eine Flasche aus unserer Spirituosenlast (gekauft in Schweden) ermöglicht es ohne weitere Umstände. Morgen früh um sieben will er uns hier wieder erwarten. Vorsichtshalber gibt er uns Namen und Telefonnummer: Don Johannson – 0141-53510.

Wir falten die Segel zusammen, werfen einen Blick auf die vor uns liegende erste Abwärtsschleuse, die zugleich die einzige handbetriebene ist und kontrollieren nochmals die Leinen. Dies ist kein Milieu-5-Steg, aber für uns hat er 6 und mehr. Ich bin körperlich irgendwie down, jede Bewegung fällt mir schwer. Vielleicht war es zuviel Unterwegssein in den letzten Wochen (Fahrtensegeln ist auch Sport). Wettermäßig wird es nochmals ein besonderer Tag. Licht, Wolken und Temperaturen lullen uns ein. Wir kümmern uns nicht um Weiterfahrt, Meilen, Wetterbericht. Kaum ein Auto fährt über die Kanalbrücke. Keine Luftbewegung. Ein Landwirt kommt vorbeigeradelt und läßt uns eine Tüte gelbgrüner Frühäpfel im Cockpit. Anschließend besuchen wir ihn auf seinem Hof. 35 Sommerkühe und seine vielen Obstbäume reichen nicht zum Leben. Das eigentliche Geld verdient seine Frau als

Schweden ist eines der bestorganisierten Länder der Erde. Überall gibt es eine Fülle von Gebots- und Verbotsschildern. Ein blaues Schild mit gelbem Anker weist den Gästehafen aus.

Krankenschwester. Landwirt Hallberg hat ein ungewöhnliches Hobby: Er sammelt alte Blockhäuser. Häuser, die auf den umliegenden Bauernhöfen „weggeworfen" werden. Er renoviert sie, macht sie bewohnbar. Sieben davon hat er um sein Wohnhaus aufgestellt. Gelegentlich, „wenn es sich so ergibt", darf man auch eines mieten. Sein Hof liegt vor dem Ort Sörboda. Astrid faszinieren seine Stangenzäune: „Wilfried, zeichne sie ab!" Allzu gern hätte sie, daß ich uns daheim auch solche baue.

Im Tåtorp-Båtclub tut sich absolut nichts. Auf einem Schild lese ich: Die Benutzung der Bootsrampe kostet 25 Kronen, der Kran für vier Tonnen darf bedient werden.

Der folgende Tag soll zugleich unser letzter im Götakanal sein, doch an Lyrestad kommen wir nicht vorbei, ohne den Schleusenwärter Don Johannson erneut zu überlisten.

Begonnen hatte der Tag mit Kreislaufen um die Schleusen-Öffnungshebel. Das schmalste Stück des Kanals durchfuhren wir eingehüllt in Morgennebel. Im Kielwasser spiegelten sich Ahorn, Linden, Eichen zu Zerrbildern.

Direkt vor dem Hafenkontor und Museum von Lyrestad gehen wir längsseits. Beides ist bereits geschlossen für den Winter. Vom flachen Kai lassen sich Scharen von Enten nur mühsam vertreiben. In der Autowerkstatt nebenan lerne ich Per kennen, den Besitzer eines Chevrolet Impala, Baujahr 59. Der macht mich neugierig. Für 69 000 Kronen wäre der weiße Wagen zu haben. Wir drehen ein paar Runden um den Block – Tempo 30.

Ganz gemächlich beenden wir anderntags die Kanalfahrt. Nach sieben Schleusungen sind wir in Sjötorp am Vänersee. Astrid lauscht wieder den Wetterberichten von Radio Schweden. „Der Vänersee soll berüchtigt sein." Das ist es eigentlich nicht, was ich noch im Kanal wissen will. Ich scheue zu frühe Informationen.

Bevor ich den Göta verlasse, haben wir in einer Schleuse länger zu warten. Dabei tauchen vor meinen Augen Bilder dieser Kanalfahrt auf. Waren wir tatsächlich nur zehn Tage darin unterwegs? Fazit: Der Götakanal ist mehr als ein Wasserweg oder ein Kanal, nämlich eine wunderschöne Parklandschaft und ein beeindruckendes kulturgeschichtliches Bauwerk.

40 Ich mache die Fahrt

In der Kajüte elf Grad Celsius beim Frühstück. Die Blätter färben sich gelb und braun. Tautropfen perlen auf der Reling. Es wird Herbst auf dem Vänern, Schwedens größtem See. Er ist ein gewaltiges Binnenmeer. Allein unser Ziel, Vänersborg auf der anderen Seite des Sees Richtung Göteborg, liegt via „Ekens Skärgård" 70 Seemeilen entfernt. Die Navigation mit Hilfe des GPS ist unproblematisch. Lediglich mit schnellen Wetterwechseln muß gerechnet werden. Bei viel Wind entsteht eine tückische und nicht ungefährliche Kreuzsee.

Vom Hafen Sjötorp sieht der Horizont sehr bewegt aus. Astrid nimmt Kaudragees (Superrep) gegen Seekrankheit, ein Mittel, das sie am Vorabend von einer deutschen Männercrew gleich päckchenweise bekam: acht Architekten, die ebenfalls quer durch Schweden segeln und motoren. Oder eher umgekehrt. Es wurde ein feiner Rotweinabend bei ihnen unter Deck. Die üblichen Gespräche: Ich habe gerade Pieske gelesen, was macht Schenk? Und so weiter. Alle raspeln Süßholz. Bordbesuche sind Mittel, den „Ruhm" zu mehren. Für sie als Architekten sind schwedische Häuser monoton, einfallslos, schlichtweg Einheitsware. Sie wollten Astrid mit den Kaugummi-Dragees Gutes tun. Natürlich anerkennenswert. Leider mit dem Resultat, daß es ihr auf dem gesamten Ostseetörn noch nie so elend ging wie auf dem 30-Meilen-Stück von Sjötorp über Djurö nach Läckö: Schlaf, Schlappheit, Schmerzen in Kopf und Magen. Und vor allem fühlt sie sich noch hundsmiserabel, als die Leinen fest sind und das Wasser längst wieder platt ist.

In Läckö, dem Pflichtschloß am Vänern, spendieren wir uns abends im Schloßrestaurant eine Flasche schwedischen Sekt. Schon der Name berauscht: Amadeus. Wer sich für Schlösser, Burgen und Museen interessiert, ist hier gut aufgehoben. Allein die Außenansicht ist eine Wucht, hoch auf einem Felsen und weithin bei der Ansteuerung sichtbar: weiße Zinnen, hohe Türme, auf denen Fahnen wehen, und Kuppeln, die in unglaublicher Perfektion mit Holzschindeln gedeckt sind.

Außer der Schloßburg Läckö gibt der „Ekens Skärgård" für uns Schärenreisende nicht viel her: eben mittelhohe Felsen mit ein paar Nadelbäumen darauf und im Scheitel der meisten Buchten Schilf. Vermutlich in allen.

Einige Meilen nach Verlassen von Ekens, bei der äußeren roten Tonne, gibt's dann das totale Chaos an Bord und auf dem See. Noch auf dem holprigen Vänersee schreibe ich: *30. August. Böiger Westnordwest 6. Erst direkt von vorn, später halb einfallend. Und stürmisch werdend. Reffe Groß und Fock. Die Reise über den Vänern weckt mein Meeresgefühl. Seen, die in die Plicht klatschen, wann gab's das zuletzt? Und pechschwarze Böenwalzen. A. hat wieder schlappgemacht. Mein Feldzug gegen ihre Unsicherheit und Furcht bleibt ohne Erfolg. Ich hab's versucht mit Erzählen, Plaudern, Aufgaben stellen, hart anfassen, bei der Ehre packen. Ich habe sie während der Tage auf dem See wirklich durch sämtliche Mühlen therapeutischer Behandlung gejagt. Ich wurde sogar – mit Absicht – beleidigend. Kurzum: Gegen passive Seekrankheit in Verbindung mit Bedenken ist kein Kraut gewachsen.*

Als wir in Vänersborg sind, geht das Unwetter erst richtig los. Harte Böen werfen K7 immer wieder in die Festmacher. Wir sollten eigentlich froh sein, im sicheren Hafen zu liegen. Doch was tun wir? Astrid ist indisponiert. Ich bin mürrisch. Wir haben uns nichts zu sagen. Sind das die Reisestrapazen? Bin ich zu weit gegangen?

Ich schlage zur Ablenkung ein Nachrichtenmagazin auf. Astrid hört Radio: Musik, Wetter, Nachrichten. Blickkontakte fallen daneben. Ich möchte nicht mit Astrid gleichzeitig – sie an Backbord, ich an Steuerbord – in den Schlafsack kriechen. Also gehe ich Schiffe ansehen, in der Stadt bummeln, schaue einfach über den Vänern, der oben dunkel und unten weiß ist. Astrid ergänzt zwischenzeitlich den Logbuchtag: *Ich mache die Fahrstrecke solange ich will!* Knapp und mißbilligend. Die Eintragung deutet einen echten Streit an, der aber meist vor der Nacht beendet ist. Dieser dauert länger – bis morgens früh. Ob sie wohl denkt: Warum habe ich mich nicht in einen Lehrer verliebt?

Verheerend für Astrid ist die steile Welle auf dem Vänersee. Meine Frau hat nur eine Sehnsucht, nämlich den Hafen Vänersborg schnellstmöglich zu erreichen.

41 Lilla Edet & Göteborg

Stadt und Hafen Lilla Edet liegen mitten am Trollhättekanal, genau vor der letzten Schleuse Richtung Göteborg, und beides scheint auf den ersten Blick häßlich. Anlagen des Wasserkraftwerks, der Papierfabriken und monotone Wohnsiedlungen prägen das Bild. Im zehn Boote fassenden Sportboothafen schiefe, schmutzige und flache Liegeplätze ohne das übliche Grün. Das Wasser ist trübe – von eingeleiteten Schadstoffen? Ringsherum Möwendreck auf Pollern, Stegen und Bojen. Doch kaum haben wir festgemacht, wankt sogleich der Eindruck. Zerfällt. Für schwedische Verhältnisse mag es hier schmutzig sein, oder für den, der aus der Region Götakanal kommt, aber wir empfinden das, was Lilla Edet bietet, als einen angenehmen Kontrast zu den sonst recht sterilen Yachthäfen des Königreiches. Und wir sind hier völlig ungestört.

Sauberfrau Astrid schnappt sich Schrubber und Pril und reinigt ein Stück Steg, um endlich unsere Teppiche zu waschen. „Wo Schmutz ist, kann man was dazutun", meint sie verschmitzt. Ich marschiere in die einen Kilometer entfernte Stadt.

Lilla Edet liegt an diesem Nachmittag langweilig unter grauem Gewölk. Im Supermarkt „informiere" ich mich in der schwedischen „Båtnyt" – einem dünnen Blättchen im Verhältnis zu unserer Fachzeitschrift YACHT, obwohl sich doch 30 Prozent der schwedischen Bevölkerung in irgendeiner Form auf dem Wasser bewegen, statistisch gesehen.

Ein im Angebot strahlendes Norrland Guld, kartonweise, macht mir noch mal Astrids Vorhandensein bewußt. Ich greife zu. 24 Halbliterdosen Bier kosten nur 99 Kronen. Mit 2,8 Prozent Alkohol ist das für Deutsche Dünnbier, aber es schmeckt uns sehr und ist ideal zum Durstlöschen. Außerdem überall, bei jedem Kaufmann, erhältlich. Deutsche Segler, die wir auf unserem Skandinavientörn trafen, lehnten dieses Bier in der Regel ab. Lieber schleppten sie mühsam und nervös kribbelnd (wegen des schwedischen Zolls) Bilgen voller Dosen eines Billig-Discounters mit, die auch nicht besser schmecken.

Systembolaget – das ist allen Schwedenreisenden bekannt und wird häufig geschmäht. Alkoholisches Trinken untersteht nun mal in Schweden eigenen Gesetzen. Mehrprozentiges, dazu zählt auch unser normales Bier, offerieren nur Staatsläden mit diesem seltsam klingenden Namen, die zudem meist in Nebenstraßen zu finden sind. Die staatlich verordneten „Lasterhöhlen" präsentieren sich penibel sauber und flächenmäßig großzügig. Damit die Verkäufer Zeit haben, den Kunden mit Inquisitionsblicken zu betrachten? Sünder wirken da wirklich wie arme Sünder.

In Lilla Edet ist Systembolaget ein prächtig ausgestatteter Laden mit Bohus-Marmorfassade und einem für diese kleine Stadt gigantischen Angebot: Sherry, Malt Whisky, einheimische und zahlreiche importierte Weine von bester Qualität. Alles vorhanden. Die Verkäuferin wirkt nicht so übel und unfreundlich, wie uns immer berichtet wurde. Aber streng, denn genaugenommen will man ja nichts verkaufen. Meine Fragen werden nur mit Ja und Nein beantwortet. Ich wähle einen „Hässlö". Gute Weine liegen in diesem Sommer nur unwesentlich über den deutschen Preisen. Und harte Sachen? Na ja, die kosten doppelt und dreifach. Aber uns sind diese Preise völlig egal.

Aus der Werbung im „Båtturist" (dem Buch, das wir täglich gebrauchen): „Halte dich über Wasser. Neun von zehn ertrunkenen Bootsfahrern trugen keine Schwimmweste. Sechs von zehn hatten Alkohol getrunken. Unterschrift: SYSTEMBOLAGET". So warnt eine halbseitige Anzeige der Anti-Alkohol-Politik. Und noch eine zweideutige Anzeige: „Wer keine Schwimmweste trägt, ist ‚vara korkad' – dumm – SYSTEMBOLAGET".

Nur mit einem Karton Bier, der mächtig auf der Hüfte drückt, und einer Flasche Wein will ich nicht an Bord zurück. In „Jane's Hembageri", unweit der Marmorfassade des Systembolaget, aber ein stinknormaler Klinkerbau, nehme ich Kastenbrote mit, das Stück für 10,50 Kronen. Die Verkäuferin (Jane?) ist eines dieser helläugigen, blonden Mädchen und verkauft nicht nur preisgünstig; das Mischbrot entpuppt sich auch als das schmackhafteste der gesamten Schwedenreise. Allzu häufig ist Brot mehr Pappmaché als Teig. Die politisch interessierte Astrid: „Am Brot müssen die Schweden noch arbeiten, wenn sie in die Europäische Union wollen."

Noch ein Satz zum Preisniveau: Lebensmittel en gros mitzuschleppen, halten wir für unsinnig. Preise und Qualität liegen auf unserem Level. Teuer ist ein gutes und gediegenes Restaurantessen. Wir achten auf das Schild „dagsrätta", hinter dem sich ein normales, reichhaltiges Tagesgericht zu solidem Preis versteckt.

Weiter geht die Fahrt.

100 Meter nach dem Steg in Lilla Edet sind wir in der letzten Schleuse des Unternehmens „Einmal quer durch Schweden". Wie in allen Abwärtsschleusen, auch wenn es 8 Meter runtergeht, gibt es hier keine Strudel, keine Strömungen. Wir bringen nicht einmal eine Leine an Land aus, legen nur das Boot mittschiffs an eine der Schleusenleitern und hangeln uns Hand über Hand hinunter. Das war's dann mit dem Schleusen. 64 Stück liegen in unserem Kielwasser – ohne eine Schramme an Körper und Boot. Ohne eine messingbeschlagene Scheuerleiste am Bootsrumpf. Wie viele Schleusen wären es wohl durch Rußland gewesen?

Der Yanmar schiebt uns hinaus auf den Fluß Göta Älv. Seine Strömung von 1 Knoten beflügelt die Fahrt flußabwärts, so daß die Unzahl weißer und gelber Fahrwasser-Begrenzungstafeln, im Schnitt alle 200 Meter, nur so vorbeifliegen.

Trollhättekanal und Göta Älv. Manchmal sind Fakten aufschlußreicher als viele Worte. Also: Das sind 46 Meilen von Vänersborg bis Göteborg, 5 Meter Wassertiefe, Durchfahrtshöhe 27 Meter, sechs Schleusen, 44 Meter mußte K7 hinabklettern. Die Passage kostet 410 Kronen und beinhaltet eine kostenlose Übernachtung in einem Kanalhafen. Höchstfahrt 10 Knoten. 4000 Schiffspassagen, 6000 Sportboote jährlich.

Vor allem die Größe der Schleusen erschreckt. Gebaut für die Handelsschiffahrt zum Holzzentrum im Norden des Vänern, haben die Kammern für Kleinbootsegler gewaltige Ausmaße. Aber die Wärter gehen mit Routine zu Werk. Als ich abends in Lilla Edet das Schleusen eines Frachters beobachte, bekomme ich großen Respekt vor dem Land- und Schiffspersonal. Rundum bleiben nur wenige Meter Raum. Indem der Kapitän einmal kurz

Direkt vor dem Hafenkontor und Museum von Lyrestad gehen wir längsseits. Für beide Einrichtungen ist bereits Ende August die Saison beendet.

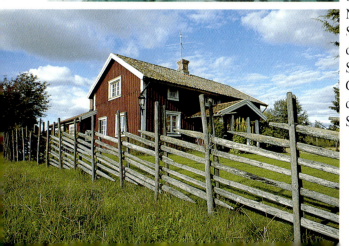

Nach 58 Schleusen sind wir durch den Götakanal. – „Den möchte ich auch haben." Eine besondere Zauntechnik, die Astrid begeistert. – Nächste Doppelseite: Sunna Holme, eine der Westschären Schwedens. Der Granithügel bremst die Gewalt der Sturmbö.

Ein seltenes Bild: Schweizer Seglerpärchen
mit seinem winzigen Kielschwerter in der Ostsee. –
Die Klappbrücke über die Schlei in Lindaunis. –
Das Deck gewaschen, Segel gefaltet – die Fahrt
ist am Missunder Fährhaus zu Ende.

und wuchtig mit der Maschine zurücksetzt und dann langsam voraus, schiebt sich der Dampfer ganz sachte vom Kai frei.

Wer im Westen Schwedens reist, muß Göteborg gesehen haben. Doch besser, er steuert die Stadt von See kommend an. Mein Logbuch dazu, das in letzter Zeit mehr ein Tagebuch ist: *1. September. Wetter bedeckt. Nicht sonderlich reizvoll die Landschaft, flach und sumpfig. Brücken über den Göta Älv werden wie im Götakanal per Video überwacht und fernbedient. Steuerbords die graue und berühmte Festung Bohus, das mächtigste Bollwerk Schwedens. 9 Meter dicke Mauern beherrschten einst Bohuslän – die Küste nördlich von Göteborg. Schon 10 Meilen vor der Stadt führt der Fluß vorbei an Schrottplätzen, verfallenen Kaianlagen, Wracks, aufgegebenen oder noch tätigen Fabriken und näher am Hafen auch an stillgelegten Schiffen. A. liest aus dem Reiseführer vor, aber davon steht nichts drin.*

Göteborgs Stadthafen, Lilla Bommen, ist der teuerste unserer Reise und zugleich der mieseste. Laut und schmutzig, liegt er direkt an einer Durchgangsstraße. Kostet: 125 Kronen/Tag. Der Ausblick auf die gewaltige Viermastbark VIKING *und ein hypermodernes Bürogebäude mit Aussichtsturm tröstet. Auf der anderen Seite entsteht (fertig 1994) ein architektonisches Glanzstück, das Opernhaus.*

Außerordentliche Einkaufspassagen breiten sich wenige Schritte vom Stadthafen entfernt aus: Glasfassaden und Geschäfte mit einem Angebot, wie es Hamburg nicht bietet. Schweden ist für mich Qualität. Ich kann das Land nicht verlassen, ohne mir Hemd und Hose zu kaufen. Die Farbkombinationen sind irgendwie gelungener und kräftiger. Hier in Göteborg bekomme ich endlich meine geliebte Erdnußbutter und Marmite fürs Frühstück.

Abends nach dem ganzen Stadtgelaufe, inklusive Liseberg und Hasselblad-Museum (o wie schön war es in Lilla Edet!), verholen wir uns ins „Dubliner Downtown". Göteborg ist Schwedens zweitgrößte Stadt, und hier das richtige Lokal auf Anhieb zu finden, ist eine Kunst. Bei Marie L., der Bedienung – pardon, in Schweden gibt's ja keine Dienernaturen –, bestellen wir „Fish and Chips" und „Steak with Salad". Das Essen ist schmackhaft

Ein Seglerleben reicht nicht aus, um behaupten zu können, man kenne die Ostsee. Der von uns am häufigsten besuchte Teil: die schwedischen Westschären.

und reichlich, die Atmosphäre stimmungsvoll und Marie L. traumhaft. Für diejenigen, die mit dem Guinness nicht umgehen können, steht ein Sheriff an der Tür.

Mit uns am Tisch sitzt der Einkaufschef des Göteborger Hafens. Thomas S. ist allein und kein schüchterner Schwede. Daß Göteborgs Hafen noch immer Zuwachsraten erzielt, ist gut zu wissen. Aber die schwedischen Alkoholgebräuche sind interessanter. Unter anderem meint er: „Wenn du früher eine Fahrt mit der Fähre von Göteborg nach Kiel und retour gemacht hast, wußtest du mehr über die Schweden, als wenn du wochenlang durch unsere Gewässer segelst oder Urlaub in einer stuga machst."
Marie L. bringt eine neue Runde Guinness. „Dieses Lokal war ein Jahrhundert lang ein berühmtes Café. Es gab einen Volksaufstand, als es zu einem Pub umfunktioniert wurde. Aber wenn wir in die EU wollen, müssen wir das Biertrinken legalisieren. Noch vor

Direkt im Zentrum von Göteborg liegt der Yachthafen
Lilla Bommen mit der Viermastbark VIKING als Museumsschiff und einem hypermodernen Bürogebäude davor.

wenigen Jahren galt die Verordnung, daß Starkbier nur in Verbindung mit Essen ausgeschenkt werden durfte." Astrid erzählt von Erlebnissen auf unserem Kurs und bekommt zu hören: „Ihr kennt Schweden noch lange nicht. Hier wird man manchmal ganz schön gegängelt. Um alles zu regeln, gibt es eine Fülle von Verordnungen, die auch befolgt werden – selbst ohne Gesetz. Wenn Königin Sylvia, um euch mal ein Beispiel zu nennen, dem Volk die Süßigkeiten vermiesen will und deshalb sagt, daß mittwochs nicht genascht werden soll, dann wird das befolgt. So ist Schweden."

Mit dem üblichen Dank für den netten Abend ermuntert uns Thomas S., am Wochenende doch einfach mit in sein Sommerhaus nach Gottskär zu kommen, aber wir müssen leider verzichten. Es ist Mittwoch, und der Wind ist günstig für unsere Weiterfahrt in die Westschären.

„Am besten gefallen mir die Schweden, wenn sie hilfsbereit sein können", sagt Astrid auf dem Weg nach Lilla Bommen. „Hast du gespürt, wie gerne er uns bei der Besorgung der Seekarten und des Brenners für unseren Kocher geholfen hätte? Sie fühlen sich in ihrem Element, wenn sie helfen können."

„Leider konnten wir das bisher nicht nutzen. Wir haben keinen Mast verloren, sind nirgendwo festgekommen. Nichts."

42 Bohuslän, der karge Westen

Wir haben Sehnsucht nach dem Segeln auf dem offenen Meer. Doch, sehr. Beide.

Das Skagerrak werden wir erst morgen sehen.

Astrid hat schlappgemacht. Es liegt an der Luft in den Einkaufspassagen. „Hier ist ja alles unter Dach." Auch ich bin müde, laufe nämlich mit einer Besorgungsliste herum: Seekarten, Kocherteile, Fotobatterien ... Nicht aufzutreiben: Glühbirnen für die Kajütlampen und eine norwegische Gastflagge. Das muß man sich vorstellen: in Göteborg!

Gegen 13.00 Uhr verlassen wir trotzdem das maritime Zentrum Göteborgs. Zur Rechten im Hafen passieren wir die Großwerften. An einem Schwimmdock steht weiß auf schwarz: „Welcome to Gothenburg".

Långedrag, einer der Yachthäfen außerhalb der Stadt, schlägt Astrid mächtig aufs Gemüt. „All die schönen Schiffe ohne Leben, zugedeckt mit Persenningen, ohne Flaggen und abgetakelt." Millionen und Millionen Kronen liegen hier auf dem Wasser, bewegungslos, scheinbar ohne Sinn. Astrid drängelt, das wohl erstmals, zur Weiterfahrt. Nach einer Stunde verlassen wir den Eintausend-Boote-Geisterhafen Långedrag gen Norden – um dann in Källö-Knippla zu enden. Schrecklich düster, einengend und leblos wirkt auch dieser Hafen, dabei ist er viermal mit der Höchstnote 5 bedacht. Schnell tuckern wir 3 Meilen weiter zur nächsten Insel. Rörö ist das Gegenteil von Knippla. In den Fels getriebene Steganlagen geben Weite, keine Hafenanlagen beeinträchtigen den Blick. „Was sind die Schweden doch reich an Landschaft."

Schon etliche Male bin ich mit verschiedenen Booten im Schärengürtel zwischen Göteborg und Strömstad an der norwegischen Grenze gesegelt. Bohuslän heißt diese Provinz, das karge, von Westwinden leergefegte Gegenstück zum lieblicheren Schärengarten der Ostküste.

Selma Lagerlöfs (Nobelpreisträgerin 1909) Romanfigur Nils Holgersson in der „Wunderbaren Reise": „Wie wir alle wissen, ist das Meer wild und aufbrausend, und der seinen Angriffen am meisten ausgesetzte Teil Schwedens ist deshalb schon vor langer, langer Zeit durch eine lange und breite steinerne Mauer geschützt worden, die Bohuslän heißt."

Astrid war 1988 hier dabei, drei sonnige und windige Wochen lang. Nackter Fels, Gegenwind und die motorlose KATHENA NUI kennzeichneten diese Reise. Einmal, in der 50 Meter breiten Durchfahrt Havstenssund, wären wir beinahe vierkant auf die Felsen geknallt. Strom und plötzlich einfallender Wind von vorn ließen uns nur die Möglichkeit, eine Halse zu fahren, um haarscharf mit dem Bug am grauen Granit vorbeizuschrammen. Doch die Unwirtlichkeit der Schären konnte uns damals nicht abschrecken. Am Ende der Wochen hatten wir Muskeln und glänzende Augen.

Routenplanung: Astrid überrascht mich. Sie möchte, wenn schon nicht ganz bis Strömstad, so doch bis Fjällbacka und von dort nach Norwegen. „Dann haben wir außer Polen alle Anrainerländer der Ostsee besucht." Mein Einwand, daß Norwegen wohl nicht dazugehört, wird weggewischt: „Norwegen zählen wir dazu aufgrund seiner langen gemeinsamen Geschichte." Geographisch korrekt betrachtet sind Kattegat, Belte und Sund nicht Teilgebiete der Ostsee, und das Skagerrak ist es erst recht nicht. Von Norwegen soll's dann quer über das Skagerrak nach Skagen, langsam durch den kleinen Belt und in die Schlei zurück gehen. Wir wollen zum 1. Oktober zu Hause sein, wegen Kälte, Nässe und Arbeit. Ja, auch.

Die schwedischen Westschären sind nautisch gesehen kein anspruchsvolles Segelrevier. Feste Baken, metallene Stangen, Pricken und Leuchtfeuer findet man allerorts. Sicher, man muß schon ständig die Karte mit der Wirklichkeit vergleichen. Aber Vorsicht ist nur außerhalb der Fahrwasser geboten. Diese Westschären sind ideal für Familientörns und Kleinstboote. Es besteht keine Notwendigkeit, sich allzu lange dem offenen Skagerrak auszusetzen. Die Vielzahl versprengter Granithügel bremst die Gewalt der vorherrschenden Westwinde. Das Wetterberichthören könnte man fast vergessen, denn brist es wirklich mal auf, ist im Bootumdrehen ein Hafen oder eine geschützte Bucht nahebei. So kann einem eigentlich nichts passieren. Eigentlich.

Sorglos schippern wir denn auch los. Wetter wechselhaft, Wind normal. Ich hole das Logbuch raus, schlage eine neue Seite auf und skizziere die Tabellierung wie üblich. Mein Buch im Format DIN-A4 ist folgendermaßen gegliedert: Im oberen Teil die nautischen Eintragungen – Wetter, Position, Speed ... Darunter die persönlichen. *3. September. Wir segeln, wir motoren, wir segeln und motoren zugleich. Ich bleibe beim Abhaken der Kaps, Pricken und*

Fotozeit in den Westschären. Während ich den Berg der Insel Fläskön besteige, segelt Astrid das Boot allein – wie bei allen Segelaufnahmen des Sommers.

Inseln. Und dann gibt's mehr Gegenwind – Nordwest und eine Mordsbö, eine „weiße Bö", denn wir haben sie nicht sehen können, nicht kommen hören. Die Fockschot rauscht aus. Astrid reißt sich die Hand an einem Splint auf. Blut im Cockpit. Nenne die Bö daher im stillen die „rote". Es weht mit 40 Knoten. Geschätzt. Für Minuten nur. Die Bö läßt das Groß wie eine Peitsche knallen. Ich binde ein Reff ein, und noch eines. Danach mit viel Nordwest Richtung Kyrkesund abgedreht. Hinter Sunna Holme Schutz gefunden – eine Granitschönheit. Wirklich eine Steinhöhle. Jede Peilung ergibt Fels.

Er hatte schon mies angefangen, der neue Tag, und er sollte uns noch in eine kritische Situation bringen. Der Anker hängt unheimlich fest im Grund. Nur ruckartig und mit Hilfe der Maschine brechen wir ihn aus. Dann versuchen wir es auf Nebenkursen durch den Mollösund. Mißlingt. Starkwind von vorn. Wieder zurück in das Hauptfahrwasser, das an dieser Küste entlang in Nord-Süd-Richtung und umgekehrt führt und von den Skandinaviern „E6" (Europastraße 6) genannt wird. Sie ist im Sommer stark frequentiert. Da wir nicht kreuzen wollen und der Gegenwind für den Motor zu mühsam ist, suchen wir Schutz hinter einer namenlosen kleinen Schäre östlich der Gullholmeninsel. Ankern auf 4 Meter Sand und Gras mit 15 Meter Kette und Tau. Reizvoller Ankerplatz mit steilen Klippen dicht hinterm Heck. Leider hält das Idyll nicht lange an: Am Abend frischt der Wind immer mehr auf, dreht auf Südwest. Dazu sinkt der Luftdruck. Für diese Windrichtung ist die Schäre nur ein halbwegs geschützter Ankerplatz. Unvermittelt fällt der Luftdruck innerhalb von zwei Stunden von 1013 Millibar auf 1009 Millibar. Zum Verholen – 3 Seemeilen – sind wir zu faul.

Mithin machen wir das Beiboot klar, bringen den Zweitanker aus, ebenfalls einen Bügelanker. Das ist mit einem Schlauchboot gegen den leicht stürmischen Wind keine einfache Angelegenheit. Kräftig paddelnd, im Zickzack-Kurs, schaffe ich es irgendwie. 50 Meter Leine beruhigen. In der Nacht fegt über den niedrigen Felsen vor uns ein heulender Wind. Weil wir mit zuviel Tau ankern, liegen wir häufig in den Sturmböen quer. Immer wieder sehe ich nachts nach den Leinen und der Drift. Die Eintragungen am Morgen sind mager: *Scheußlich, beide die Nacht über kein Auge zugekriegt. Heulender Wind, und wir sitzen praktisch in einem Loch, ohne heraus zu können. Die Anker haben gehalten. Aber wir sind mit dem Heck einfach zu dicht an den Felsen. Zwei Bootslängen noch, dann hängen wir drauf.*

Nach Stunden der Unruhe, das Boot zerrt und stößt noch, raffen wir uns auf, verlassen die Bucht am späten Vormittag – mit abnehmendem Wind. Zwei Binderreffs ins Groß, Maschine an und dann die Anker einholen. Leicht gesagt. Die Anstrengung geht über unsere matten Kräfte. Eine Viertelstunde ziehen wir Hand über Hand an dem Hauptanker, mit und ohne Motorunterstützung, bis er ausbricht. In der Flunke klebt fester Schlamm und Gras. Mir schmerzt danach die Leiste. Der Bügelanker, und diese Erfahrung haben wir mehrfach gemacht, hält wie die Pest. Schon das ruckartige Eingraben läßt hohe Haltekraft vermuten. Astrid einmal, als der Anker so unverhofft faßt: „Hängen wir an einem Kabel fest?"

4. September. Herrlich gesegelt und uns dann den Abend versaut mit einem total vertörnten Anlegemanöver an einer Felswand mit großen Festmacherringen. Das ärgert mich furchtbar, denn in Gedanken plante ich im Cockpit einen gemütlichen Ankommer, aber daraus wurde dann nix. Zu allem Übel haben uns Bewohner vom gegenüberliegenden Haus beobachtet – was Schweden eigentlich selten tun. Vielleicht waren es auch keine Schweden. Schließlich denke ich, nach so einer optimalen Tagesfahrt und dieser „oberschönen surrounding" (A.) sollte man sich nicht die Zeit mit Ärger kaputtmachen, und so ist die schlechte Laune auch bald verflogen.

Wie sind wir gesegelt?

Über Gullholmen: eines dieser alten, völlig unorthodox gewachsenen Fischerdörfer in Bohuslän. Malerische Häuser und schmale, gewundene Pfade schrauben sich die braunen Steine hinauf. Aber es ist kein Leben in den Gassen. Jeder Quadratmeter Felsen ist bebaut, und in Minigärten blühen, ranken und ducken sich Blumen und Sträucher.

Über Kornö: ein winziger Hafen mit zwei Dutzend dicht gedrängter Holzhäuser am Ufer. Gardinen vor den Sprossenfenstern; Wasseranschlüsse gibt es hier nicht, das Trinkwasser müssen sich die Bewohner mit einer Schwengelpumpe aus dem Boden holen. Und keine Menschenseele. Die frisch und sauber gestrichenen Häuschen erwachen erst wieder in der Sommersaison zu neuem Leben. Jetzt ist es September. Vom Berg gegenüber dem Dorf hat man einen lohnenden Ausblick über die Lysekiler Schärenwelt.

Über Smögen: den beliebtesten Fischerhafen in den Westschären. Smögen gilt als das Saint Tropez des Nordens, wohl aufgrund seines ausschweifenden Nachtlebens – im Sommer. Tagsüber kann man noch Anfang September Schwedenmädchen in der Nachmittagssonne auf den leuchtenden Schären sich sonnen sehen. Entlang der bekannten Holzpier um das tief in den Felsen einschneidende Hafenbecken werden Kitsch, Kunst, Würstchen, Getränke und Sommerkleidung angeboten. Es fällt uns nicht schwer, Smögen nach Stunden zu verlassen, denn es ist wie alle Touristenzentren um diese Zeit: bereits ziemlich tot.

Der Reiz des westschwedischen Schärengebiets liegt nördlich von Smögen. Hamburgsund, die Schäreninseln um Fläskön (wo wir das fürchterliche Anlegemanöver fuhren) und Gluppö haben es uns angetan.

In Gluppö ist Fotozeit. Segelbilder zur Erinnerung, als Zeichen der Sehnsucht (da will ich wieder hin) und für dieses Buch stehen an. Während Astrid, die K7 bei allen Fototerminen segelt (wenn also auf einigen Bildern das Vorliek nicht hundertprozentig stramm oder die Genua nicht optimal in Stellung sind, bitte ich dieses zu berücksichtigen), das Boot segelklar macht, besteige ich mit der Kameraausrüstung den Berg – nicht ohne Astrid zuzurufen: „Nicht zu dicht an die Brocken im Osten!" Und: „Wenn ich genug Aufnahmen habe, winke ich mit der Jacke."

Die Aussicht von oben ist prächtig: Felswände und überall Inseln, nach Süden, nach Norden, groß und klein, zerklüftet, bizarr und glitzernd im Gegenlicht des Morgens. Der Aufstieg fällt mir ziemlich leicht, und von Kuppe zu Kuppe zu eilen ist

Der Kartenausschnitt eines beliebten Segelreviers der Westschären. Er gibt Einblick in das Bollwerk aus Granitinseln und verdeutlicht die Enge aus geschützten Passagen und Ankerplätzen.

mühelos. Leider ist später das Fotoergebnis enttäuschend. Mit dem Weitwinkel wird K7 vor der imposanten Kulisse zu einem kleinen Punkt. Und die Teleaufnahmen werden zu einer Irgendwo-Landschaft. Zu allem Übel ist das Licht auch noch fies.

„An den Aufnahmen haben wir nun den ganzen Vormittag gearbeitet!" Astrid ist wohl ein dutzendmal auf und ab gesegelt und dabei den Felsen verdammt nahe gekommen.

„Früher gab es hier Bäume." Angelesenes: Früher wuchsen hier in der Tat Bäume und Sträucher auf den Felsen, doch sie wurden vor Jahrhunderten (zu Ur-Wikinger-Zeiten) abgeholzt als Brennmaterial und für den Schiff- und Hüttenbau. Der häufig starke Westwind und Regen trugen danach die Erde fort.

Nachmittags betrachten wir die Szenerie entspannt vom Boot aus. Die Gluppöbucht ist eingerahmt von vier verblichenen Naturholzhütten mit Klo und Müllsäcken. In der Saison wird beides zweimal wöchentlich geleert. Wie überall in der schwedischen Schärenwildnis organisiert das der schwedische Cruising Club. Und die Schweden halten sich an die Regeln. Man wird schwerlich ein Stück Abfall auf den Steinen oder am Ufer finden, höchstens an den äußeren Inseln der Westküste. „Das kommt aus England angetrieben."

Während der Fotosegelei waren wir solo. Am Nachmittag motort ein Rentnerehepaar aus Göteborg mit seiner Rassy durch eine der zahlreichen Einfahrten. Sie suchen den Kontakt mit uns. Der Mann, mit einer echten Schiffermütze, ist traurig, daß im Sommer, während der Industrieferien, hier 400 Boote und mehr an den Felsen und vor Anker liegen: „Rücksichtslos werden die Außenborder benutzt, den ganzen Tag dudelt Radiomusik, und bis in die späte Nacht finden Grillfeten auf den Steinen statt." Deshalb fahren er und seine Frau nur noch im Frühjahr und Herbst auf der „E6" spazieren. „Ja, vor 30 Jahren segelte man hier unbehelligt, und es gab nicht so viele Ausländer mit Booten." Ich erzähle ihm, daß der schwedische Staat das so will, schließlich mache der mächtig Werbung bei uns. Der Schwede findet das Leben ohnehin enttäuschend. Es würde viel gestohlen in Göteborg: „Du mußt dein Boot jetzt abschließen!" Und die Jugendlichen seien kaum hilfsbereit, sondern meist aggressiv. Überhaupt, der Kontakt unter den Seglern sei sehr oberflächlich.

Der Rentner und seine Frau, die nichts sagt, sind verbittert, weil sie schon über 65 sind. Sie winken zum Abschied, als wir durch die Enge Kurs Larvik segeln, und das ist Norwegen.

43   Raumschots übers Skagerrak

51 Seemeilen sind es bis Larvik, eine Strecke, die wir raumschots in einer Tagesfahrt hinter uns bringen. Das Meer ist währenddessen leicht bewegt. Kein erwähnenswertes Schlingern stört. Nur: Unüberhörbar steuert der Autopilot – ihhhh, ihhhh, ihhhh. Er tut's zwar problemlos, aber laut.

Nach so vielen Schären genießen wir das landlose Segeln, indem wir ununterbrochen schwatzen. Segelnde sind wie Liebende, sie können die gleiche Geschichte immer wieder hören.

Das einzig Erwähnenswerte: Gleich nach Verlassen der letzten schwedischen Insel stößt K7 durch ein Quallenfeld, bei dem ich zunächst verblüfft an eine Untiefe denke. Knüppeldick, 100 Meter im Umkreis, schwimmen die Quallen neben- und übereinander. Sie haben das Aussehen von seidenen, purpurfarbenen Lampenschirmen.

Als in der Ferne, mitten aus dem Wasser, der Svenner-Leuchtturm auftaucht, ist es mit dem gemütlichen Segeln zu Ende. Die Segel beginnen zu flappen, erst sacht und selten, nachdem der Leuchtturm querab ist, im steten Rhythmus der Wellen. Im letzten Tageslicht machen wir am Stadtkai fest.

Am nächsten Morgen erwache ich mit einem Gefühl der Unrast. Schließlich müssen wir über das Skagerrak zurück. Nach Dänemark. Und das ist schon die Rückfahrt. Als erstes schnappe ich mir den Weltempfänger: Ost um 5 bis 6.

Einkaufsbummel: Wir stiefeln die Hangstraßen hinauf bis zum Stadtzentrum. Überall Holzhäuser. Auf dem sauber gepflasterten Markt kauft Astrid eine Handvoll Tomaten, drei Äpfel, ein Pfund Pflaumen und bezahlt glatte 100 Kronen (21 Mark). In kaum einem Land Europas ist das Leben so teuer wie in Norwegen. Der günstige Kauf eines Handbeils „made in Norway" – an Werkzeugläden kann meine Frau nie vorbei – tröstet uns. „Bei all unseren Beilen und Äxten soll uns jetzt mal einer überfallen." In der Ladenstraße viele Sonderangebote. Unter anderem: Badehandtücher mit Segelboot und vollbusiger Badefreundin drauf. Die bleiben bestimmt liegen.

Die Kleinstadt Larvik liegt an einem nach Norden einschneidenden Fjord. An seinem flachen Scheitel stehen Industrieanlagen. Wenn man mit dem Boot einläuft, hat man vor sich am Hang das Stadtbild, darunter Fährterminal, Hafen und die Halbinsel Tolderodden mit dem alten Larvik.

Zwei Dinge fallen am Ufer von Tolderodden auf: die Statue von Oscar Wisting, einem Larviker, der als Teilnehmer von Roald Amundsens Südpolarexpedition mit der FRAM aufbrach und anschließend mit ihm 1912 auf Skiern den Südpol erreichte. Zweitens das alte zweistöckige Gebäude dahinter, das Schifffahrtsmuseum – für segelnde Larvikbesucher Pflicht. In einer Abteilung wird die Arbeit des genialen Bootskonstrukteurs Colin Archer dokumentiert, der unweit des Museums wohnte und seine Werft hatte, auf der auch die berühmte FRAM gebaut wurde. Arbeitsgeräte, eine Unmenge schöner Modelle seiner segelnden Kutter und wertvolle Zeichnungen erinnern an den außerordentlichen Mann, der von 1832 bis 1921 lebte. Er fing an, Boote mit technisch-wissenschaftlichem Anspruch zu konstruieren und nicht mehr aufgrund von Überlieferungen der Wikinger. So schuf er das berühmte norwegische Lotsenboot RS1 mit Deck, Besegelung und Eisenkiel. Typisches Merkmal der Colin-Archer-Konstruktionen – darunter über 60 Yachten – ist das Spitzgatt, das heißt, das Heck läuft ähnlich spitz zu wie der Bug. Das macht sie seetüchtig, vor allem bei sehr schwerem Wetter, aber nicht schnell, und es löst bis in die heutige Zeit Expertenstreits aus. Ich bin der Auf-

Teilnehmer vieler Polarexpeditionen: Oscar Wisting.
Vor dem Seefahrtsmuseum in Larvik erinnert eine Statue
an den berühmten Sohn der Stadt.

fassung, daß solide gebaute, leichte Boote hochseetüchtiger sind als die schweren Colin-Archer-Kutter.

Vom Reißbrett des legendären Mannes in den hellen Räumen des ersten Stockwerks machen wir die Museumsrunde retour. Im Erdgeschoß des 1714 erstellten Gebäudes befindet sich eine unübersichtliche Wuhling an zusammengetragenen maritimen Exponaten: Tauwerk und Blöcke von Windjammern, Positionslampen, Geräte für den Walfang, Ausrüstungsteile von Fabrikschiffen, Fotografien und Skizzen von Walfangexpeditionen, eine Tranlampe, die als Leuchtfeuer diente, selbstverständlich alte Navigationsinstrumente, Werkzeug, Schiffsmodelle. Mittendrin sogar eine 100 Jahre alte Dampfmaschine und Torpedos aus dem Ersten Weltkrieg. Das Museum beeindruckt sehr.

Man hat beispielsweise einem Magnus Andersen eine Ecke eingerichtet, von der ich mich schwer lösen kann. Andersen segelte 1886 mit einem 6 Meter langen offenen Kutter über den Atlantik. Überraschender noch ist aber seine Fahrt mit dem originalgetreuen Nachbau eines Wikingerschiffes und Crew über den Nordatlantik, durch Flüsse, Kanäle und die Großen Seen zur Weltausstellung nach Chicago 1893. Seine Fahrten sind auf vergilbten Seekarten mit den täglichen Positionen leicht nachvollziehbar und plastisch dargestellt mit Hilfe von Fotos und Logbuchseiten.

Wo es in Norwegen ein maritimes Museum gibt, darf Thor Heyerdahl nicht fehlen. Im Schiffahrtsmuseum Larvik hat man ihm eine ganze Abteilung gewidmet, unter anderem mit einem Modell des Balsafloßes KON-TIKI, auf dem er und fünf weitere Skandinavier über den Pazifik drifteten, bis sie in den Tuamotus das Floß erfolgreich aufs Riff setzten. Diese Fahrt, sein einziger Erfolg, aus wissenschaftlichen Gründen unternommen, machte ihn zum Volkshelden – obwohl seine Theorie, daß die pazifischen Inseln von Peru aus besiedelt worden seien, unter Wissenschaftlern sehr umstritten und oft widerlegt worden ist.

Nach dem Museumsbesuch erweisen wir zum Abschied nochmals Oskar Wisting unsere Referenz. Sydpolen – Norpolen – Mandferden, steht auf dem Sockel der Statue. Wisting hatte noch an anderen Polarunternehmen teilgenommen oder sie geleitet. Von 1918 bis 1922 driftete er mit der MAUD als Kapitän durch die Nordost-Passage. 1926 flog er mit Amundsen im Luftschiff NORGE über den Nordpol. Eindrucksvoll steht der ungewöhnliche Mann da, und wir fragen uns, ob Polarsegler Arved Fuchs ihn besucht hat. Es ist zu erkennen, daß Wistings Polarkleidung aus Naturprodukten bestand: Wolle, Pelz, Leder. Wenn Astrid und ich, eingehüllt in Windkleidung, an uns herunterschauen, gibt's daran nichts, was sich auf natürliche Weise entsorgen läßt.

Nach dem Ausflug in die Vergangenheit kehren wir zurück in die Realität. Wir machen uns und K7 klar für die Überfahrt nach Skagen. Ich checke die Positionslampe für die Nacht auf See und stelle fest, daß sie nicht funktioniert; danach verbringe ich sechs Stunden damit, ein Kabel zu reparieren. Astrid schleppt derweil Diesel mit Hilfe eines Kanisters von der Tankstelle gegenüber der Fähre herbei.

Rasch huschen wir hinaus aufs Skagerrak. Nordostwind, raumschots. 4 Knoten zeigt das Log. Im Kielwasser bleibt die felsige Küste mit einer Wolkenschicht, die träge über dem Land steht. Ach, das Elend des Reisenden. Gerne hätten wir noch den etwas westlich gelegenen, tiefen Fjord Porsgrunn besucht, aber der uns verplanende Wetterbericht verhindert es. Moderate östliche Winde können wir uns im Herbst nicht entgehen lassen.

Astrid rumort in der Kajüte, legt eine Wolldecke bereit, deponiert sorgfältig Taschenlampe, Ohrenwärmer, eine Dose Cola, Knäckebrot und die Seekarte. „Ich bin klar."

„Wie lange dauert es, bis wir in Skagen sind?" äffe ich sie nach.

„Blödmann. 88 Seemeilen. Kurs 180 Grad. Barometerstand unverändert."

Raumschots. Wenig Seegang. Grün-weiß gestreifte Genua. Traumhaft (hier ist das Wort angebracht). Kleine Wellen hasten heran, an der Bordwand entlang nach vorn, und wir hinterher. Entspannt sitzen wir im Cockpit. Der Sonnenuntergang mit seinem glühenden, fließenden Rot entspricht unserer guten Laune. Dann sind endlich die Sterne da. Glitzerdinger in einer samtweichen Abenddämmerung. Das Meer ist ruhig und dunkel. Doch plötzlich erscheinen Lichter. Ein Schiff. Zügig kommen die Positionslichter, rot und grün, auf uns zu. Ich bediene die Pinne und weiche aus.

Der Wind steht durch und bringt uns eine kummerlose Nacht. Doch in der Früh müssen wir ganz langsam die Schoten dichter holen. Der Wind dreht auf Ost. „Hoffentlich wird es keine Kreuz." Noch sind es 30 Meilen bis Skagen. Dann 20.

Es ist interessant, wie sinnesoffen wir auf See der Natur gegenüber werden. Wind, Wetter, Seegang, Jahreszeit diktieren unser Verhalten. Fast alles, was wir uns in diesen Sommermonaten vorgenommen hatten, hing vom Wohlwollen der Natur ab: Auslaufen, Landgänge, Besuche in Häfen und Buchten. Natürlich sorgt auch unser nur 60 Zentimeter hohes Freibord für ständige Naturverbundenheit mit der See. Wenn andere Yachtleute sich schon aufs Vordeck begeben müssen, um Salzwasser zu schlecken, segeln wir mit K7 längst im Ölzeug.

Vor uns der Leuchtturm, die flache Küste, ein Sandzipfel, der wie ein ausgestreckter Arm ins Meer reicht: Skagen – die berühmteste Halbinsel Dänemarks.

Schon 6 Meilen vor Skagen riechen wir den Fisch! Nicht unangenehm, nein, absolut nicht, auch für mich nicht, der allergisch auf Fisch reagiert. Allenfalls die Kreuzsee stört, hervorgerufen durch zwei Wellensysteme, die vom Skagerrak und vom Kattegat im spitzen Winkel aufeinander prallen. Unzähligen Schiffen wurde dieses berüchtigte Kap zum Verhängnis. Auch ich hätte mit KATHENA NUI beinahe dazugehört – zweimal. Ich kam den meilenweit vorgelagerten Sankbänken Skagenrev zu nahe. In einem dänischen Segelhandbuch heißt es dazu recht lakonisch: „Nur ein Wunder kann das Schiff retten, das Skagen zu nahe kommt." Daß es diesmal mit dem flachen Kap klargeht, dafür sorgt Astrid. Sie zwingt mich, die Bojenreihe abzufahren, von Norden kommend ein großer Umweg, bis wir den vollgepackten Fischereihafen Skagen sehen.

44 Skagen

Mit Skagen sind wir zwar in Dänemark, aber der Hafen ist voll in schwedischer Hand. Von den 50 Besucheryachten stellen sie das weitaus größte Kontingent. Und es sind fast ausschließlich männliche Crews, die hier das Wochenende durchfeiern und sich mit Hochprozentigem für zu Hause versorgen. Einkaufswagen auf Einkaufswagen rollt dann auch zur Pier. Der große Supermarkt nahe dem Hafen ist bald leergekauft. Eine junge Mannschaft versucht allen Ernstes, zehn Kasten Flaschenbier und zwei Kartons Schnaps auf ihrer Neun-Meter-Yacht zu verstauen. Da nicht alles unter Deck paßt, werden noch zwei Kisten in der Plicht festgezurrt.

Das Ganze ist amüsant anzuschauen, die Stimmung im Hafen ist ausgelassen. Ohne Rabatz zu machen, setzen sich die vielen Crews an Bord zusammen und feiern einträglich miteinander. Erst mal.

Im Hafenbecken von Skagen wird im Päckchen festgemacht. Dummerweise sind wir erstes Boot an einem hohen Kai. Auf K7 liegen zum Abend sechs weitere und allemal größere Yachten mit gut bestückten Mannschaften, die über unser Boot tapsen. Für Konversation bleibt kaum Zeit, da jeder die Kneipenrunde machen will. Als wir in die Koje gehen, verholen sich die letzten über unser Deck an Land.

Aus meinem Logbuch: *10. September. Freitag. Eine solche Nacht wie die vergangene kann einem den schönsten Ort vergraulen. Sie war gräßlich. Rund 25 Männer von „nebenan" dackeln die ganze Nacht vom Boot an Land und zurück. Bis um 05.30 Uhr geben sie keine Ruhe. Außerdem haben sie Mädchen aufgegriffen, die springen erst nach viel Überredung vom hohen Kai auf unser Deck. Das knallt jedesmal, als würden sie gleich durch unser Sandwichdeck brechen. Die notorische Vorliebe der Schweden für Alkohol, wenn er günstig zu haben ist, fordert einige Opfer. A., die überhaupt nicht schlafen kann, beobachtet, wie ein junger Bursche es nicht über unsere Reling schafft. Sie faßt ihn unter den Achseln und befördert ihn mit Schwung aufs*

Nachbarboot. Das geht alles unter wiederholtem Rauschgebabbel seinerseits vor sich. Die anderen Relingshindernisse nimmt er mit einer Art Rolle. Das war das einzig Lustige. Das Ganze kostet immerhin noch 110 Kronen – Lustbadafgift.

Ein gemütliches Frühstück gibt es nach solcher Nacht nicht. Die Abfahrt entfällt gleichfalls: Ostsüdost 7. Wer will da schon gegenan, wenn er nicht muß?

Den Kaffee nehmen wir in einem der berühmten Fischrestaurants, die hier direkt am Kai, inmitten der unter Denkmalschutz stehenden Fischerhütten, untergebracht sind, einem der sehenswerten Motive von Skagen.

Die Stadt, 12 000 Bewohner, lebt von Fisch und Touristen. Für beide hat sie den riesigen, aktiven Fischereihafen. Zusätzlich für die Touristen stehen hier diese anheimelnd gelben Fischerhäuschen (die schon die Maler in der zweiten Hälfte des 19. Jahrhunderts verewigt haben), eine Künstlerkolonie mit Graphikern, Malern und Glasbläsern. Denen kann man bei der Arbeit

Dänemarks wohl berühmteste Halbinsel – die kleine Landzunge Grenen. Der Aufprall zweier Wellensysteme, aus Skagerrak und Kattegat, lockt täglich Tausende von Touristen an.

zuschauen. Und dazu kommt das unwiderstehliche Skagener Licht, das einen in den Bann zieht. Diese schmale Nordspitze Jütlands ist dem Meer und dem wechselnden Licht des unendlich weiten Himmels so nahe, daß sie ein Teil von beidem zu sein scheint.

Immer am Wassersaum entlang laufen wir zum Kap von Skagen, das genaugenommen Grenen heißt, dorthin, wo sich Skagerrak und Kattegat küssen. Zu bestaunen gibt es nicht das Vermutete – eine tosende See. Die Gischt über der flachen Sandbank spritzt heute nur meterhoch. Das Faszinierende an dem Naturschauspiel sind die Begleitumstände: daß nämlich ununterbrochen Touristen angeströmt kommen. Diejenigen, die auf Sand nicht gut zu Fuß sind, können sich per Trecker mit Busanhänger bis an die Wassergrenze karren lassen. Astrid nun wieder: „Was der Götakanal für die Schweden, ist offenbar Skagen-Grenen für die dänischen Touristen."

45   Eine Windsprache

Ein wirklich wilder Schlag war der von Skagen nach Läsö. Doch jetzt im Hafen Veströhavn (sprich: haun) scheint die Sonne, das verklärt einiges. Nur noch die Klamotten auf der Leine zwischen Mast und Achterstag erinnern an die Nässe. Die abendliche Rückschau: *12. September. Zum ersten Mal mußte ich die Sturmfock aus dem Sack holen. Ich spürte Entsetzen, aber mehr noch eine ungewollte Komik. Im Hafen sah es nicht entfernt nach diesem Wetter aus. Und: nur 30 Meilen. Nach dem Setzen der Fock segelte K7 zwar nicht mehr 8 Knoten, aber immerhin noch 7. Und wichtiger, die sechs Quadratmeter Tuch zogen den Bug nicht mehr so stoßartig in die etwas vorlich einkommenden Seen, was das Rigg erzittern ließ. Doch Boot und Rigg haben alles normal weg-*

gesteckt. Seetüchtiger, als ich vermutete. Das Erstaunliche an diesem kostengünstigen Bau: Er ist von oben dicht! Kein Tropfen kam durch Fenster und Luken.

Das sind nicht alle Notizen des Tages. Mit einem Schuß Sarkasmus zu Astrids Seebefinden: *Madame wollte schick und mutig in See stechen, wegen der vielen Männer an der Pier. Also ohne Ölzeug und Gummistiefel. Folge: Die erste Welle an Deck näßte sie total ein. Frierend und zitternd hielt sie es noch zwei Stunden an der Pinne aus. Mit Knäckebrot in der Hand legte sie sich danach auf den Kajütboden und schlief, den Kopf auf dem Kamera-Alukoffer. Bewundernswert, daß sie trotzdem immer wieder einsteigt.*

Läsö ist eine flache Sandinsel im Kattegat, dünn bewaldet, dünn besiedelt. Eine wunderbare, beliebte Ferieninsel mit Fahrradverleih, Museum und allem, was dazugehört. Es sind überwiegend deutsche Urlauber, die Läsö im September frequentieren. In Veströhavn liegen wir vier Tage eingeweht. Nach 133 Häfen und Buchten fällt es mir schwer, auf neue Eindrücke zu reagieren.

Ich schreibe mal, was mir auffällt: Im Hafen ein Mädchen und drei Jungen mit einer sportlichen Version der X 79. Lässig segelten sie ins innere Becken. Ganz locker fuhren sie noch einige Schläge, um nach dem idealen Liegeplatz zu suchen. Auf dem Rumpf stand der Name GREEN DIAMOND in einer schmalen Serifenschrift. Ohne Hektik, ohne Aufregung und laute Worte legten sie unter Segeln an. Wir verfolgten es, weil es selten geworden ist, daß ein Fahrtenboot in einem engen Becken unter Segeln manövriert. Astrid mit ihrem Faible für sportliche Typen lädt die vier zum Umtrunk ein. Sie entpuppen sich als äußerst umgängliche und amüsante Typen, die mit uns einen netten Abend verbringen. Namen: Diana, Torge, Thorsten und Carsten. Zwei studieren Graphik/Design in Kiel, die beiden anderen sind Biologe und Biologiestudent. Ihre erst vor Wochen gekaufte ältere GREEN DIAMOND, mit der sie in Oslo waren, kostete immerhin 32 000 Mark. Ich bin mal wieder überrascht, was Studenten heutzutage alles besitzen. Während der Windtage stelle ich bei der GREEN-DIAMOND-Crew fest: Eigene Nikons und Leicas samt Wechselobjektiven liegen im Bücherbord, auf der Reling trocknen die besten Segelhandschuhe, im Proviant finden sich keine Erdnüsse und Sekt von Aldi, wie so häufig an Bord deutscher Yachten, sondern Essig, Olivenöl und exotische Gewürze aus dem Feinkostladen. Sie sind wahre Gourmets. Das Essen wird nicht eingenommen, es wird zelebriert, stundenlang. Thorsten zum Beispiel hat seine eigene Bratpfanne, die kein anderer gebrauchen darf; damit er dessen sicher ist, schläft er mit dem sperrigen Ding in seiner Koje. Astrid meint, sie habe noch nie so köstliche Aale gegessen wie aus Thorstens Pfanne.

Wenn man beobachtet, wie nett und umgänglich diese junge Crew mit dem Hafenmeister, dem Fischhändler und uns umgeht, kann man sich nicht vorstellen, daß es in Deutschland orientierungslose, kriminelle und radikale Jugendliche gibt, die Häuser in Brand stecken, weil ihnen die Herkunft der Bewohner mißfällt.

Im Hafen gibt's – schließlich sind wir noch in Dänemark – Fischer und Werftarbeiter, die sachte und betulich ihrer Arbeit nachgehen. Dabei entsteht der Eindruck, daß durch die verzögernde Bedenklichkeit in diesem Land vieles länger ursprünglich bleibt.

Ein Tourist lockt uns von der Straße weg in sein helles Ferienhaus. Er (29) macht mit Familie schon seinen 24. Urlaub in Dänemark. 22mal Fünen, zweimal Läsö. Sein merkwürdiges Hobby ist Buchbinderei. Damit beschäftigt er sich in seinen Ferien, denn: „Auch bei schlechtem Wetter kann mir so die Zeit nicht lang werden." Er hat Dänisch und Isländisch studiert, kommt aber nicht aus Schleswig oder Flensburg, sondern aus Krefeld. Und er hat sogar kürzlich in beiden Sprachen promoviert. Natürlich unterhalten wir uns über die dänische Sprache: we haan, we haanjo ... Ich lausche gern, wenn die Dänen reden. Es ist eine Windsprache, die von weither kommt, anschwillt, abebbt, andeutet. Man hat das Gefühl, die Dänen singen, wenn sie sprechen. „Havnpenger" – Hafengeld – ist schon deswegen für mich kein abschreckendes Wort.

Der promovierte Sprachwissenschaftler erklärt, während er mir an einem Muster zeigt, wie man Bücher bindet: „Ob man zum ersten, zum zweiten oder zum zwanzigsten Mal in den dänischen Sommer reist, stets ist fast alles so, wie man es in Erinnerung hat: die kleinen Häuser zum Drüberschauen, Fensternippes zum Schmunzeln und die Plunderteigteilchen zum Dickwerden. Auch die Einheimischen sind wie immer. Die Männer trinken gern Bier, und die Frauen haben mal wieder vergessen, die Bank abzuschließen." Das ist ihm hier in Veströ passiert.

Bei allem Inselzauber sind wir doch froh, als das stürmische Wetter nachläßt. *16. September. Nun faulenzen wir nicht nur in Veströ. Ich lackiere den Kajüttisch, hoble, schneide und befestige die Teakumrandung dafür. Damit ist endlich fertig, was in Rödbyhavn begonnen wurde. Ziemlich bürgerlich gelebt in Veströ: viermal Brötchen zum Frühstück, viermal in Folge* BILD *gelesen (gleich viermal Steffi Graf drin) ... Und jetzt surfen wir mit schäumender Bugwelle Grena entgegen. 10 Knoten zeigt das Log an. 10 Knoten. Oft. Keinerlei Bedenken wegen Ausscheren oder Wasserbergen an Deck.*

Wir fahren über die Alborgbucht nach Grena. Nach einem Start mit Salz und Regen in den Augen runden wir den Molenkopf von Grena bei Sonne. Der schnellste Teil dieser Reise wird im Logbuch unterstrichen: *Auf 60 Seemeilen 7,2 Knoten Schnitt ersegelt. Für K7 mit 8 Metern Wasserlinie eine beachtliche Leistung.*

46 Dänische Südsee

Wir kommen nach Tunö, Samsö, Endelave, Bagö. Spröde Schönheiten, die Läsö ähneln. Winzige Häfen, plattes Land, weite Felder. Sumpfige Schilf- und Sandküsten wechseln einander ab. Dünn besiedelt. Vereinzelt grasen Kühe und Schafe. Also keine Reizüberwucherung. Es gibt kein Muß an Sehenswürdigkeiten. Die Inseln eignen sich für einsame, stille Spaziergänge, von denen wir die eine oder andere Tüte selbstgepflückter Äpfel und Birnen mitbringen.

Von Bagö sind es noch 40 Seemeilen bis Schleimünde und weitere 14 nach Hause. Ich notiere beim Geflacker des Petroleumlichts: *22. September! Nur: überhaupt keinen Drang, die Fahrt zu beenden. Geht mir wie einem, der seinen Job verliert und arbeitslos wird. Dabei waren wir ja nur ein wenig segeln, kein Pazifik, kein Kap Hoorn. Und zu Hause erwarten uns kartonweise Post, Telefonate, Pflichtbriefe, Rechnungen und die schlimmste Frage: warum? Weshalb hat das Rußlandvorhaben nicht geklappt? – Nein, wir machen noch eine Kurve durch die Dänische Südsee.* A. ist schnell überredet.

Die Dänische Südsee, wie die Gewässer um Alsen, Südfünen, Ärö und Langeland genannt werden, ist eine unvergleichliche Landschaft aus Inseln, Buchten, Sunden und Belten. Und sie liegt praktisch vor der deutschen Haustür – von der Kieler Förde nur eine Tagesreise entfernt. „Das südfünische Inselmeer ist ein Dorado für Segler", lese ich im Dänemarkführer, „und es wird jährlich von mindestens 50 000 deutschen Seglern besucht." Astrid setzt das sofort ökonomisch um: „Wenn die alle dieses Buch kaufen würden ..."

Das Inselhafte in mir zählt auf der Seekarte 37 Eilande. Mit dem Zirkel stecke ich Distanzen ab, die eigentlich keine Entfernungen für uns darstellen: Faaborg – Birkholm 14 Seemeilen, Lyö – Svendborg 9, Marstal – Lindelse Nor 8.

Auf unserer methodischen Suche nach idealen Ankerbuchten werden wir in Avernakö Revkrog fündig. „Krog" wird nicht etwa abgeleitet von Kro (Wirtshaus) sondern von Krägen, das sind Krümmungen. Wie eine Sichel liegt diese Bucht im Sonnenschein vor mir: weißer, breiter Sandstrand. Avernakö Ost ist ein stilles, grünes und gelbes Stück Land, lyrisch hingehügelt zwischen kleinen Wäldern und Knicks. Es ist mit das schönste Stück Dänische Südsee. Wen die Sandzunge nicht zufriedenstellt, der kann eine Kabellänge weiter nördlich unter einer (je nach Sonnenstand) bemerkenswerten Steilküste ankern und von dort aus die Insel erkunden.

Der Wind kommt aus Nord, also segeln wir Süd, dicht an der Küste Ärös entlang. Schöne hügelige Gegend an Steuerbord. Eben Endmoränenlandschaft – mit Bergrücken und vielen Abbruchkanten. Dänische Städte wecken erneut in mir das Verlangen, zu Fuß zu gehen, allerdings in Sportschuhen wegen des Kopfsteinpflasters. Man kann sich nie verlaufen, das einfache Straßennetz stammt meist aus dem Mittelalter. Die Märchenstadt Ärosköbing ist so ein Ort. Eine vorgelagerte Insel, ein Hafen, bezaubernde, malerische Straßen, rot und braun gestrichene Fachwerkhäuser, Bänke zum Ausruhen und Beobachten. In Ärosköbing paßt alles zueinander. Einfach „hyggelig", wie die Dänen sagen. Auch die Details stimmen: geschnitzte und aufwendig bemalte Türen, geschmückte Fenster und gepflegte Gärten.

Auf der Karte ist an der Westküste von Langeland eine große Bucht mit Inseln eingezeichnet: Lindelse Nor. Das wollen wir uns ansehen. Das Noor ist flach, die Strände steinig oder mit Seetang überhäuft, im Hinterland Windräder und Windmühlen. Nur vor der Insel Bukö finden wir dicht unter Land ausreichend Wasser und Sandstrand. Der Inselrundgang wird allerdings nervig. Die zahlreichen Vögel schreien aus Leibeskräften, man könnte meinen, gleich platzt ihnen der Hals. Am Strand die allgegenwärtigen Schwäne. Wie groß die Insel ist? Nun, wir umsegeln sie in zehn Minuten.

Das sind Tage, wie sie im Herbst schöner nicht sein können. Mit Wind und bedecktem Himmel. Wir drehen hier einen Kringel um eine Sandbank, schauen dort in einen leeren Hafen, stärken uns in einer Cafeteria: Pölser und Kaffee. Vor der niedrigen Insel Birkholm ist das Wasser so klar, daß wir den welligen Sandboden erkennen können, über den Schwärme blinkender Fische ziehen. Selbst mitten in der schmalen Einfahrt von Birkholmshavn ist der 2 Meter tiefe Grund deutlich sichtbar. Der Hafen ist leer, und die Insel wird nur von einer Familie ständig bewohnt.

Natürlich lassen wir Lyö nicht aus, die Insel der deutschen Segler, die hier einen ausgezeichneten Ruf haben und willkommen sind. „Tysker" ist nämlich sonst eher ein abschätziges Wort in diesem Seegebiet. Den Hafenmeister freut es, daß die Besucherzahl

Blick aus der Möwenperspektive von Store Svelmö nach
Avernakö. Die Insel mit ihren Sandstränden und Abbruchkanten
ist das schönste Stück Dänemark.

in diesem Jahr wieder mächtig zugenommen hat und die „Tysker" korrekt bezahlen – nicht nur die Langschläfer, wie er sich ausdrückt.

Im letzen Sommer segelte ich mit einer Jolle vom Typ Schwertzugvogel ausgiebig durch die Dänische Südsee. Dabei konnte ich erahnen, warum es viele in das Land aus Wasser und Erde zieht. In der YACHT schrieb ich damals: „Helga und Herbert mit ihrer RASSY sind die nächsten, die einlaufen. Ihr Kühlschrank ist gut gefüllt, so daß ich mir keine Gedanken wegen des fehlenden Kaufmanns zu machen brauche. Sie kommen fast jedes Wochenende von der Schlei hier herauf. Abends beim Grillen auf der Mole sagt Herbert zu mir: ‚Das ist es, was mir gefällt in Dänemark', und zeigt auf die hinter uns liegenden Stellnetzstangen und alten Fischernetze, auf die ausgemusterten Fahrräder, Stühle, Fender. ‚Es ist nicht dreckig, aber es ist auch nicht piekordentlich. Und es gibt kaum Schilder. Nicht wie in Schleimünde, wo man im Umkreis von 100 Metern 22 Hinweis- und Verbotsschilder findet.'"

Lyö erwandern wir uns von Nord nach Süd, von Ost nach West. Das Dorf bewohnen 112 Insulaner. Es gibt eine Kirche, einen Friedhof und einen „Kobmand" – den Kaufmann, der vor seinem Lädchen eine Sitzbank stehen hat, von der man herrlich in den Regen schauen und träumen kann.

Colette und Bruno sind mit uns im Hafen von Lyö „eingeweht", ein junges Schweizer Pärchen, das mit einem Cornish Crabber (5,90 m, Schwert, 300 kg Ballast) unterwegs ist. Ihre Route führte immerhin von Basel den Rhein abwärts und über die offene Nordsee in die dänischen Gewässer. Wir haben in all den Jahren in der Ostsee noch nie Schweizer getroffen, die mit eigenem Boot hergesegelt waren. Die beiden sind nett, dynamisch und jung. Sie sehen frisch aus. „Sie ernähren sich bestimmt biologisch", meint Astrid.

Damit es uns nicht langweilig wird, lese ich aus dem neuen SPIEGEL vor: „Der nautisch orientierte Delius Klasing Verlag schließt eine der letzten Softwarelücken. Mit einem ‚Sail Simulator' können Computerbenutzer in See stechen, ohne sich nasse

Füße zu holen." Ich ergänze mit Blick in Richtung Astrid: „Und ohne seekrank zu werden." Dann lese ich weiter: „Fünf Segelreviere stehen dem Schreibtisch-Skipper am PC-Bildschirm zur Verfügung. Das Wetter läßt sich vorher einstellen: Wahlweise dümpelt das Computerboot in der Flaute oder fährt, gischtumtost, waghalsige Mann-über-Bord-Manöver. Mit Tastatur oder Computermaus lassen sich am Bildschirm Segel setzen, trimmen und reffen, Anker werfen oder ‚Anleger fahren', wobei das Programm seemännische Vollzugsmeldungen abgibt: ‚Großsegel voll und bei'. Richtig zünftig wird die PC-simulierte Seefahrerei durch ein mitgeliefertes Zusatzgerät, das den sonst bei Computerspielen verwendeten Joystick ersetzt: eine Plastik-Pinne im Kleinformat, die auf dem Schreibtisch befestigt wird und mit der sich das Boot über den Monitor navigieren läßt."

Irgendwann wird's doch eintönig. Es gibt nichts mehr zu tun: Das Deck ist geschrubbt, der Kocher poliert, und der Diesel blinkt wie neu unterm Niedergang.

Die „NDR-Welle Nord" meldet für morgen Kälte und Regen, aber merklich nachlassenden Wind. Von einem Sender zwischen den Meeren sollte man Detailliertes erwarten.

Von Lyö aus gehen wir die Rückfahrt zur Schlei an. Wir erwischen, wen wundert's, einen Tag mit Am-Wind-Kurs. Den Blick über Stunden aufmerksam auf den Verklicker genagelt, erkämpfen wir uns den schwarz-weiß geringelten Leuchtturm von Schleimünde, nicht ohne vorher beinahe ein wunderschönes naturlackiertes Holzboot mit einem Angler darin zu versenken. Und der Angler glaubt sogar, wir wollten ihn nur erschrecken. Nicht die tiefgeschnittene Genua, unter der man nichts sehen kann, ist schuld, sondern Astrids plastische Schilderung eines Riesensteaks, „so groß wie meine Pfanne", das sie nach der Ankunft im Missunder Fährhaus vertilgen will.

47 Die Schlei

27. September. Montag. Schleimünde – Missunde. Diffuses Morgenlicht. Spiegelglattes Wasser. Keine Boote unterwegs. Die gestern noch aktiven Wochenendsegler haben eingeparkt, sind wohl wieder zur Arbeit. Porridge und zum letzten Mal: Leinen los. Doch da steht der Hafenmeister = 14 Mark. Hier können auch Frühaufsteher nicht entwischen.

Im Dämmerlicht haben wir abgelegt. Unter Motor nehmen wir Kurs auf Kappeln. Fischerbojen und Fahrwassertonnen schweben an uns vorbei. Die Drehbrücke Kappeln, die pünktlich zur vollen Stunde öffnet, macht uns den Weg frei in einen Fjord, der in seiner Art in Deutschland einmalig ist.

Zwischen Flensburger Förde und Eckernförder Bucht dringt die Schlei rund 22 Seemeilen weit in südwestlicher Richtung ins Land ein. Während der letzten Eiszeit aus einer Reihe Gletscherseen entstanden, wechselt die Breite der Schlei ständig zwischen schmalem Lauf und breiten Buchten. An einigen Stellen wirkt sie wie ein See. Die Fahrt geht durch diese sehr schöne Uferlandschaft mit ihren sanften Hügeln, auf denen das tiefe Braun der gepflügten Felder, das leuchtend helle Grün der Wiesen, das Schwarz der einzelnen Bäume und kleinen Wälder landwirtschaftliche Idylle signalisieren.

Mit 6 Knoten ziehen wir am Tonnenstrich entlang. Die Schlei ist ein flaches Gewässer. Im Tonnenweg nach Schleswig wird die Tiefe auf 3 Meter gehalten. Bei schlechtem Wetter findet der Segler überall Schutz. Zum Genuß wird dieser Meeresarm erst, wenn man die vielen Buchten und Dörfer ansteuert, im Schutz von sandigen Kaps zwischen Schilf und Gras ankert, wobei zu beachten ist, daß man dem Schilfsaum nicht zu nahe kommen darf. Und wer sich mit einem Schwertboot in die Schlei begibt, der sollte die vielen Noore absegeln. Hier findet der Naturfreund völlige Abgeschiedenheit. Überall gibt es, an den Ufern verstreut, Holzstege, an vielen kann man für eine Nacht festmachen.

In der Schleieinfahrt liegt ein kleiner Schutzhafen: Schleimünde, wo wir die letzte Nacht verbracht haben. Eine Kostbarkeit für gestreßte Segler. Der Besuch ist für mich immer ein Höhepunkt. Der verlassene Landzipfel Schleimünde beherbergt dazu noch ein Vogelschutzgebiet.

Die Schlei ist ein leider zunehmend beliebtes Urlaubsrevier. Doch danach sieht es an diesem Morgen nicht aus. Kein Segelboot, kein Angelkahn am Schilfgürtel, kein Camper versteckt an der Böschung. In der Enge von Arnis passieren wir einen großen Schiffsfriedhof. Das heißt: Vor dem Ort liegen zig Wracks und alte rostige Dampfer im Päckchen vertäut. Auf einem winkt ein Arbeiter schwungvoll mit seinem Hammer.

Es ist Mittag, als wir unseren Ausgangshafen Missunde erreichen. Gleich neben der Fähre legen wir K7 an einem Steg längsseits. Keine jubelnde Menge empfängt uns. Logisch. Auch keine Feier in Aussicht. Das Fährhaus ist geschlossen, der Wirt in Ferien – auf Mallorca. Es ist kalt, und in uns ein seltsames Gefühl, mit der Ostsee fertig zu sein. Astrid holt eine Flasche Bier an Deck, gießt zwei Gläser voll und sagt: „Ostsee? Finde ich gut!" Schüttet das eine Glas in die Schlei. Das andere trinkt sie aus.

3 Kilometer später sind wir zu Hause. Als Astrid die Tür zu unserem Hof öffnet, marschiert ein junger rotbrauner Kater auf sie zu und reibt sich fortwährend an ihren Beinen. „Wenigstens einer, der uns empfängt."

Mit einem Dankgefühl für die Balten in Liepaja; für die Stille und Herbheit der Wildnis in Soviken; für Anett und Kjell in Luleå; für die tropisch heißen Tage im Bottnischen Meerbusen; für die Bootsbauer in Greifswald und ihre Arbeit; für KATHENA 7 überhaupt und für Astrid; für die Ostsee also, schließe ich mein Logtagebuch, nicht ohne dem amerikanischen Philosophen Henry David Thoreau den letzten Satz zu lassen:

Why, then, travel so far when the same pleasures may be found near home? Warum dann so weit reisen, wenn die gleichen Vergnügen nahe der Heimat gefunden werden können?

48 Anhang

Ich bin Praktiker. Ich lebe von Jahr zu Jahr. Ich sage mir, lieber ein Boot für 50 000 Mark als eines für 300 000, mit dem du deine Wünsche erst in ferner Zukunft realisieren kannst. Dies denjenigen ins Ohr, die meinen, nur mit einer größeren Yacht könne man Langfahrtsegeln bewerkstelligen. Manche Leute sagen, ich segle mit zu kleinen Booten, nur mit dem unbedingt Notwendigen an Schiff und Ausrüstung und daher leichtsinnig. Das stimmt so nicht. Was zutrifft: Ich hasse den Überfluß an technischen „Erleichterungen" an Bord. Ich lebe in der Bewegung, im Naturzustand und habe nicht vergessen, wie man mit Segeln arbeitet. Meine Wurzeln sind das Einfache, das will ich rational und möglichst problemlos umsetzen. Und ich glaube, es ist gut, wenn ich das mache, was meine Wurzeln sind.

Das Boot: KATHENA 7 war mein siebtes Boot. Logisch. Nach zwei geplankten Holzbooten, einem Sperrholzbau, einer Stahlyacht, einem voll laminierten Glasfiberbau und einer verschweißten Aluminiumkonstruktion war sie unser erstes Glasfiberboot in Sandwichbauweise. Nach dem ersten Jahr gibt es keinerlei ernstliche Beanstandungen, sieht man einmal von dem leckenden Wellenbock ab (inzwischen ist der Schaden mit einigen Lagen Glasfasermatte behoben, Kostenpunkt 430 Mark).
Hervorzuheben ist zum einen die Optik der Hanse 291, saubere GFK-Arbeit – außen wie innen, was nicht selbstverständlich ist; zum anderen die guten Fahreigenschaften unter Segeln und Motor. Die Linien sind harmonisch aufeinander abgestimmt und, da sie vielen modernen Yachten ähneln, wenig aufregend. Durch die geringe Freibordhöhe wirkt das Boot eher zierlich als volu-

minös. Uns hat während der 144 Tage an Bord die geringe Stehhöhe im Salon (1,72 m), im Vorschiff (1,50 m) nicht gestört. Bei geöffneter Luke können auch Größere einwandfrei und bequem in der Pantry hantieren, dem einzigen Platz unter Deck, wo eine Stehhöhe von Wichtigkeit ist. Angenehm hat es sich im Cockpit gelebt. Die Maße sind geradezu klassisch: 2 m Länge mal 1,70 m Breite mit einem Brückendeck ohne behindernde Beschläge. Die vier Schotwinschen (Andersen 40 und 28) waren so montiert, daß man sie auch beim Steuern mit der Pinne zwischen den Beinen jederzeit bedienen konnte. Die Fallen waren nicht ins Cockpit umgelenkt. Nach meiner Erfahrung arbeitet es sich immer noch am schnellsten und sichersten, wenn die Winschen direkt am Mast angebracht sind.

K7s Kursstabilität war eine wahre Freude. Das vorbalancierte Ruder lag bewundernswert in der Hand, und man bekam auch bei Surfpartien in der kurzen, steilen Ostseewelle nie das Gefühl von Unsicherheit. K7 ist ein steifes Schiff, das eine Menge Wind vertragen kann. Da zudem der Ballastanteil bei stattlichen 42 Prozent (Blei) liegt, ist eine ausgezeichnete Seetüchtigkeit gegeben. Kurzum: auch ein Schiff für den Ozean.

Michael Schmidt und seine Werft „Yachtzentrum Greifswald" hatten bei der Planung ein seetüchtiges und gleichzeitig bezahlbares Schiff im Sinn. Dafür erwarben sie die erfolgreichste Konstruktion des Schweden Carl Beyer und setzten ihr Vorhaben innerhalb weniger Monate um. Das Boot sollte grundsolide sein und spartanisch in Ausrüstung und Zubehör. „Die meisten Wochenend- und Reisesegler", so Michael Schmidt, „wissen eh' nicht, was ein Cunningham ist oder wie man mit einem Traveller optimal trimmt." Womit er nicht ganz unrecht hat. Setzt man Preis und Verwendbarkeit in Relation, ist ihm diese Alternative gelungen. Für Segler mit wenig Geld besteht die Möglichkeit, die „Aufschwung-Ost-Schöpfung" erst mal einen Sommer lang mit spartanischer Ausrüstung kennenzulernen, um dann später nachrüsten zu können. Die Hanse 291, gedacht für den ostdeutschen Markt, verkauft sich fast ausschließlich im Westen. Derzeitiger Stand: Juni 94, Baunummer 94.

KATHENA 7
Typ : Hanse 291
Lüa : 8,90 m
Lwl : 7,10 m
Breite : 2,70 m
Tiefgang : 1,05 m
Verdrängung : 3,1 t
Ballast : 1,25 t (Blei)
Segelfläche : 36 qm
Konstrukteur : Carl Beyer

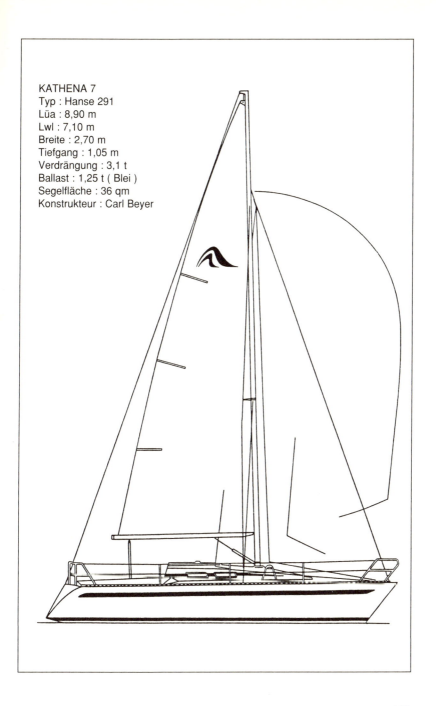

Der Motor: Ein Yanmar mit zwei Zylindern und 18 PS, zweiflügeligem Festpropeller und Einkreiskühlung. Dieser Motor machte Lärm, denn sein Raum war nicht isoliert. Da K7 ein handiges Schiff war, das auch bei leichtem Wind segelte, benutzten wir ihn wirklich nur als Hilfsmotor. Und als solcher bereitete er uns keinerlei Schwierigkeiten, sicherlich auch deshalb, weil wir die Vorschriften beachteten: trockenhalten, sauberen Diesel verwenden, Ölwechsel einhalten, gelegentlich volle Leistung fahren, vor Belastung fünf Minuten warmlaufen lassen. Auch haben wir die erste Inspektion nach 50 Motorstunden eingehalten. Der Dieselverbrauch lag mit 1800 Umdrehungen = 5,5 Knoten Fahrt bei einem Liter pro Stunde. Die Tankkapazität von 40 Litern erwies sich als ausreichend. Wir hatten zusätzlich einen 20-Liter-Kanister an Bord.

Tauwerk: Als das Tauwerk noch aus Hanf war, konnte man von brechenden Fallen und durchgescheuerten Schoten berichten, die selbstverständlich in einer Bö die Segel heftig knallen ließen. Eigentlich schade, daß die Zeiten des sich schnell abnutzenden Hanfs vorbei sind. So bleiben immer weniger dramatische Augenblicke an Bord für den Erzähler übrig. Da ja mit GPS ein weite-

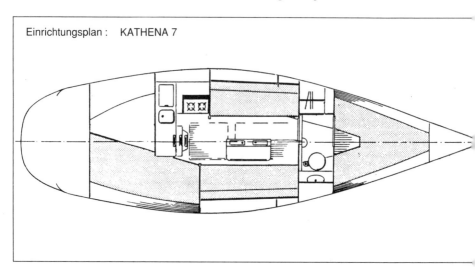

Einrichtungsplan : KATHENA 7

rer spannender Faktor wegfällt (wo sind wir?), verkommt das Schreiben übers Segeln immer mehr zur Berichterstattung.

Schoten, Fallen, Toppnant, Niederholer, Taljen, Festmacher sind heutzutage aus synthetischem Tauwerk. Diese Taue widerstehen dauerhaft Curryklemmen, selbstholenden Winschen, sind insgesamt abriebbeständiger und halten allen möglichen Anforderungen stand. Es gibt sie in harter und weicher Ausführung. Immer sind sie bei ein bißchen Sorgfalt langlebig. Zusätzlich haben die Taufabrikanten das Aufklaren einer Leinen-Wuhling erleichtert, indem sie verschiedenfarbige Taue produzieren. Es ist wahrhaftig von großem Vorteil, bei Nacht oder in Eile die Leinen sofort auseinanderhalten zu können.

Da Tauwerk ständig in Bewegung ist, nutzt es sich als Folge der Reibung doch etwas ab. Scheuerschäden entstehen besonders an Schoten und an Fallen, wo sie über Scheiben und durch Blöcke laufen. Durch Verwendung von gut bemessenen Blöcken und Rollen habe ich diese Abnutzung eingeschränkt. Die Lebensdauer meiner Schoten und Fallen habe ich vervielfacht, indem ich sie von vornherein länger bemessen habe, so daß ich die Möglichkeit hatte, sie gegebenenfalls zu beschneiden. Damit wurde die Reibung versetzt. Umdrehen der Taue ist eine andere Möglichkeit.

Ich habe über Jahre mit „Liros"-Fasertauwerk ausgesprochen gute Erfahrungen gemacht. In der Regel habe ich für meine kleinen und mittelgroßen Boote eher höhere Durchmesser gewählt. Einmal, da Schoten beträchtlichen, manchmal auch ruckartigen Belastungen ausgesetzt sind. Zum anderen, und das war für mich von maßgeblicher Bedeutung: Bei Nässe lassen sich dickere Taue weit besser packen und durchsetzen. Sie liegen einfach angenehmer in der Hand. Für mich ist es immer ein schönes Gefühl, mit bestem Tauwerk zu hantieren. Für K7 kamen hauptsächlich die folgenden drei Typen zum Einsatz: geschlagenes Tauwerk, spiralgeflochtenes, 8- und 16fach geflochtenes.

Gedrehte Taue wurden bei K7 für Ankerleine, Festmacher und als Spinnakerfall und Dirk eingesetzt. Ihre Hauptvorteile sind der günstigere Preis und das einfache Spleißen. Geschlagenes Tauwerk hat den Nachteil, daß es nicht so geschmeidig ist, und außer-

AUSRÜSTUNG k7

Groß Segel   20 qm   340 gr.
Fock   16 qm   300 gr.
Genua   23 qm   170 gr.
Sturmfock   6 qm   350 gr.
Spinnaker   53 qm   36 gr.
Alle Segel NORTH / Tonsberg

Sicherheit: 1 Markierungs-
boje L200 von SECUMAR,
1 Mann-über-Bord Feststoff-
weste mit schwimmfähiger
Rettungsleine v. SECUMAR
Bolero-Lifebelt + Askona
Lifebelt
NICO Signalgerät und
div. Seenotraketen

Beiboot: AVON - Rollstart

Elektrik: 1 12V-Batterie
125 Ah (Mobil) v. VARTA
Autohelm 2000 Selbst-
steueranlage
SILVA-Power Echolot + Log
SONY GPS, IPS 360
  -"- 100 Weltempfänger
3 MAGLITE Taschenlampen

1 Barometer DIGENA
1 Borduhr   -"-
1 Vielzweck Thermometer
1 Trommel-Sextant K+H.
1 Fernglas 7×50
1 Radarreflektor

An Deck: SILVA - Steuerkompass
SILVA 70UN - Handpeilkompass
4 Fender 200 Ø 56 cm
1 Bügelanker   11 kg
1   -"-   9 kg

div. Tauwerk u.a. eine ge-
schlagene 14mm Leine von 100
Meter Länge
1 Anker-Laterne (Petroleum)

2 Schotwinden 40 St. 2 Gang
2   -"-   28   -"-
2 Fallwinden   16   2 Gang
2 Reffwinden   10   1 -"-
Alle von ANDERSEN
Blöcke, Traveller, Beschläge
RUTGERSON, SWEDEN über
Fa. GOTTHARDT Hamburg

1 Wassertank (Kunststoff) 75 Ltr.
1 Dieseltank (Nivo)   40 Ltr.
1 20 Ltr. Wasserkanister
1 -"-   Dieselkanister

Wetterkleidung von JEANTEX
2× Ölzeug (Zweiteiler) vom
Typ Shetland
2× Fleece-Jacken
2× Parka-Jacken

1 Gusher Bilgenpumpe

Foto: NIKON F3 - Kamera
incl. Wechselobjektive

Rigg: SELDEN, Schweden

dem neigt es zu Kinken. Mit etwas Übung und Erfahrung ist es aber kein Problem, damit fertigzuwerden. Wir hatten schwarze Festmacher gewählt, in der Annahme, die Gewässer seien total verschmutzt, was dann aber nicht zutraf.

Neuerdings ist Spiralflechttauwerk für Anker und Festmacher verstärkt im Angebot. Das läßt sich auf kleinstem Raum aufschießen. Durch die weiche Flechtung ist es ferner möglich, das Ende zu spleißen. Dieses spiralgeflochtene Tauwerk hat den Vorteil, daß es nicht hart wird und nicht kinkt.

Als laufendes Gut haben wir 8- und 16fach geflochtenes Tauwerk eingesetzt. Die 8fache Flechtung ist hauptsächlich dann von Vorteil, wenn das Tau überwiegend von Hand bedient wird (Schoten, Taljen). Die Griffigkeit ist bei dieser Flechtart höher als bei einer 16fach geflochtenen Leine. Die 16fache Flechtung ergibt jedoch eine etwas höhere Verschleiß- und Scheuerfestigkeit. Das ist von Bedeutung, wenn die Leine viel über die Winsch gefahren wird. Bei K7 waren es die Fallen.

Zusammenfassend möchte ich empfehlen, beim Kauf von Tauwerk sehr sorgfältig zu sein und den Mehrpreis für ein Qualitätsprodukt aufzuwenden. In der Regel erwirbt man damit nicht nur längere Lebensdauer, sondern – viel wichtiger – bekommt auch die besseren Gebrauchseigenschaften.

Anker: Unser Ankergeschirr waren ein 11 kg schwerer Bügelanker, 15 m 8 mm dicke Kette und 16 mm starkes Nylontau; der Zweitanker wog 9 kg bei 5 m 8 mm dicker Kette und 14-mm-Nylontau. Egal wie der Anker auf dem Grund landete, da der hohe Überrollbügel leicht ist, wurde die massive Flunke immer nach unten gedreht, wenn Zug auf sie kam. Diese Bügelanker bewährten sich in allen Konditionen: eine erste deutsche erfolgversprechende Entwicklung für den Yachtsport, die ich bereits auf mehreren Booten benutzt habe. Der Bügelanker hat zudem den Vorteil, daß sich nichts daran bewegt: kein Gelenk, kein Bolzen. Er ist eine voll verschweißte, starre Konstruktion und ideal für Gelegenheitsankerer. Gequetschte Finger gibt es dabei nicht. Auch in Eile und nachts ist dieser Anker gefahrlos zu benutzen.

Wir haben auf unserem Törn (61 Ankerplätze) nur gute Erfahrungen damit gemacht.

Eine solide breite Ankerrolle mit einem Durchmesser von 5 cm erleichterte das Aufholen der Kette sehr. Die Rolle sollte so groß sein – und daran hapert es meistens –, daß zwei Kettenglieder zugleich aufliegen. Der Bolzen mit Distanzhülse in der Rolle hatte bei K7 einen Durchmesser von 10 mm. Wer auf Messen die Bugbeschläge von Booten um die 10 m Länge anschaut, wird eine traurige Feststellung machen: Sehr selten ist eine richtig dimensionierte Rollklüse dabei.

Kocher: Die Hanse 291 hatte beim Kauf einen Spirituskocher. Bei diesem weitverbreiteten Kocher entsteht weder Ruß noch Geruchsbelästigung. Dafür ist die Hitzeausbeute gering, der Brennstoff gefährlich und teuer – und er macht im Brenner einen höllischen Lärm. Insgesamt also eine brauchbare Lösung für Wochenendsegler. So war es selbstverständlich, daß wir den mitgelieferten Kocher gegen einen zweiflammigen Petroleumdruckkocher (Optimus) eintauschten. Er arbeitet nach dem Vergasungsprinzip und muß vor jedem Einsatz auf Druck gepumpt werden. Der Nachteil bei Petroleumkochern: Sie müssen sorgfältig mit Spiritus vorgeheizt werden, und dieses Vorheizen geschieht oft nicht lange genug – bei Kälte oder Windzug zum Beispiel –, so daß sich eine Stichflamme bildet und es zu Verrußung kommt. Ein Petroleumdruckkocher bringt jedoch die besten Heizwerte. Unser Verbrauch lag bei vier Litern im Monat.

Deckmesser: Durchblättert man einen Ausrüsterkatalog, wird man von der überwältigenden Vielfalt feststehender Messer überrascht. Vom traditionellen Fahrtenmesser bis zum verspielten Survivalmesser ist so ziemlich alles vertreten, was man sich vorstellen kann. Beim Kauf achte man auf folgende Einzelheiten: Rostfreie Klingen sind kaum scharf zu halten. Klingen aus anderem Stahl können dagegen messerscharf geschliffen werden, rosten aber leider. Um dem entgegenzuwirken, sollte man sie ein wenig mit Vaseline einschmieren. Der Klingenrücken muß breit

Unser Anker – ein Bügelanker. Zu einem soliden Ankergeschirr gehören eine leicht überdimensionierte Kette und eine dicke Ankerrolle mit Distanzhülse.

genug sein, damit man mit dem Daumen kräftig Druck darauf ausüben kann. Der Griff sollte aus Hartholz sein, gut in der Hand liegen und mindestens ebenso schwer sein wie die Klinge, damit sich das Messer mit geringfügigem Kraftaufwand und sicher führen läßt. Die Lederscheide sollte nicht nur genäht, sondern zum Schutz gegen die scharfe Klinge zusätzlich mit einer Plastikeinlage versehen sein. Wichtig ist auf jeden Fall, daß das Messer nicht aus der Scheide fallen kann. Messer sind wichtig für Sicherheit und Bequemlichkeit. An Bord der K7 hing ein sogenanntes Matrosenmesser immer griffbereit am Niedergang. Beim Brand auf dem Nachbarboot in Helsinki hat es uns zumindest Zeit, eventuell auch Ärger erspart, denn es war in Sekundenschnelle zur Hand, um die Achterleinen zu kappen.

Die Ostsee: Sie ist eines der schönsten Reviere der Welt und liegt direkt vor unserer Haustür. Aber auch der Kulturraum der Ostsee hat eine weit über die geschichtlichen Aufzeichnungen hinausgehende Tradition: Großsteinkultur, Siedlungen slawischer Völker, Wikinger, Hanse. Die Besonderheit der natürlichen Voraussetzungen und vor allem die Vielzahl ganz unterschiedlicher Küstenformationen – von Förden über Bodden, Kliffs und Steilküsten, Nehrungen, Haffs, Binnenseen und Flußdeltas, Dünenlandschaften, bewaldeten und kahlen Schären bis zu den Inseln – prägt diesen außergewöhnlich vielfältigen Naturraum. Mehr und mehr macht die Ostsee dem Mittelmeer als Segelurlaubsgebiet Konkurrenz. Und endlich können wir sie in ihrer gesamten Ausdehnung durchsegeln und entdecken. Von Schleswig-Holstein aus sind es rund 390 Seemeilen nach Klaipeda im Baltikum, zu den Ålands 540, nach St. Petersburg 800 und bis nach Göteborg am Skagerrak 230. Dies sind nur Beispiele, alle in einem längeren Urlaubstörn zu schaffen. Bis zum Scheitel des Bottnischen Meerbusens – nach Haparanda sind es 920 Seemeilen – braucht man etwas länger.

Das Naturwunder Ostsee, international als „Baltic Sea" bezeichnet, zählt mit 422 000 Quadratkilometern Flächenausdehnung zu den vergleichsweise kleinen Meeren. Es ist mit durchschnittlich 55 Metern relativ flach, und die Gezeiten sind wenig spürbar. Der Salzgehalt ist aufgrund des mangelhaften Wasseraustausches gering und nimmt nach Nordosten hin beträchtlich ab, so daß der Bottnische Meerbusen eher Süßwasser enthält. Die Temperatur der Wasseroberfläche kann in der zentralen Ostsee im Sommer in Küstennähe durchaus 20 Grad Celsius erreichen.

Die Ostsee ist ein junges Meer. Während der Eiszeit vor etwa 15 000 Jahren begannen die Gletscher abzuschmelzen, zunächst im Süden, später im Bottnischen Meerbusen. Seit gerade 7000 Jahren gibt es die Ostsee ungefähr so, wie wir sie heute kennen. Aufgrund der verhältnismäßig schmalen Verbindung über Belte und Skagerrak zum offenen Meer ähnelt sie eher einem großen kontinentalen Binnenmeer. Hier liegen neben den natürlichen Voraussetzungen auch die Ursachen für die Umweltprobleme. Die Ostsee ist nach der Nordsee das meistbelastete Meer der Welt.

Die Ostsee trägt die Bürde von 30 Millionen Menschen, die in Küstennähe leben und wirtschaften. Mit Deutschland, Polen, Rußland, Litauen, Lettland, Estland, Finnland, Schweden und Dänemark umfaßt die Region neun direkte Ostseeanrainer – Norwegen rechne ich aufgrund der langen gemeinsamen Geschichte als zehnten hinzu. Das Binnenmeer wird von 200 Flüssen gespeist, die leider nicht nur Quellwasser führen. Befahren wird es von unzähligen Yachten, Handelsschiffen und Fischereifahrzeugen, denen es oft nicht auf die Reinhaltung des Wassers ankommt.

Trotz allem: In den Gegenden, die wir mit K7 besucht haben, sind Umweltschäden nicht sichtbar gewesen – die Ankergründe waren häufig bis auf einige Meter deutlich erkennbar und die Strände sauber. In den Waldgebieten (60 Prozent Fläche zwischen Kemi und Göteborg) sahen wir weder Kahlschlag noch kranke Bäume.

Das Wetter: Um es gleich zu sagen – von unseren 144 Reisetagen hat es nur an 14 geregnet, davon fielen sieben in den September. Starkwind, für K7 ab Beaufort 7, gab es an 16 Tagen, davon lag gleichfalls ein ordentlicher Teil im September. Die vorherrschende Windrichtung war West oder unbeständig. Die schönsten Tage brachte eine Ostwetterlage. Der Ostwind war zwar steif und kühl, aber beständig und mit reichlich Sonnenschein verbunden. Der Wind in der Bottensee: Im Juli und August dominiert Süd.

Die mittlere Tagestemperatur während der Fahrt lag laut Logbuchaufzeichnung bei 22 Grad Celsius. Wir hatten wirklich für diese Breitengrade einen Sommer mit hohen Lufttemperaturen und viel Glück: Während im Norden der Ostsee ein stationäres Hoch über Nordrußland Wärmegrade von 30 Grad und mehr produzierte, regnete und stürmte es im Süden. Ölzeug, Pullover und Gummistiefel, die elementare Ausrüstung für Ostseesegler, blieben bei uns weitgehend im Schrank.

Für die günstigen Wetterbedingungen sorgen zum einen die Landmassen der britischen und dänischen Inseln, zum anderen Südschweden. Sie bremsen die kühle Atlantikluft auf dem Weg zur Ostsee und wärmen sie auf. Der andere Wärmefaktor liegt in der Abschottung gegenüber Kaltlufteinbrüchen aus dem Nordmeer durch die norwegischen Gebirge. Bei Nordwestströmungen regnet sich die feuchte Polarluft an Norwegens Westseite ab und erreicht warm die Küsten der Ostsee.

Auch in punkto Wind und Seegang zeigt die Ostsee in den Sommermonaten nur selten Anzeichen eines atlantisch-rauhen Klimas. Das verdanken wir der Neigung der nordatlantischen Tiefs, sich auf ihrem Weg nach Osteuropa abzuschwächen. Die Abgeschlossenheit der Ostseebecken und ihre Hauptausdehnung in Nord-Süd-Richtung garantieren, daß sich bei den überwiegenden Westwinden kein gefährlicher Seegang aufbauen kann. So erreichen im Sommer die Wellen zwar nur Höhen von gut einem Meter, können dafür aber steil sein; durch rasche Wetterwechsel bauen sich Kreuzseen auf. Die Strömungen der Ostsee sind windbedingt. Langanhaltende Winde oder Stürme verursachen Strömungen, die in den Meerengen Dänemarks, des Finnischen Meerbusens oder der Bottensee beträchtliche Stärken erreichen können, zum Beispiel in der Kvarken-Passage.

Мэссе ⚓ Дюссельдорф

Telefax   insgesamt 4 Seite(n)

von: Messe Düsseldorf
      Vertretung Moskau
      Michael Müller

an: Düsseldorfer Messegesellschaft mbH - NOWEA -
      U1-3, Herrn Abdul-Rahmann Adib

Lieber Abdul,

entsprechend Deiner Bitte haben wir Erkundigungen eingezogen und uns mit einem Fax (siehe Anlage) an den Segelsportverband Rußlands, Herrn Sobolev gewandt.
Leider fällt die Antwort vorläufig negativ aus.

Der Segelsportverband Rußlands kann die Genehmigung allein nicht erteilen. Zwei weitere Organe müssen zustimmen:

- das Außenministerium Rußlands zur Ausstellung der Visa.

- das Ministerium für Transport Rußlands, Abteilung Verkehr auf den Binnengewässern

Erstes ist, wenn auch nicht einfach, lösbar.

Jedoch ist keine Genehmigung zu erhalten, auf den russischen Binnengewässern unter einer ausländischen Flagge zu segeln. Ein direkter Anruf beim Abteilungsleiter des Transportministeriums brachte die gleiche Auskunft. Die bestehende Gesetzgebung läßt das nicht zu. Ein Ausnahmeantrag könne nur direkt beim russischen Ministerpräsidenten gestellt werden.

Im vorigen Jahr wurde ein analoges Anliegen beantragt und ebenfalls abgelehnt. Herrn Sobolev vom Segelsportverband Rußlands sagte uns, daß ein Boot, das bereits die Visa vom Außenministerium hatte und die Tour in umgekehrter Richtung plante, bereits an der Donmündung am Asowschen Meer zurückgeschickt wurde. Er teilte mit, daß in letzter Zeit außer unserem weitere Anträge eingegangen sind und damit der Druck wächst, diese Anliegen positiv zu regeln. Er versprach uns auch, die Sache unter

Möglich sei aber die Teilnahme an Segelwettkämpfen in Rußland, zu denen der Segelsportverband einladen könnte. Ein Kompromißvorschlag, den er allerdings "off the record" gab, wäre, die Tour auf einem russischen Boot zusammen mit russischer Besatzung durchzuführen.

Ich bedaure, im Moment nicht weiterhelfen zu können

und verbleibe mit freundlichen Grüßen

- i.V. Michael Müller -

Dank: Wie auf manchen Abbildungen nicht zu übersehen, halfen drei Sponsoren, das Vorhaben Rußland zu realisieren: Dimension-Polyant-Segeltuche, Gotthardt-Bootsausrüstungen und Jeantex Sport- und Wetterkleidung. Für die jahrelang bewährte und partnerschaftliche Zusammenarbeit danke ich sehr. Obschon ich nicht umsetzen konnte, was versprochen war – doch, das kann man erzählen –, kamen keine unangenehmen Rückfragen. Ebenso danke ich folgenden Firmen für kostenlose Überlassung von Material und Ausrüstung: Secumar – Rettungsmittel, Michael Schmidt – Bootsbau, Liros – Tauwerk, North – Segel, Varta – Batterie.

Zahlungsmittel: Im Baltikum und in Rußland tauscht man am besten westliche Devisen in Hotels oder Banken gegen die jeweilige Landeswährung ein. In Skandinavien sind die gängigen Kreditkarten ein gebräuchliches Zahlungsmittel. Sie werden fast überall akzeptiert. Die höchsten Kurse und die größere Einfachheit erzielt man ohne zusätzliche Gebühren mit einem Postsparbuch.

Hafengebühren: In den skandinavischen Häfen werden sie durchweg einheitlich erhoben. Es gibt also oft keinen Preisunterschied zwischen einem 6 Meter langen Boot und einer 12-Meter-Yacht. Im Schnitt betragen die Liegegebühren 16 Mark pro Nacht, inklusive Strom, Bad und manchmal Sauna. In den baltischen Ländern orientiert man sich an westlichem Niveau: Die Regel ist ein Dollar pro Meter Schiffslänge. Der Baltic-Yachtclub St. Petersburg mit seiner herrlich gelegenen Anlage nimmt rund zwei Dollar pro Meter.

Schnapszahlen: Was darf ein Segler zollfrei einführen? Jedes Land hat eigene Vorschriften für die Freimengen. Grundsätzlich gilt: Wer nicht mehr als einen Kasten Bier, eine Flasche Wein und eine Flasche Hochprozentigen pro Person an Bord hat, wird nirgendwo Probleme kriegen. Meiner Auffassung nach lohnt bei Spirituosen Schmuggel oder die Mühe einer Verzollung nicht, zumal die Länder rund um die Ostsee hervorragende eigene Produkte anbieten.

Seekarten: Seekarten gibt es hierzulande bekanntlich nur in Fachbuchhandlungen. Durchweg günstiger und überall erhältlich sind die Karten Skandinaviens im Lande selbst. Ich würde anstelle von Seekarten Kartenatlanten erwerben. Mit denen läßt es sich an Bord besser und einfacher arbeiten, und zudem lassen sie sich leichter verstauen. Auf die offiziellen Seehandbücher des BSH kann man getrost verzichten. Sie bieten einem Segler zu wenig.

Hilfreiches: Die jährlich erscheinende Broschurausgabe des Båtturist versorgt Segler mit Tips über alle Sportboothäfen an den schwedischen Küsten, Kanälen und größeren Binnenseen. In Schweden kostet das 354-Seiten-Buch zehn Kronen. Anschrift: Båtturist, Svenska Turistföreningen, Box 25, S-10120 Stockholm. Für den Götakanal gibt's für die Planung eine hilfreiche und informative Gratisbroschüre, die man bei Göta Kanalbolag, Box 3, S-59121 Motala anfordern kann. Visa: für die baltischen Staaten in der jeweiligen Botschaft in Bonn. Jedoch ist ein Visum gültig für die Einreise in alle drei Länder. Es kostet etwa 30 Mark/Person. Für die doppelten Kosten werden auch Visa bei der Einreise im Hafen ausgestellt.

St. Petersburg entwickelt sich für deutsche Segler zu einem beliebten Urlaubsziel. Wer dorthin und überhaupt an der russischen Küste schippern möchte, benötigt eine offizielle Einladung. Der Manager des Baltic-Yachtclub besorgt sie völlig unproblematisch. Anschrift: Alexander Maximadjy, Nab. Martinova 92, St. Petersburg, Rußland. Er benötigt folgende Daten: Schiffsname, Namen, Geburtsdaten, Orte und Paßnummern aller Crewmitglieder und den Zeitpunkt des Eintreffens. Visumanträge stellt man bei der Botschaft, beim Konsulat oder bei einem guten Reisebüro.

Lektüre: Die Auswahl an Reiseführern ist groß. Umfangreiche Begleiter mit zuverlässigen Infos erscheinen bei „Apa Guides, Hayit, Velbinger". Für das Nautische sind die Führer aus dem Verlag Edition Maritim nützliche Wegweiser. Wer sich unterhalten und auf die Ostsee einstimmen möchte, dem sei der Autor Horst Haftmann mit „Oft spuckt mir Neptun Gischt aufs Deck" empfohlen.

Erlebnisberichte

Nur wenige Menschen können sich Monate oder gar Jahre vom Alltag lösen. Und dann das erleben, wovon jeder insgeheim träumt. Was Segler auf langen Törns gewagt und gewonnen haben, erzählen sie in diesen Büchern. Jeder auf seine Art: spannend, nachdenklich, humorvoll. Keine Logbücher, sondern packende Erlebnisse für alle, die das Abenteuer lockt.

Burghard Pieske
Expedition Wiking Saga
Im offenen Boot über den Nordatlantik
Ohne Kompaß und Karte segeln Burghard Pieske und seine Begleiter auf der klassischen Wikinger-Route. Ein spannendes Buch voll lebendiger Geschichte.
264 S. mit 47 Farbfotos, 27 Zeichnungen und 1 Routenkarte
ISBN 3-7688-0772-X

Susanne Zeller
Fahr weiter bis zum Horizont
Drei und vier sind die Zeller-Kinder, als die Familie zur Weltumseglung aufbricht. Auf fünf Weltmeeren führen Eltern und Kinder ein freies und natürliches Leben.
272 S. mit 37 Farbfotos, 5 Schiffsrissen, 6 Zeichnungen und 1 Routenkarte
ISBN 3-7688-0782-7

Wilfried Erdmann
Die magische Route
Als erster Deutscher allein und nonstop um die Welt Wilfried Erdmann erzählt mitreißend von der Euphorie und den Gefahren seiner Extremreise auf einer der gefährlichsten Routen.
248 S. mit 90 Farbfotos u. 14 Zeichnungen u. Karten
ISBN 3-7688-0787-8

Christine und Bodo Müller
Über die Ostsee in die Freiheit
Dramatische Fluchtgeschichten
Dokumente abenteuerlicher Fluchtversuche über die Ostsee. Quellen: Authentische Berichte Überlebender und geheimes Archivmaterial.
232 S. mit 32 Fotos, 13 Zeichn. und Karten
ISBN 3-7688-0746-0

Bobby Schenk
Transatlantik in die Sonne
Ozean ohne Compaß & Co
Spannendes Abenteuer und wertvoller Erfahrungsbericht: Atlantiküberquerung ohne jede technische Navigationshilfe. Packend erzählt von Bobby Schenk, Deutschlands bekanntestem Navigator.
384 S. mit 49 Farbfotos, 28 Abb. und 1 Karte
ISBN 3-7688-0811-4

Rollo Gebhard
Gewässer ohne Grenzen
Unterwegs zwischen Elbe und Oder
Nach drei Weltreisen erzählt hier der bekannte Törn von den malerischen Gewässern der neuen Bundesländer.

224 S. mit 125 Farbfotos, 5 Zeichnungen, 13 farb. Karten und 34 Stadt- und Streckenskizzen.
ISBN 3-7688-0827-0

Clark Stede
Packeis, Sturm und rote Segel
Arktisabenteuer in der Nordwest-Passage
Als erste deutsche Segelyacht bezwingt die ASMA den „tödlichen Seeweg".
272 S. mit 90 meist farbigen Fotos, 24 Zeichn. und 1 Karte
Bestell-Nr. 2953

Bobby Schenk
80 000 Meilen und Kap Hoorn
Ein Seglerleben
Von seinen großen Reisen um die Welt und rund Kap Hoorn berichtet der beliebte Autor und gewährt zugleich einen Einblick in die bunte Szene der Yachties.
400 S. mit 50 Farbfotos und 2 Karten
ISBN 3-7688-0522-0

Joachim Schult
Erstleistungen deutscher Segler
1890–1950
Eine Chronik der großen Ereignisse und ein spannender Einblick in die persönliche Geschichte der frühen Atlantiksegler.
344 S. mit 75 Abb. und 24 Karten
ISBN 3-7688-0812-2

Erhältlich im Buch- und Fachhandel

DELIUS KLASING VERLAG